KB135014

일본의 환경외교

기후변화교섭과
글로벌 거버넌스

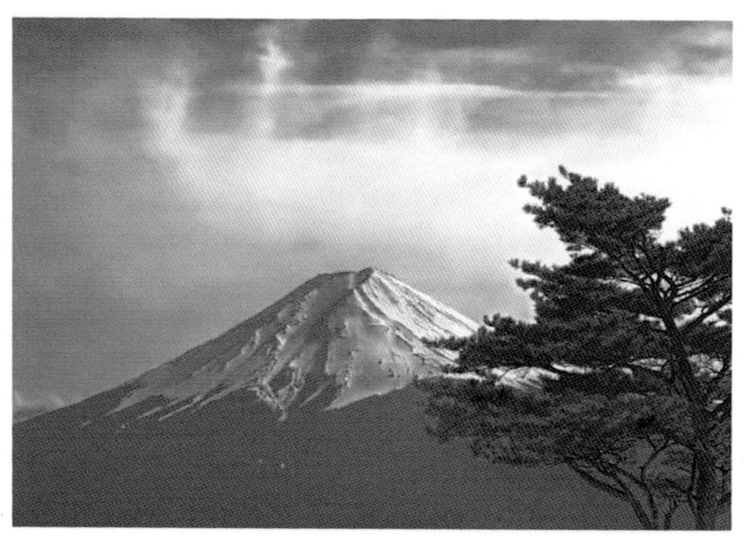

일본의 환경외교

기후변화교섭과
글로벌 거버넌스

카노우 다케히로(加納雄大) 지음
SSK 기후변화와 국제법센터
박덕영 · 박지은 · 이현정 옮김

이 역서는 2013년도 정부(교육부)의 재원으로 한국연구재단의 지원을 받아 수행된 연구임(NRF-2013S1A3A2054969)

역자 서문

"이곳에 모인 나라들은 현세대와 미래세대를 위해 기후 체계를 보전하기로 결의하였으며, (중략) 인류에게 위험을 가져올 모든 가능성을 방지할 수 있는 수준으로 기후 체계 안의 온실가스 농도를 안정화시키기로 결의하였다." 이 선언문에는 분명한 요구가 담겨 있고 모두 결연한 의지를 표명했다. 이 선언문은 경제 및 에너지정책을 전 세계 차원에서 조정한다는 원대한 목표를 지향하고 있다. 그리고 이러한 목표를 공식화하는 UN협정서가 1992년 5월 뉴욕의 UN본부에서 작성되었다. 그로부터 한 달 후에 개최된 리우정상회담에서 각국 정부는 이를 승인할 것을 요청받았다. 이 협약에 조인한 당사국은 1995년 이후 매년 정기적으로 모여 국가별 온실가스 배출량의 통제 및 제한에 대해 협의하고 점검하도록 하고 있는데 이러한 움직임에 대비해 정책을 결정하는 것이 각 당사국의 기본적인 관심사가 된 것이다.

지난 150년간 인간은 석탄, 석유, 천연가스 등의 화석연료를 태워 10억의 수십억 배의 수십억 배에 달하는 수의 이산화탄소 분자를 대기 중으로 날려 보냈고 현재도 이를 계속하고 있다. 이로 인한 대기 중 온실가스의 농도는 과거 수백만 년 전의 어느 때보다도 높아졌다. 현재와 같은 수준으로 온실가스의 농도가 유지될 경우에 초래될 기후변화의 위험성이 명백하다는 점에 국제사회는 대체로 동의하고 있다. 이러한 위험에 대처하기 위해 각국은 기후변화협약이나 교토의정서에 가입해 기후변화를 해결하기 위한 국제적 노력에 동참하고 있다.

본서는 이와 같은 기후변화교섭에 관한 국제적인 논의에서 일본의 기후변화교섭을 저자 자신의 다년간에 걸친 경험을 바탕으로 묘사하고 있다. 제1장에서는 기후변화교섭 20년의 역사, 제2장에서는 칸쿤 COP16을, 제3장에서는 3/11의 충격과 더반 COP17, 제4장에서는 기후변화교섭의 뒷모습, 제5장에서는 기후변화교섭의 수사학, 제6장에서는 포스트 '리우・교토체제'에 대해, 제7장에서는 포스트 '리우・교토체제'와 일본을 다루고 있어 기후변화교섭의 흐름을 통한 이해와 일본의 기후변화교섭에 대한 태도를 기술하고 있다.

최근 탄소배출권의 거래, 녹색기후기금의 유치 등 기후변화에 관련된 이슈와 관심이 집중되고 있는 우리나라에 있어서도 연구자들이나 학생들에게 많은 도움이 될 것으로 생각되어 본서를 번역하게 되었다. 이에 본서를 읽고 일본의 기후변화대응에 대한 입장을 이해하고, 우리의 입장을 정하는데 일조할 수 있기를 기대하는 바이다. 본서 출간과정 중 지난해 12월 파리협정이 타결되었다. 본서에서 파리협정을 다루고 있지는 않지만, 본서에서 다루고 있는 그동안의 협상과정을 살펴보면 파리협정을 이해하는데 많은 도움이 될 것으로 믿는다.

본서는 한국연구재단의 한국사회기반연구사업(SSK) '기후변화위기시대의 대응전략: 환경, 통상, 투자관련 국제분쟁해결'이라는 주제로 연구비지원을 받아 진행된 SSK 기후변화와 국제법연구센터의 연구결과물이다. 필자가 일본 출장 중에 본서를 발견하여 우리 연구사업에 도움이 될 것으로 판단하여 번역을 결정하였으며, 일본어에 능통한 연세대 법학석사 박지은 양이 먼저 번역 초안을 완성하고 필자가 읽고 수정하는 방식으로 초고를 완성하였다. 일본 중앙대학에서 박사학위를 취득한 우리 센터의 이현정 박사는 초고를 꼼꼼하게 다시 읽고 번역 수정과 가독성을 높이는 작업과 더불어 각종 도표를 정리하여 주었다.

본 번역서가 나오기까지 많은 분들의 헌신과 도움이 있었다. 특히 초고를 꼼꼼히 읽어 가면서 용어통일과 가독성 제고에 좋은 의견을 제시해 준 우리 센터 김하나 박사, 연세대 박사과정 김명자 중국변호사에게 고마운 마음을 전한다. 아울러 책의 편찬과정에서 많은 도움을 주신 한국학술정보(주) 이아연 선생께도 감사드린다.

2016년 3월

들어가며

이 책의 제목은 '환경외교'지만 '환경'보다는 '외교'에 대한 이야기이다. 최근의 기후변화교섭과정과 흐름을 실감나게 소개하고 현장에서 읽을 수 있는 국제사회의 구조변화와 바람직한 장래 국제체제에 대한 생각들을 정리하였다. 환경·기후변화 분야를 주제로 하고 있지만 여기에서 다루는 국제교섭의 역학관계는 안전보장이나 국제경제, 개발원조 등 다른 분야에도 모종의 참고가 될 수 있을 것이라 생각된다. 이 책이 국제문제에 관심을 가지고 있는 분들에게 도움이 되었으면 하는 바람이다.

또한 환경·기후변화와 관련된 개별논점(에너지·산림보전·개도국지원·배출권거래 등)에 대해서는 말미에 첨부한 참고문헌을 포함, 탁월한 저서들이 많이 있으니 이를 참고해 주었으면 한다.

외무성 기후변화과장 재직 중에 환경성이나 경제산업성 등의 일본 정부관계자, 연구자, 경제계, NGO, 언론관계자들께 많은 지적 자극을 받았으며 이는 고스란히 이 책에 기술된 내용의 기초가 되었다. 각기 입장은 다르지만 많은 분들이 자신의 전문 분야에 자부심을 가지고 미래 지구환경을 위해 일본이 부담해야 할 역할에 대해서 많은 관심과 열정을 쏟고 계셨으며 이분들과의 활발한 논의를 통해서 많은 배움을 얻을 수 있었다. 국제교섭 시에 동행했던 외무성의 윗분들이나 동료들에게서 받은 자극도 헤아릴 수 없이 많다. 과제선진국인 일본이 이후의 기후변화교섭을 이끌어 나갈 역량이 있다고 필자가 믿는 이유는 바로 이것이다. 물론 본서에서 밝힌 견해는 필자 개인의 것이며 일본 정부나 외무성을 대표하는 것이 아니다. 기술내용에 무언가 미진한 점이 있다면 필자에게 책임을 돌려야 할 것이다.

이 책의 출판에는 무라세 신야(村瀬信也) 조치(上智) 대학 교수님께서 많은 협조를 해 주셨다. 이 책이 세상에 소개될 수 있었던 것은 환경부터 안전보장에 이르기까지 여러 분야에서 열정적으로 활약하고 계시는 교수님의 격려의 힘이다. 또한 국제환경경제연구소 소장인 사와 아키히로(澤昭裕) 씨는 동 연구소 홈페이지에 이 책의 기초가 되었던 필자의 논문을 연재할 수 있게 해 주시는 등 커다란 지원을 받았다. 외무성 기후변화과 사무관인 스가노 분페이(菅野文平) 군은 관련 자료를 정리해 주었으며, 신잔사(信山社)의 이나바 후미코(稲葉文子) 씨는 출판에 익숙하지 않은 필자를 친절하게 이끌어 주었다. 두터운 감사를 전한다.

2013년 5월

카노우 다케히로

한국어판 출판에 즈음하여

필자에게 있어 한국은 환경외교와 관련하여 많은 추억이 있는 나라입니다. 기후변화교섭의 최전방에 몸담았던 2009년부터 약 2년 반 동안 다섯 번이나 한국출장을 갔었습니다. 당시 한국은 지구온난화 문제에 대처하기 위한 새로운 패러다임으로써 '녹색성장(Green Growth)'이라는 콘셉트를 강력하게 주창하고 있었습니다. 경제협력개발기구(OECD)에 가입하고, 나아가 개발원조위원회(DAC)의 일원으로서 개도국에서 선진국으로, 피원조국에서 원조국으로의 전환을 이루어 낸 한국의 독특한 경험에 바탕을 둔 것이었습니다. 한국은 새로운 패러다임하의 구체적인 움직임으로 세계녹색성장기구(Global Green Growth Institute)라는 새로운 국제조직을 설립했으며 UN교섭장에서는 2012년의 COP18의 개최와 녹색기후기금(Green Climate Fund)의 사무국 유치를 위해서 적극적으로 나서고 있었습니다. 결과적으로 COP18개최는 결실을 맺지 못했지만, 녹색기후기금 사무국 유치에는 멋지게 성공하여 온난화대책 분야의 개도국지원을 위한 최대 규모의 펀드인 동 기금 사무국이 이미 인천 송도에서 활동을 개시했습니다.

당시 한국에서 내세웠던 가장 강력한 근거는 '한일 양국은 중국과 미국이라는 세계 제1, 제2의 온실가스배출국과 밀접한 관계를 가지고 있다. 한일 양국이 손을 맞잡고 미국, 중국을 기후변화교섭으로 이끌면 새로운 국제체제의 구축에 큰 공헌을 할 수 있을 것'이라는 것이었습니다. 양국 간의 현안 사항이나 동북아시아 안전보장문제라는 이전까지의 한일관계에 머무는 것이 아니라, 세계적인 과제에 대한 공헌 가능성이라는 한일관계의 새로운 측면으로 눈을 돌리게 된 것입니다.

그러한 의미에서도 본서가 한국의 연세대학교 연구자분들의 눈에 들어 한국어판이 출판될 수 있게 된 것은 너무나 감격스럽고 영광이라고 생각됩니다. 열심히 노력해 주신 한국 측 관계자분들께 깊은 감사를 드리고 싶습니다.

본서의 일본어판이 출간되었던 2013년 5월로부터 약 2년 반이 지난 시점이 되었습니다. 2011년에 남아프리카의 더반에서 개최되었던 COP17에서는 2020년 이후의 새로운 국제 체제를 2015년까지 결정하기로 합의했습니다. 그 기한이 되는 올해 12월의 프랑스 파리에서 개최되는 COP21까지 이제 얼마 남지 않았습니다. 이에 일본 정부도 올해 7월 17일 온실가스 배출량을 2030년까지 2013년 대비 -26% 수준으로 감축하겠다는 약속초안을 결정하여 제출했습니다. 필자는 과거 약 3년 동안에는 기후변화교섭에 관여하지 않았기에 제가 접할 수 있는 교섭 관련 정보는 기본적으로 일반 공개 자료에 한정되어 있습니다. 이러한 전제 하에 기후변화교섭의 현황에 대한 약간의 생각을, 어디까지나 필자 개인의 입장에서 피력해 보도록 하겠습니다.

우선 교토의정서에 대해서는, 본서의 제6장에서도 예상했던 대로 1997년 채택 당시의 원래 모습에서 확실히 변화되었다고 할 수 있을 것입니다. 교토의정서상에서는 아무런 의무를 지지 않았던 미국, 중국의(교토의정서와는 무관한) 완화목표 제출이 장래 체제구축을 위한 기초로써 긍정적으로 받아들여지고 있으며 교토의정서 '연장'에 집착해 온 유럽 국가들도 여기에 별다른 이견을 제시하지 않고 있다는 것이 무엇보다 큰 증거일 것입니다.

현재의 교섭에서 상정하고 있는 2020년 이후의 장래체제는 본서의 제7장에서 언급하고 있는 포스트 '리우·교토체제'와 비슷한 모습입니다. 가장 큰 특징은 선진국과 개도국 모두에 정도의 차이는 있을지언정 스스로 마련한 목표(INDC: Intended Nationally Determined Contribution)를 제출하고 이것을 국제적으로 검토하는 것입니다. 즉, '모든 국가에 적용되는(applicable to all Parties) 것'이 대전제입니다. 2009년의 COP15에서 '코펜하겐합의'가 만들어진 이후 기후변화교섭 최대의 난제였던 UN기후변화협약에 내재된 양자구도(dichotomy)가 드디어 극복되려는 것처럼 느껴지기도 합니다. 하지만 '악마는 사소한 곳에 머무는 것'이므로 정확한 평가를 위해서는 COP21이 끝난 후에 성과문서를 분석해 보아야 할 것입니다.

이 외에 주요한 논점으로서는

- 각국이 제출한 목표를 보다 구체화하고
- 장기목표와의 정합성 확보 [이를 촉진하는 검토시스템의 구축]
- 시장메커니즘의 구축 [일본이 주장해 온 양자 간 크레디트제도(JCM: Joint Crediting Mechanism)를 포함]
- 개도국지원 [충분한 자원의 확보, 적응(adaptation)대책의 확충 등]

을 들 수 있겠습니다. 어느 것 하나 쉬운 것이 없지만 실무적·실제적으로 접근하여 해결해 나가야 하는 문제라고 할 수 있습니다. 물론 장래체제에 있어 어떤 요소에 법적 구속력(legally binding)을 부여해야 하는가와 같이 각국 교섭관들이 좋아할 것 같은 추상적인 접근도 있습니다. 하지만 완화(배출감축)목표의 숫자 하나하나에 집착하며 '선진국이 솔선수범해야 한다'고 주장하는 이들은 많이 사라진 듯합니다. 이는 관념론을 되도록 배제하고 지구온난화 문제에 실제적으로 대처하려는 바람직한 움직임이라고 할 수 있을 것입니다.

하지만 관념적 접근이 실제적 접근을 중시하는 쪽으로 변화되었다는 것이 곧 지구온난화 문제에 대처하기 쉬워졌다는 것을 의미하지는 않습니다. 그 한 예로 장래체제의 교섭에서 개도국지원에 관한 논점의 비중이 지금까지 이상으로 높아졌다는 것을 들 수 있겠습니다. 또한 개발과제를 둘러싼 국제 흐름과의 관련성도 염두에 두어야 할 것입니다.

올해 9월의 UN총회에서 채택될 포스트 2015년 개발 어젠다('지속 가능한 개발을 위한 2030년 어젠다')에서는 지속 가능한 개발목표의 하나로 에너지 액세스 확보를 들고 있는데, 본서 제6장에서도 언급하고 있는 것처럼 세계적인 차원의 에너지 액세스 확보를 위한 에너지 믹스를 구축하는 것은 쉽지 않은 일입니다. 선택 가능한 에너지 공급원들이 갖는 장점과 단점을 고려하여 가장 좋은 에너지 믹스에 대한 합의를 얻어 내는 것은 한 국가 내에서도 많은 어려움이 있기 마련입니다. 이는 후쿠시마 원자력발전소 사고 후의 일본을 보아도 명확하게 알 수 있습니다.

하물며 국제사회 전체에 가장 적합한 에너지 믹스를 위한 선진국, 개도국 간의 공통 이해를 구축해 나가는 것은 상상할 수도 없는 어려운 문제일 것입니다. 환경과 개발이라는 로마클럽의 '성장의 한계' 보고서가 발표된 이래 계속되어 온 문제에 정면으로 맞서야 하는 상황이 된 것입니다.

이러한 세계적인 과제에 대처하기 위해서 한국과 일본이 각각 독자적으로 또는 양국이 협력해서 감당해 나가야 할 역할은 지대합니다. 여기에 본서의 한국어판이 자그마한 도움이라도 될 수 있다면 더 할 나위 없는 기쁨이 될 것입니다.

2015年 9月

카노우 다케히로

목 차

제6장 :::::: 포스트 '리우 · 교토체제'를 향하여 · 199

제7장 :::::: 포스트 '리우 · 교토체제'와 일본 · 247

프롤로그

- 2009년 겨울, 코펜하겐 -

2009년 12월 14일 아침, 필자는 코펜하겐 시내에서 기차를 타고 COP[1)]15 개최회장인 벨라센터에 도착했다. 회장에 들어가기 위한 ID 카드를 발행받기 위해서였다. UN에서 대규모 국제회의가 개최될 때에는 제한구역출입을 위해 현지에 도착한 첫날 여권을 제시하고 정부관계자, 언론, NGO 등의 카테고리별로 나뉘는 ID를 발행받아야 한다.

당시 저자는 아직 기후변화교섭 담당과장이 아니었기에 기후변화교섭에는 전혀 관여하지 않았다. 전례 없는 규모의 국제회의로 급작스레 증원된 일본정부대표단의 응원요원 중의 한 명으로 회장에 출입할 수 있었을 뿐이었다.

COP15가 둘째 주가 되어 후반전으로 접어들자 일본의 하토야마 유키오(鳩山由紀夫) 총리장관, 미국의 오바마 대통령, 중국의 원자바오(温家宝) 총리 등 각국의 정상들이 속속 현지에 등장했다. 통상 장관

---

1) 본고에서 COP란 기후변화에 관한 UN기본협약 당사국총회(Conference of the Parties)를 말한다. 1995년 베를린에서 제1회 회의(COP1)가 개최된 이래 매년 계속되고 있으며 1997년 교토에서 열린 제3회 회의는 COP3, 2009년의 코펜하겐에서 열린 제15회 회의는 COP15, 2010년의 칸쿤에서 열린 제16회 회의는 COP16, 2011년의 더반에서 열린 제17회 회의는 COP17, 2012년 도하에서 열린 제18회 회의는 COP18이라고 한다. 또한 교토의정서가 발효된 2005년 이후부터는 이 기후변화에 관한 UN기본협약 당사국총회와 함께 교토의정서 당사국회의(Meeting of the Parties)도 열리고 있다. 이는 COP와 함께 개최되며 교토의정서상에도 '당사국들의 모임으로 개최되는 당사국총회(Conference of the Parties serving as the Meeting of the Parties)'라고 기재되어 있어, 약칭하여 CMP로 불린다. 2009년의 코펜하겐, 2010년의 칸쿤, 2011년의 더반, 그리고 2012년의 도하에서도 COP15, COP16, COP17, COP18과 함께 각각 CMP5, CMP6, CMP7, CMP8이 개최되었다.

급으로 진행되었던 COP가 정상급으로 격상된 것은 초유의 일이었다.

그러나 교섭은 첫째 주를 지난 단계에서 이미 코펜하겐의 겨울 하늘처럼 짙은 암운에 둘러싸여 있었다. 당시 교토의정서의 1차 공약기간이 종료되는 2012년 이후의 국제체제 구축을 둘러싸고 선진국과 개도국의 대립이 풀리지 않는 숙제로 남아 있었다. 그 와중에 의장국인 덴마크가 준비했다는 '신(新)의정서안'이 영국의 일간지 『가디언』에 대대적으로 게재되었고, 이에 대하여 개도국들이 비밀주의라며 거세게 항의하는 바람에 의사진행이 중지되었던 것이다. 각국의 정상·각료급이 현지에 도착하기도 전에 이미 분위기는 험악하게 돌아가고 있었다.

교섭의 분위기를 반영한 탓인지 ID발급 절차도 지지부진하게 지연되고 있었다. 진눈깨비가 흩날리는 회장 밖에서 이른 아침부터 차례로 줄을 섰지만 조금도 진전이 없었다. 처음에는 커피를 마시며 주변 사람들과 잡담을 나누며 기다렸지만 3시간, 4시간, 5시간이 지나자 모두 말이 없어졌다. 그렇게 5시간 이상을 기다렸는데, 오후 1시 즈음이 되자 '수속을 진행할 수 있는 한계를 넘었기에 오늘은 이만 종료한다'는 덴마크 측의 일방적인 방송이 흘러나왔다. 우리 눈앞에서 경비담당자가 회의장의 문을 닫아걸었다. 여기저기에서 야유가 터져나왔고 모두 입을 모아 'Bring us in(우리를 들여보내라)!'이라고 외치기 시작했다. 문이 닫혀있음을 뻔히 눈으로 보면서도 뒤쪽 사람들이 앞으로 밀고 들어오기 시작했다. 가까스로 대열에서 빠져나와 지난 주부터 회의장을 출입했던 내부의 동료와 연락을 취해서 간신히 안으로 들어갈 수 있었다.

이후의 약 1주일은 그야말로 질풍노도와 같은 하루하루였다. 외무성에서 20년 가까이 지내면서 수많은 국제회의를 경험했지만 그 어느 것과도 비견할 수 없을 정도였다. 보통은 주요국 정상회의(G8 정상회담)나 APEC 등 정상급이 참가하는 국제회의의 경우 셰르파(Sherpa) 회의[2)]나 SOM(고급실무자회의)이라 불리는 실무 차원 회의의 조정을 거친 문서가 정상급에 전달되는데 이번에는 최종 단계에서 정상급들이 직접 문서작성 작업에 참여했다. 미(美)국무성 관계자에 의하면 정상급이 직접 문안작성(drafting)을 하는 것은 제1차 세계대전 직후의 베르사유조약 이후 처음이라고 한다. 참가국들의 규모와 수준도 이례적이었다. 매년 9월부터 뉴욕에서 열리는 UN총회에서는 첫째 주에 모든 UN가입국 정상들이 모이는데 그와 동일한 규모의 회의가 자그마한 유럽 국가에서 진행되었던 것이다. 혼란이 초래되는 것도 당연하다. 수용능력 1만 5천 명에 불과한 회장에 4만 명을 수용했다는 설도 있다. 그리고 추위. 마지막 3일간은 호텔에 돌아가지도 못하고 회장 내 작업실에서 밤을 지새웠는데, 한밤중에 실내 자동판매기에서 뽑았던 콜라마저도 꽁꽁 얼어 있었다. 작업실 내에는 몇 명인가의 동료가 코트를 입은 채로 나란히 드러눕거나 엎드려서 짧은 수면을 취하고 있었다. 언젠가 봤던 옛날 영화 <핫코다산(八甲田山)>[3)]에서 눈 속을 행군하던 병사들이 하나둘씩 차례로 쓰러지는 광경이 떠올랐다. 이런 경험까지 했으니 최악의 국제회의였던 것만은 틀림이 없다.

그리고 마지막 날인 12월 18일의 금요일. 예정보다 대폭 늦어져 시간은 자정을 넘긴 19일 토요일 오전 1시가 되었다. 이때 소수인원만으로 진행된 정상급회의에서 후일 '코펜하겐합의'라고 불리게 되는

---

2) (선진국 수뇌 회의의) 준비 작업(예비 교섭) 등을 하는 고위 관리회의.

3) 1977년 작품으로 1902년에 아오야마연대가 행군 연습 중에 조난되어 210명 중 199명이 사망한 사건을 소재로 일부 창작을 더한 영화.

문서가 실질적으로 합의되었다. 회의장 내에는 일순 작은 박수 소리가 퍼졌다. 그러나 이 합의를 '유의'한다는 정식결정이 내려진 것은 그로부터 10시간이 더 지난 뒤의 일이었다. 대회의장에서 UN COP 절차가 진행되고 지루한 협의가 이루어진 뒤의 일이다.

소수인원만으로 진행된 정상급회의에서 코펜하겐합의가 성립되었던 그 순간, 필자는 회의장 내의 일본정부대표단석에 앉아 있었다. 정상급 회의라고는 하지만 예정체류기간을 연장해서까지 협의에 임했던 하토야마 총리나 오바마 대통령도 이미 귀국길에 올라 그곳에는 존재하지 않았다. 일본의 사활이 걸린 중요한 문언의 검토도 끝난 뒤였기에 지금까지 협의에 임하고 있었던 실무진의 책임자였던 스기야마 신스케(杉山晉輔) 외무성 지구규모과제심의관과 교대하여 필자가 대표단석에 앉아 있었던 것이다. 회의장 내에는 아직 브라운 영국 수상과 칼데론 멕시코 대통령 등 몇몇 진짜 거물급 정상들도 남아 있었으며, 'ㅁ'자형으로 배치되어 있었던 회의장의 필자 건너편에는 의장인 라스무센 덴마크 수상과 반기문 UN사무총장이 피곤한 얼굴로 앉아 있었다. 겨우 1주일 전 이 땅에 처음 발을 들였을 때에는 회장에서 쫓겨날 처지에 있던 필자가, 의장인 덴마크 수상과 같은 회의실에서, 그것도 그의 건너편 자리에 앉아 있다. '왕자와 거지'의 두 가지 역할을 혼자서 연기하는 듯한 묘한 기분에 휩싸였다.

그리고 생각에 잠길 수밖에 없었다. 이렇게까지 막대한 자원을 투입하여 많은 사람들을 기후변화교섭으로 몰아넣고 있는 것은 무엇인가. 이것이 필자의 기후변화교섭과의 첫 만남이었다.

출처: (Courtesy of IISD / Earth Negotiations Bulletin)

COP15 마지막 날이 지나고 코펜하겐합의의 지위를 두고 협의하는
라스무센 덴마크 수상(중앙)과 반기문 UN사무총장(좌)

제1장

기후변화교섭 20년: 코펜하겐으로 가는 길

들어가며

1990년은 '기후변화교섭원년'이라고도 불릴 수 있는 해이다. 바로 전해에 베를린장벽이 무너지고, 미소 정상들이 동서냉전의 종말을 선언했던 이 시기, 세계인들의 관심은 지구환경문제라는 새로운 과제로 향하기 시작했는데, 그 시작이 기후변화였다. 이해의 UN총회에서는 2년 후인 1992년에 개최될 UN환경개발회의(리우 지구정상회의)에 대비하여 기후변화문제에 대처하는 새로운 국제조약을 만들기 위한 절차개시를 결의하였다. 그리고 1992년에 기후변화에 관한 UN 기본협약이, 1997년에는 교토의정서가 성립되었고, 현재의 '리우・교토체제'라고도 할 수 있는 국제체제가 완성되었다. 그러나 그 구조는 냉전종료 직후의 국제사회의 모습을 그대로 답습하고 있었으며 이는 오늘날에도 마찬가지이다.

최근 20년간 국제사회에는 커다란 변화가 있었다. 세계화가 진행되면서 미국・일본・유럽이라는 3강 체제가 상대적으로 약화되었고, 중국이나 인도 등의 신흥개도국이 등장하였으며, NGO나 민간부문 등 다양한 이해관계자들의 역할이 증대되었다. '리우・교토체제'에 국제사회의 구조변화를 반영하려는 노력은 2000년대 후반부터 본격화되었다. 이러한 노력들이 2007년의 발리 COP13을 거쳐 2009년의 코펜하겐 COP15에서 하나로 귀결되었다. 그러나 200여 명의 각국 정상들이 집결했던 전대미문의 국제회의는 결과적으로 많은 나라에 커다란 좌절감을 주는 성과만을 남긴 채 끝이 났다. 필자 개인에게 있어서는 이 COP15는 기후변화교섭과 처음으로 조우

했던 자리이기도 했다.

하지만 이 코펜하겐의 성과를 실패라는 말로 단정 지어 버리는 것은 공평하지도 정당하지도 않다. 코펜하겐합의가 없었다면 그 이후의 칸쿤합의, 도하합의는 없었으리라고 단언할 수 있다. 각국의 정상들이 밤을 지새우며 직접 교섭에 임했던 것은 제1차 세계대전 직후의 베르사유조약 이래 처음이었고 그 결과 도출된 합의는 이후의 환경외교의 방향을 설정하는 획기적인 것이었기 때문이다.

도표 1-1. 기후변화에 관한 국제체제

기후변화에 관한 UN 기본협약

- 목적:대기 중의 온실가스(CO2, 메탄 등)의 농도를 난정화
- 1992년 5월에 작성, 1994년 3월에 발효, 당사국수: 194국 및 1지역(EU)
- 기후변화분야에서의 선진국 · 개도국의 지위를 구별
  부속서 I 국가: 온실가스 감축의무를 지는 선진국
  비부속서 I 국가: 온실가스 감축의무를지지 않는 개도국
- '공동의 그러나 차별화된 책임'
- 선진국은 의무적으로 개도국 지원(자금공여, 기술이전 등)

교토의정서

- 배출감축의무
  부속서 I 국가에게 2008년부터 5년간 1990년 대비 일정수치만큼 온실가스 배출을 감축할 의무를 부과(부속서B)
- 1997년 12월에 교토에서 작성. 2005년 2월에 발효.
- 당사국수: 192개국 · 기관
- 미국은 서명은 했지만 비준하지 않음

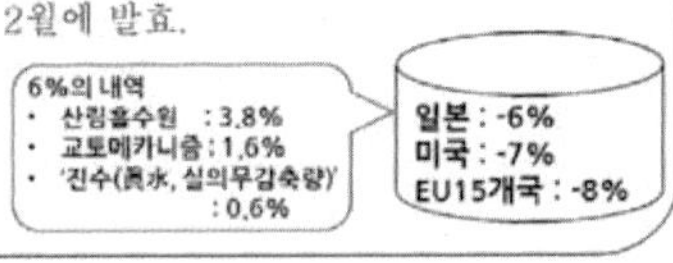

6%의 내역
· 산림흡수원 : 3.8%
· 교토메카니즘 : 1.6%
· '진수(眞水, 실의무감축량)' : 0.6%
일본 : -6%
미국 : -7%
EU15개국 : -8%

출처: 외무성 자료.

기후변화교섭을 '무기 없는 전쟁'이라고도 한다. 각국 모두 자금력, 기술력, 외교력 등 군사력 이외의 수단을 구사하여 자국에 유리한 방향으로 교섭을 이끌어 가도록 맹렬한 진검승부를 펼친다. 이는 항간

에서 말하는 것처럼 '선진국 대 개도국'이라는 단순한 양자구도만으로는 그려 낼 수 없다. 복잡다단한 오늘날의 국제정치의 축소판인 것이다. '21세기형 총력전'이라고 해도 좋을 정도이다. 코펜하겐에서도 오바마 대통령이나 원자바오 중국 총리, 싱 인도 수상, 메르켈 독일 총리, 브라운 영국 총리, 아프리카 및 소도서국들의 정상들, 그리고 하토야마 총리 등 다양한 이해관계를 가진 각국의 정상들이 한곳에 모여 한 치의 양보도 없는 맹렬한 교섭을 장장 수십 시간에 걸쳐 해냈다.

한때는 난전양상이 되었던 적도 있었는데, 오바마 미국 대통령과 신흥 4개국(중국, 인도, 브라질, 남아프리카)의 정상들이 대립하는 광경을 찍은 사진을 기억하는 분도 있을 것이다. 이는 정말이지 빙산의 일각에 지나지 않는다. 기후변화교섭은 21세기 글로벌 거버넌스의 현황을 비추는 거울이기도 하다. 필자가 직접 이 현장을 목도할 수 있는 상황에 있을 수 있었던 것은 다시 얻기 힘든 기회였다는 의미에서 행운이었을지도 모르겠다. 어디까지나 이후에 돌이켜 봤을 때의 이야기이긴 하지만 말이다.

제1장에서는 코펜하겐 COP15에 이르기까지의 기후변화교섭 20년의 역사를 돌이켜 보며 현재 국제사회의 축소판으로서의 기후변화교섭의 의미를 논하기로 한다.

1. 기후변화교섭 20년의 역사

국제사회의 시선이 지구온난화 문제에 머물기 시작한 것은 1980년대 중반에 들어서의 일이다. 그때까지는 환경문제라고 하면 공해문제에 대한 대응이 중심이었다. 1972년에 발표된 로마클럽의 '성장의 한계'에서도 온난화 문제에 대해서는 거의 언급되지 않았다. 1985년에 세계 각국의 기상학자들이 오스트리아 필라흐(Villach)에 모여서 온난화 문제에 대한 논의를 했던 것이 최초라고 한다.

1988년 UNEP(UN환경계획)과 WMO(세계기상기구)가 공동으로 IPCC(기후변화에 관한 정부 간 패널)를 설립하였다. 이는 세계의 과학자들이 기후변화문제에 중점을 두고 그에 관한 과학적 지식을 제공하는 조직이다. 1990년에는 기후변화에 의해 심각한 피해가 발생할 수 있다는 내용을 담은 제1차 평가보고서가 발표되었고 국제사회는 커다란 충격을 받았다(이 IPCC 보고서는 이후 회를 거듭하며 발간되었다. 2007년에 발표된 제4차 평가보고서에서는 세계의 평균기온이 과거 100년 동안 0.74°C 상승했으며, 현재의 인위적인 배출량

도표 1-2. 기후변화교섭: COP15까지의 교섭의 경과

1992년 기후변화에 관한 UN기본협약(UNFCCC) 채택(1994년 발효)
1997년 교토의정서 채택(COP3)
2005년 교토의정서 발효
- 2012년 이후의 공약기간의 취급을 검토하는 작업반(AWG-KP) 설치

2007년 '발리행동계획'(COP13)
- 새로운 포괄적 체제를 검토하는 작업반(AWG-LCA) 설치

2009년 '코펜하겐합의'(COP15)
- 선진국・개도국의 감축목표・의무의 목록화 등을 명기하였으나 정식 COP결정에는 이르지 못했고, '유의'되는 것에 그침.

출처: 외무성 자료.

이 자연배출량의 약 2배에 이르러 대기 중의 CO_2 농도가 약 280ppm에서 현재 약 380ppm이 되었고, 이대로 가면 21세기 말에는 기온이 2.4~6.4°C나 오르게 되어 해수면 상승, 가뭄, 홍수 등의 이상기후나 농업, 생태계에 대한 악영향이 예상된다고 하였다).

이러한 흐름 속에서 국제사회가 연대하여 기후변화문제에 대처하기 위해 UN의 주도하에 조약교섭을 개시해야 한다는 의견이 1988년의 토론토 G7 정상회의나 1989년의 아르슈 G7 정상회의, 1990년의 제2회 세계기후회의 등에서 나오게 되었다. 이를 받아들여 1990년의 12월 UN총회에서는 조약교섭을 개시하기 위한 정부간교섭위원회(INC)를 설치하였고 1992년의 리우데자네이루에서 개최될 UN환경개발회의(리우 지구정상회의)까지는 교섭을 완료한다는 결의(45/212)를 채택하였다. 1990년이 이른바 '기후변화교섭원년'이라고 불리는 이유이다.

다음에서는 이후의 기후변화교섭의 역사를 몇 단계로 나누어 소개하도록 하겠다.

(1) 기후변화에 관한 UN기본협약의 성립 (1990~1992)

기후변화에 관한 UN기본협약(이하 'UN기후변화협약')에 대한 교섭은 1991년 2월부터 1992년 5월까지 약 15개월이라는 매우 짧은 기간 동안 진행되었다. 1992년 6월의 리우 지구정상회의까지 마무리해야 한다는 기한제한을 두었던 탓도 있었을 것이다. 보다 넓은 문맥에서는 냉전종료 후의 낙관론에 한껏 도취된 국제사회의 관심과 에너지가 이러한 지구규모의 과제로 향한 것이 컸을 것이라 생각된다.

정부 간 교섭위원회에 설치된 두 개의 작업반(WG) 중의 하나에서는 일본의 아카오 노부토시(赤尾信敏) 지구환경대사가 공동의장을 맡아 일본이 협약작성에 주도적인 역할을 해냈다. 리우 지구정상회의에서는 생물다양성협약과 함께 UN기후변화협약이 서명을 위해서 각국에 개방되었고 일본도 서명했다(참고로 동 정상회의에서는 'UN사막화방지협약' 작성을 향한 교섭도 개시되었다. 이 때문에 이들 3개 환경협약은 일반적으로 '리우 3조약'이라고 불린다). 동 협약의 당사국 수는 현재 194개국 및 1지역(EU)에 이른다.

이 UN기후변화협약은 20년이 지난 지금까지도 UN교섭의 체제의 근간을 이루고 있으며 그 커다란 특징은 다음과 같다.

(가) 온실가스의 인위적인 배출을 협약의 대상으로 하고 있다는 점

UN기후변화협약은 제2조에서 '인간의 활동이 지구 기후 시스템에 위험한 영향을 미치지 않는 수준에서 대기 중 온실가스 농도를 안정화시키는 것'을 궁극적인 목적으로 삼고 있다. 즉, CO_2를 비롯한 온실가스의 대기 중 농도증가가 온난화를 야기하고 이로 인해 여러 가지 문제를 발생시킬 수 있다는 과학적인 입장을 전제로 하고 있다. 교토의정서는 이 협약목적을 달성하는 수단으로써 이 협약에 기초하여 이후에 작성된 것이다. 또한 온난화는 인위적 요인 이외에도 자연현상(가령 태양활동 등)에 의해서도 야기될 수 있지만 이는 동 협약의 대상에서 제외된다.

일본에서는 교토라는 이름이 붙었고 '-6%'라는 국가별 수치목표를 정했던 교토의정서 쪽이 일반적으로 많이 알려져 있으며 '온난화 회의론'의 입장에서는 교토의정서하의 온난화대책을 비판하기도 한다.

그러나 상술한 바와 같이 온난화의 위험에 대한 대처가 필요하다는 기본인식은 교토의정서의 기초가 되고 있는 UN기후변화협약에 규정되어 있다. 이러한 인식은 교토의정서에는 참가하지 않았던 미국을 포함한 국제사회의 대부분의 국가가 공유하고 있다. 매년 COP에서 이루어지는 기후변화교섭은 이러한 기본인식을 전제로 어떻게 온난화대책을 진행해 나갈 것인지, 이를 진행하기 위한 감축의무를 선진국과 개도국 간에 어떻게 분담할 것인지에 대해서 교섭을 하는 것이다. '온난화가 존재하는지'에 대한 논의가 진행되는 자리가 아니다. 이는 과학의 영역이며 외교의 영역이 아니기 때문이다.

'온난화 회의론'은 세계 각지에서 끈질기게 존재해 왔다. 수년 전에 '기후게이트(Climate-Gate)'라는 사건이 있었다. 전술한 IPCC보고와 관련하여 온난화 위험을 과장하고 있다고 보는 듯한 일부의 과학자들의 이메일 교신이 밝혀졌고 보고서 내용에 명백한 오류가 있었던 것 등으로 IPCC의 신뢰성에 금이 간 것이다. 과학적인 지식에도 불확실성이 있기 마련이므로 온난화의 진위를 둘러싼 논의는 이후에도 계속될 것이다. 또한 이러한 논의가 세계의 과학자들 사이에서 자유로이 오가는 것도 그다지 이상한 일이 아니다. 중요한 것은 과학의 영역과 외교의 영역 간의 적절한 거리감인 것이다.

(나) 당시(1990년대 초)의 세계를 반영하여 당사국을 선진국과 개도국으로 양분하고 협약상의 의무에 일정한 차이를 둔 것

본 협약의 부속서I에는 과거 '제1세계'(자유주의국가들)와 '제2세계'(구 공산권국가들) 국가들의 목록이 기재되어 있다. 이들 국가는 '부속서I국가'라고 하며 기타 '비부속서I국가'와는 협약상 구분된 의무를 진다. 전자가 선진국, 후자가 개도국이라고 보아도 좋다. 과거 '제3세계'였던 후자의 카테고리에는 소도서국은 물론 이후 OECD에도 가입한 멕시코, 한국, 싱가포르 등이 포함되어 있다. 이러한 구분은 1992년의 UN기후변화협약 체결 이후 현재까지 전혀 변함이 없다.

기후변화교섭에서 선진국들은 선진국과 개도국을 구분하는 이러한 접근을 '양분론(dichotomy)'이라며 강하게 비판하고 있다. 그 최선봉에는 미국이 있으며 EU, 일본도 그러한데, 그 연원이 되는 것이 UN기후변화협약이다. 이 협약에는 온실가스 목록의 작성이나 정보제공 등 선진국, 개도국 공통의무로써 규정하고 있는 것도 있지만(제4조 1항과 제12조 1항), 선진국에만 부과된 의무도 있다. 온난화대책을 위한 정책・조치를 이행하는(제4조 2항) 것이 이에 해당한다. 이렇듯 선진국의 의무를 더욱 강화하여 국가별 수치목표를 설정하고 이행의무를 부과한 것이 교토의정서이다.

교토의정서에 대한 비판으로서 '일부의 선진국에게만 의무를 부과하고 있다'는 주장이 있는데 선진국과 개도국을 구별하자는 생각 자체는 UN기후변화협약에 있는 것이다.

(다) '공동의 그러나 차별화된 책임', '형평성' 등 이후의 기후변화교섭의 향방을 예견할 수 있는 원칙이 규정된 것

몇몇 대략적인 원칙이 규정되어 있는 것도 이 협약의 커다란 특징이다. 당시 교섭책임자의 회고에 의하면 이 점에 대해서 상당한 토론이 벌어졌던 모양이다.

많이 알려져 있는 것으로는 '공동의 그러나 차별화된 책임(CBDR:

common but differentiated responsibilities)' 원칙이 있다. 기후변화문제에 대처함에 있어 선진국과 개도국은 책임을 공유하지만 경제발전 단계에 따라 책임의 정도에는 차이를 두어야 한다는 생각이다. 따라서 선진국은 책임의 '공통'성을, 개도국은 책임의 '차별'성을 강조하기 마련이다.

또한 '형평성(equity)' 원칙도 개도국이 자주 언급하는 개념이다. 막연한 개념이지만 산업혁명 이래 CO_2를 대량으로 배출해 왔던 것은 모두 선진국이므로 배출감축이나 개도국지원에 있어 주로 선진국이 의무를 져야 한다고 주장할 때 개도국들의 논거로 사용된다.

(라) 의사결정 시스템이 콘센서스 방식이라는 점

협약의 최고 의사결정기관인 당사국총회(COP)에서의 의사결정이 콘센서스 방식이 될 수밖에 없었던 것도 이 협약의 커다란 특징이다.

이는 1995년 제1회 당사국총회(COP1)에서 COP의 절차규정을 논의할 때 투표방식에 관한 조항을 두고 분쟁이 발생하여 결국 절차규정이 채택되지 못했던 것에 기인한다. 이때부터 COP의 의사결정이 콘센서스에 의하게 되었고 지금까지도 이어지고 있는 것이다.

의사결정방식을 결정할 수 없었던 이유는 예산 등의 문제에 개도국들이 머릿수로 밀어붙일까 염려한 소수의 선진국들 때문이다. 그러나 모든 것을 콘센서스에 의하는 방식은 여러 가지 상황에서 의사결정의 장애가 되었다. 기후변화 관련 UN회의에서도 간혹 볼 수 있듯이 본론에 들어가기도 전에 견해가 분열되고 마는 '의제다툼(agenda fight)'이 그 대표적인 예이다.

(2) 교토의정서의 성립 (1995~1997)

UN기후변화협약하에서 온난화대책을 강화하기 위한 체제로서 작성된 것이 교토의정서이다.

제1회 당사국총회(COP1)가 1995년에 독일의 베를린에서 개최되어 새로운 법적 체제 구축작업이 시작되었고(Berlin Mandate) 약 2년에 걸친 교섭 끝에 교토에서 열린 제3차 당사국총회(COP3)에서 교토의정서가 작성되었다. 당시 일본은 하시모토 류타로(橋本 龍太郎) 내각이었고 오오키 히로시(大木浩) 장관이 COP3의 의장을 지냈다. COP3에 이르는 교섭과정은 실무진을 이끌었던 다나베 도시아키(田邊敏明) 지구환경문제담당대사의 저서 『지구온난화와 환경외교』에 자세히 나와 있다. COP3의 의장국이었던 일본은 사전교섭부터 COP3에 이르기까지 미국・유럽・일본 3강의 수치목표설정부터 교토의정서 작성에 이르기까지 주요 플레이어로서 교섭을 주도했었다.

교토의정서의 특징은 다음의 두 가지로 볼 수 있다.

(가) 선진국만을 대상으로 하는 수치목표설정

1990년의 배출실적 대비 1차 공약기간(2008년에서 2012년)의 배출평균치라는 형태로 UN기후변화협약의 부속서I국가(선진국)는 국가별 감축의무를 지게 되었다. 일본이 -6%, 미국이 -7%, EU(1997년 당시 가입국 15개국)가 -8% 등이었다. 교토의정서상 국가별로 배출할 수 있는 양(배출허용총량)이 결정되고 1990년 배출실적을 100으로 한 수치로 의정서의 부속서B에 기재되어 있다. 일본을 예로 들자면 -6%이므로 'Japan 94'가 된다.

(나) 교토체제의 도입

선진국의 배출감축목표의 도입과 함께 비용 대비 효과가 높은 방법으로 목표를 달성하기 위해 국내뿐만 아니라 해외에서의 이행수단도 도입되었다. 교토체제라고 불리는 것인데, 대표적인 것이 개도국에서의 청정개발체제(CDM: Clean Development Mechanism)이다[이 외에 공동이행(JI: Joint Implementation), 국제배출권거래가 있다]. CDM이란 선진국이 개도국에서 온실효과가스 감축효과가 있는 프로젝트를 실시한 경우에 UN에서의 일정한 절차를 거쳐 당해 프로젝트에 의한 배출 감축분을 당해 선진국의 감축실적(크레디트)으로 인정하는 것이다. 선진국은 국내에서 보다 낮은 비용으로 배출량 감축이 가능해지고 개도국은 지속 가능한 개발에 필요한 선진국의 자금과 기술의 유입을 기대할 수 있게 된다. 쌍방의 이익을 노린 체제였다.

(3) 교토의정서 이행규정의 성립과 미국의 정책변화 (1998~2001)

COP3 이후로는 교토의정서의 발효를 위한 이행규칙 제정에 교섭의 초점이 맞춰졌다. 1998년의 COP4에서는 이후의 작업을 위한 일정표로서 행동계획(부에노스아이레스)이 작성되었고 이에 기초하여 COP5부터 COP7까지의 교섭이 이루어졌다. 그 결과 2001년의 COP6 재개회의[4]에서 본 합의가 얻어졌으며 COP7의 마라케시합의로 결실을 맺게 된다.

이 시기 일본에서는 환경문제를 중시하는 쪽으로 부서재편이 이루어져 2001년에는 환경청이 환경성으로 바뀌고 초대 환경장관에 가와

4) COP6은 2000년에 네덜란드 헤이그에서 개최되었으나 최종 합의에는 이르지 못하였고 2001년 본(독일)에서 개최된 COP6 재개회의로 연기되었다.

구치 요리코(川口順子) 환경청장관이 취임했다.

이 기간 동안 교섭절차에 커다란 그림자를 드리운 것이 2001년의 정권교체에 따른 미국의 방침전환이었는데, 부시 정권이 교토의정서에 불참 선언을 한 것이다. 정권이 발족되고 얼마 지나지 않은 2001년 3월, 부시 대통령이 상원의원에게 보내는 서한에서는 미국이 기후변화문제에 심각하게 대응할 것이라고 했지만 결국 교토의정서에는 반대를 표명하였다. 중국이나 인도를 포함한 세계의 80%가 참가하지 않았으며 미국 경제에 지극히 큰 영향을 끼치게 된다는 것이 이유였다. 또한 그해 6월에 발표된 기후변화문제에 관한 성명에서는 인간활동에 의한 지구온난화를 인정하고 세계 최대의 온실가스배출국으로서의 책임을 인식하여 배출감축을 위한 리더십을 발휘하겠다고 하면서도 교토의정서에 대해서는 치명적인 결함이 있다면서 불참의사를 확실히 하였다. 당연하게도 이러한 미국의 정책전환은 세계적으로 큰 파장을 가져왔으며 일본을 포함한 여러 나라가 미국의 건설적인 대응을 촉구했지만 미국의 태도에는 변함이 없었다.

이 부시 정권이 이끄는 미국의 방침 전환은 여러 가지 면에서 국제교섭에 영향을 끼치게 된다.

첫째는 미국이 교토의정서에 참가하지 않을 것은 클린턴 정권 당시부터 어느 정도 예상할 수 있었다는 점이다. COP3보다 앞선 1997년 7월 시점에서 이미 국제조약의 비준에 대한 조언·동의권을 가진 미국 상원에서 개도국이 선진국과 함께 배출감축·억제의무를 지지 않거나 미국 경제에 중대한 영향을 끼칠 수 있는 국제조약은 인정하지 않겠다는 결의를 만장일치로 가결했었다(버드-하겔 결의안). 선진국에만 감축의무를 지우는 교토의정서는 명백히 이 결의에 위반된다. 의회의 승인이 내려질 가능성이 전혀 없음에도 불구하고 클린턴 정권하의 미국은 COP3 당시 교토의정서에 찬성했던 것이다. 부시 정권하에서의 정책전환은 의회결의에서도 나타났던 초당파적인 미국의 의사를 확인한 것에 지나지 않는다고도 볼 수 있다. 이 점은 8년 후인 2009년에 또다시 정권이 교체되어 오바마 정권이 기후변화교섭에 적극적인 자세를 보였고 동 정권의 기후변화교섭팀에도 COP3 당시의 교섭에 참가했던 멤버가 포함되어 있었음에도 불구하고 교토의정서 불참이라는 방침에는 부시 정권과 다름이 없었다는 점에서도 명백하게 확인된다. COP3에서 교토의정서에 서명한 고어 부통령이 이끄는 미국정부대표단의 반응이 특이했던 것이라고 할 수 있다.

두번째는 부시 정권의 교토의정서 불참선언이 의정서 이행규칙의 책정을 위한 교섭에서 국가 간 타협을 촉진하는 효과가 있었다는 점이다. 일본의 '-6%'라는 감축목표 중 산림흡수원으로 최대 3.8%를 산입할 수 있도록 한 것은 미국의 불참이 확실해진 상태에서 일본을 의정서에 붙잡아 두기 위한 유럽이나 개도국의 계획이었다는 견해도 있다. COP3에서 의장을 맡아 교토의정서 작성교섭을 주도했던 일본으로서는 미국의 변심으로 허를 찔렸다고는 해도 의정서 불참 쪽으로 키를 돌릴 수는 없었을 것이다. 2001년 내내 일본 정부는 교토의정서의 2002년 발효를 목표로 한다는 방침에 변함이 없다는 점 감축목표 달성을 위해서 국내제도에 총력을 기울이겠다는 뜻을 일관되게 대내외에 선언하였고 COP7 이후에는 본격적으로 의정서의 체결을 향한 작업을 진행하였다. 그리고 이듬해인 2002년 6월 일본 정부는 교토의정서를 체결하였다.

(4) 교토의정서의 발효와 새로운 체제의 모색 (2005~2008)

교토의정서는 2005년에 발효했다. 같은 해에 개최된 제1회 교토의정서 당사국회의(CMP1)에서는 의정서 규정에 기초하여 1차 공약기간 종료 이후의 다음 공약기간의 목표를 설정(이른바 '연장'문제)하기 위해서 새로운 작업반(의정서작업반: AWG-KP)이 설치되었다.

한편 미국이 없다는 점 그리고 세계경제에서 그 존재감이 날로 더해 가던 중국, 인도를 필두로 하는 신흥국에 의무를 부과하지 않았던 당시 상황에서, 이들 주요국을 포함하는 새로운 체제를 구축하는 점에 대해서도 지속적인 모색이 이루어졌다.

이 시기는 UN교섭과 함께 G8 정상회의의 활약도 컸다. 2005년의 글렌이글스 정상회의, 2007년의 하일리겐담 정상회의, 2008년의 일본의 홋카이도 도야코 정상회의에서는 하나같이 기후변화문제를 주요 의제로 삼았다. 2050년까지 전 세계의 온실가스배출을 절반으로 줄이는 것과 이를 위해서 선진국이 80% 삭감한다는 목표를 세운 G8이 UN교섭을 견인하는 역할을 한 것이다. 이 과정에서 일본도 제1차 아베 신조(安倍晋三) 내각에서 'Cool Earth 50', 후쿠다 야스오(福田康夫) 내각에서는 'Cool Earth Partnership'이라는 이니셔티브를 내걸고 홋카이도 도야코 정상회의의 의장국으로서 G8 절차를 이끄는 등 교섭을 진전시키기 위해 고군분투하였다. 전술한 2007년의 IPCC 제4차 평가보고서도 이러한 흐름에 힘을 실어 주었다.

이러한 흐름을 따라 2007년의 COP13에서는 발리행동계획이 작성되었다. 동 계획에서는 새로운 체제구축을 위한 검토를 위해 기존의 의정서작업반에 더하여 또 하나의 새로운 작업반(협약작업반: AWG-

LCA)을 설치하고 2009년의 COP15까지 작업을 완료하기로 하였다. UN기후변화협약과 교토의정서하에 각각 작업반을 설치하고 2개의 교섭노선을 병행하는 구조이다(도표 1-3). 새로운 체제의 법적 성격이나 현행 교토의정서와의 관계는 여전히 모호한 상태였다. 하지만 선진국, 개도국을 불문하고 모든 국가의 온난화대책을 대상으로 작업을 진행하도록 합의한 것은 획기적인 일이었다. 그리고 그 작업의 종착점이 되어 줄 COP15에 대한 기대는 커져만 갔다.

도표 1-3. UN교섭에서의 2track **구조**

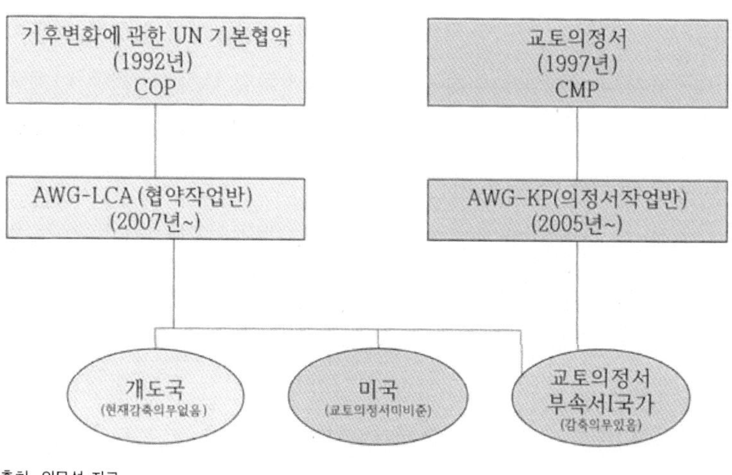

출처: 외무성 자료.

(5) 오바마 정권 발족과 코펜하겐합의 (2009)

COP15에 대한 기대를 더욱 부풀린 것이 2009년의 오바마 정권의 발족이었다. 취임 이래 오바마 대통령은 미국이 UN교섭으로 복귀할 것이라 선언하였고 UN교섭에 힘을 실어 주는 주요 배출국들의 국제회의(에너지기후변화 주요경제국포럼: MEF)를 개최하는 등 미국이 기후변화교섭을 주도하겠다는 입장을 명확하게 보여 주었다. 미국 내에서도 하원에서 국내배출권거래법안이 가결되는 등의 움직임이 있었다. 이는 '이번에야말로 미국이 진심이구나'라는 믿음을 국제사회에 심어 주기에 충분했으며 COP15에서의 새로운 체제탄생에 대한 기대를 부풀리는 결과를 가져왔다. 일본의 정권교체와 새로이 발족한 하토야마(鳩山) 정권이 표명한 '전제조건부 −25% 목표'는 이러한 움직임에 힘을 실어 주었다. 의장국 덴마크가 통상적으로는 각료급만 참석했던 COP를 정상급으로 격상했던 것도 COP15에서 다음 체제를 위한 교섭을 정리할 수 있을 것이라는 가능성이 있었기 때문이었다. 마치 뉴욕의 UN총회에 집결하는 것처럼 COP15 최종 단계에서 200명에 가까운 정상들이 참석했던 전대미문의 국제회의가 개최된 것은 이러한 흐름에 따른 것이었다.

(여담인데, 코펜하겐에서는 COP를 약 2개월 앞둔 10월에 2016 올림픽 개최국을 결정하는 국제올림픽위원회(IOC) 총회가 COP15와 똑같은 장소에서 개최되었다. 도쿄와 시카고도 후보지였으므로 하토야마 총리와 오바마 대통령도 그곳에 있었다. 필자는 총리 일행과 함께 회장에 있었는데 오바마 대통령 일행의 차량들과 그 행렬을 경호하는 엄청난 수의 새하얀 오토바이에 놀랐다. 덴마크 측이 COP15의 리허설을 하는 것으로 착각했을 정도였다. 물론 필자는 당시에 2개월 후에 또다시 코펜하겐을 방문하게 되리라곤 꿈에도 생각지 못했다.)

그러나 COP15의 결과는 프롤로그에서 소개한 그대로이다. 사전에 한껏 고양되었던 기대와는 달리 실무 차원에서의 UN교섭은 난항을 겪었고, 이렇다 할 성과도 없이 COP를 맞이하게 되었다. COP 첫째 주에 영국의 『가디언』지(紙)가 소수의 주요국들이 만든 '덴마크의장초안(덴마크문건)'이라는 것을 보도했는데, 개도국들이 이는 UN의 절차를 무시한 것이라며 강하게 반발한 것이다. 그 와중에 각국 각료, 정상급이 현지에 도착하는 둘째 주를 맞이하게 되자 예정되어 있었던 거의 대부분의 공식행사를 뒤로한 채 정상급 비공식회담이 계속되었고 결국은 정상들이 무릎을 맞대고 문언조정을 하게 되는 사태가 발생한 것이다.

도표 1-4. 코펜하겐합의의 내용

- 산업화 이전 수준의 2℃ 이내로 기온상승을 억제하는 것이 목표
- 부속서I국가는 감축목표를, 비부속서I국가는 감축행동을 제출
- 비부속서I국이 자발적으로 진행하는 행동에 대해서도 국내적 MRV(측정・보고・검증)을 거쳐 국제적인 협의・분석의 대상으로 함. 지원을 받아서 진행되는 행동은 국제적 MRV의 대상
- 산림보전, 시장체제, 기술지원의 검토
- 2010~12년에 공동으로 300억 달러의 자금지원. 2020년까지는 연간 1,000억 달러의 자금동원 목표에 합의
- 2015년까지 합의의 이행상황을 평가

출처: 외무성 자료.

이렇게 작성된 '코펜하겐합의'의 내용을 도표 1-4에 정리하였다. 총 12개의 문단으로 이루어진 짧은 문서지만 세계의 평균기온상승을 2도 이내로 억제한다는 '2°C 목표'를 언급하면서 선진국, 개도국 쌍방의 배출감축, 완화행동과 그에 대한 측정・보고・검증(MRV), 산림보전, 시장체제의 활용, 개도국 지원을 위한 자본지원, 기술지원 등 기후변화교섭상의 주요 논점과 문서작성에 관여한 주요국의 입장을 핵심적으로 농축한 형태이다.

그러나 이 문서가 195개국・지역이 참가하는 전체회의에 상정되자 일부의 급진적인 개도국들이 주로 절차적인 부분에 대한 이의를 제기하면서 몇 시간 동안이나 협의가 동결되어 합의가 진전되지 못

했다. 결국 이 문서 자체를 정식 UN문서(COP결정)로 결정하려던 당초의 계획과는 달리 다만 이 문서를 '유의'한다는 것을 COP가 결정한다는, 상당히 기묘한 형태가 되어 버리고 말았다.

사전의 기대가 컸던 만큼 결과에 대한 낙담도 매우 컸던 것이 COP15였다.

2. 국제정치의 축소판으로서의 기후변화교섭

(1) 기후변화문제의 국제체제를 둘러싼 각국의 입장

COP15의 최대 쟁점이었던 기후변화문제 대응을 위한 국제체제를 대하는 주요 국가들의 입장을 개략하면 도표 1-5와 같다. 이 도표는 모든 주요 국가를 대상으로 하는 새로운 체제(신기후체제)에 대한 찬반을 Y축으로, 선진국들만 감축수치목표를 의무적으로 부담하는 현행 교토의정서 '연장'에 대한 찬반을 X축으로 하여 COP15 시점까지의 각국의 입장을 나타낸 것이다.

일본의 경우 신기후체제 구축에는 찬성하나 교토의정서 유지에는 반대하는 입장이므로 왼쪽 윗면에 위치하게 되었다. COP16에서 일본과 같은 입장이었던 캐나다, 러시아도 마찬가지이다.

오바마 정권 1년 차의 미국은 (개도국을 포함하는) 신기후체제 구축을 간절하게 바라고 있었지만 교토의정서에는 찬성할 수 없다는 입장을 유지하고 있기에 오른쪽 상단의 점선 밖(교토의정서는 무관)에 위치한다.

도표 1-5. 각국의 기후변화교섭의 입장과 교섭 시나리오 (코펜하겐 시나리오)

모든 주요국이 참가하는 새로운 포괄적 체제의 구축

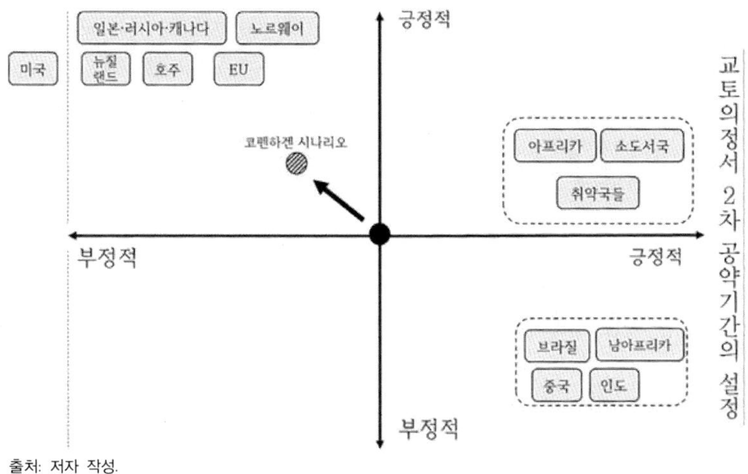

출처: 저자 작성.

EU는 COP15 시점에서는 현행 교토의정서를 대신할 수 있는 하나의 법적 체제를 구축하는 것이 바람직하다는 입장이었기에 왼쪽 윗면에 위치하고 있었다. 하지만 후술하는 바와 같이 이러한 EU의 입장은 COP15 이후에 바뀌게 된다.

개도국은 교토의정서의 '연장'이라고 하는, 선진국이 의무를 져야 한다는 점에 대해서는 통일적인 입장을 고수하고 있었지만, 그 내면은 상당히 복잡했다. 소도서국을 필두로 하는 취약국들은 교토의정서만으로는 충분하지 않다고 생각하고 있었지만 신기후체제의 구축에는 긍정적이기 때문에 오른쪽 윗면에 위치한다. 한편 중국・인도 등의 신흥국들은 자국의 성장에 장애가 될 수도 있다는 우려 때문에 신기후체제의 구축에는 소극적이었기 때문에 오른쪽 아랫면에 위치한다.

COP의 기후변화교섭에서는 조금이라도 자국에 유리하도록 각국 모두 최종적인 성과문서(COP결정, CMP결정)의 내용을 최대한 자국의 입장에 맞추려고 한다. 운동회에서 하는 '십자줄다리기'[5]를 떠올리면 된다. 각국이 각자의 입장에서 아슬아슬하게 사방으로 줄다리기를 계속하다가 COP의 마지막 날 중앙의 매듭이 어디에 위치하고 있는지에 따라 그 해의 COP의 결과가 결정되는 것이다.

COP15에서는 미국, 유럽, 일본이 각자의 위치는 미묘하게 다르지만 거의 같은 장소(왼쪽 윗면)에 위치하고 있었다. 이 때문에 신기후체제의 구축으로 향하는 힘이 가장 강하게 움직인 COP이었다(코펜하겐 시나리오). 대칭면에 위치하는 신흥국의 입장에서 보면 상당한 압박감을 느꼈을 것이고 이들이, 특히 중국이 반발한 것은 당연한 일이었다.

(2) 무기 없는 환경전쟁: 기후변화교섭은 21세기형 총력전

지금까지 UN기후변화협약의 교섭개시를 결정했었던 1990년부터 2009년의 COP15에 이르기까지 약 20년간의 기후변화교섭을 돌이켜보았다. 그동안 전 세계에서 도대체 얼마나 많은 사람들이 어떠한 입장으로 교섭에 관여하고 있었던 것일까. 일본 국내에서도 직접 교섭에 관여했던 정부관계자는 물론 연구자, NGO, 기업관계자, 언론관계자 등 수많은 사람들이 각자의 위치에서 기후변화교섭에 귀를 기울이며 수없이 많은 밤을 지새웠으리라.

데시마 류이치(手嶋龍一) 씨와 이케가미 아키라(池上彰)의 대담서인

5) 열십자(十) 모양으로 묶인 밧줄을 4방면에서 끌어당기는 것(역자 주).

'무기 없는 환경전쟁'에서는 이 기후변화교섭을 국제사회에서 각국이 각축을 벌이는 '무기 없는 전쟁'이라고 표현하고 있다. 이 20년 남짓의 기후변화교섭의 현장은 바로 그러한 비유가 딱 들어맞는 격렬하고 파란이 넘치는 것이었다고 생각한다.

여기에 조금 덧붙이자면 기후변화교섭은 '21세기형 총력전'이라는 생각도 든다. 1989년에 냉전이 종결되면서 20세기가 마무리되었는데 바로 그 이듬해부터 기후변화교섭이 시작되었기 때문이다.

러일전쟁을 효시로 하는 '20세기형 총력전'은 유럽 중심의 19세기형 세계에 일본과 미국 등의 당시 신흥국이 참가하여 각자의 군사력, 경제력, 기술력, 외교력 등 모든 것을 총동원하여 전쟁을 벌였다. 또한 전후의 GATT・WTO, G7・8 정상회의를 무대로 미국・유럽・일본의 3강이 주요 플레이어로서 활약했던 경제교섭은 20세기형의 '무기 없는 전쟁'이었다고도 할 수 있을 것이다.

이에 비해 기후변화교섭은 미국・유럽・일본 중심의 20세기형 세계에 중국・인도를 필두로 하는 신흥국이 참가한 새로운 세계가 무대이다. 아프리카, 소도서국, 저개발도상국(LDC) 등의 취약국의 발언권도 상당하다. NGO나 언론, 민간기업, 과학자 등 관계자들의 영향력도 커졌다. 1990년대에 만들어진 '리우・교토체제'라고도 할 수 있는 현재의 국제체제는 20세기형 세계가 저물어 갈 무렵에 구축되었고 이후 21세기형 세계에 맞추어 서서히 변화되어 왔다. 전술한 바와 같이 국제체제에 대한 각국의 입장에서도 알 수 있듯 지금의 세계는 단순히 '선진국 vs. 개도국'이라는 구도로 설명할 수 없다. '유럽 vs. 비유럽'이라는 선진국 간의 각축이 있는가 하면 '신흥개도국 vs. 취약국'의 개도국 간의 마찰도 있다. 혼돈스러운 상황 속에서 각국이 자본력, 기술력, 외교력 등 군사력 이외의 여러 가지 힘을 총동원해서 헤쳐 나가고 있는 것이다.

코펜하겐에서의 COP15 이후, 이 '무기 없는 전쟁'은 어떻게 흘러가고 있는지 다음 장 이후에 자세히 살펴보도록 하겠다.

<칼럼 1> 알파벳 약자가 난무하는 기후변화교섭

기후변화교섭과 관련하여 처음 골머리를 앓게 되는 것이 영어 두문자를 딴 약자(acronym)가 난무한다는 것이다. COP, CMP, KP, UNFCCC, MRV, MEF, AOSIS, CDM 등이다.

KP는 교토의정서(Kyoto Protocol)를 말하며, 말 그대로 '케이피'라고 한다. 한편 기후변화에 관한 UN기본협약(UNFCCC: United Nations Framework Convention on Climate Change)은 '유엔에프트리플씨'라고 한다. UN기후변화협약의 당사국총회는 '콥'(COP: the Conference of the Parties)이라고 하며, 같은 시기에 개최되는 교토의정서 당사국회의는 '씨엠피'(CMP: the Conference of the Parties serving as the Meeting of the Parties)라고 한다. 그 밑에는 상설 부속기구로서 '에스비'(SB: Subsidiary Body)가 있다. 또한 COP18
까지 임시로 설립되었던 두 개의 작업반인 '에이더블유케이피'(AWG-KP: Ad-hoc Working Group on Kyoto Protocol)와 '에이더블유엘씨에이'(AWG-LCA: Ad-hoc Working Group on Long-term Cooperative Action)가 있으며 COP17에서 이를 대신하여 새로이 만들어진 것이 '에이디피'(ADP: Ad-hoc working group on the Durban Platform for Enhanced Action)이다.

UN 이외의 회의로 널리 알려진 것이 오바마 정권이 이끄는 '메프(MEF: Major Economies Forum)'라고 불리는 20개국 정도의 주요 배출국으로 이루어진 회의이다(참고로 안전보장 분야에서 '메프'라고 하면 미국 해병대의 Marine Expeditionary Force를 말하는 것이 일반적이다).

교섭 시에 자주 등장하는 것이 각국의 온실가스배출을 '측정・보고・검증'하는 체제를 뜻하는 '엠알브이(MRV: Measurement, Reporting, Verification)'라는 말이다. 또한 산림보전 분야에서 열대우림의 감소・열화에서 기인하는 CO_2 배출을 감축하기 위한 보전책을 '레드(REDD: Reducing Emission from Deforestation and forest Degradation)'라고 하며 여기에 식림을 더한 것이 '레드플러스(REDD+)'이다.

교섭그룹으로서 '이유(EU: European Union)', '에이유(AU: African Union)' 등은 이해하기 쉬운데 미국, 호주, 일본 등 EU 이외의 선진국 그룹인 '유지(UG: Umbrella Group)', COP15에서 일약 각광을 받은 4대 신흥개도국(중국・인도・브라질・남아프리카)을 가리키는 '베이직(BASIC)', 태평양과 카리브 등의 도서 국가들의 모임인 '아오시스(AOSIS: Alliance of Small Island States)'는 생소하다. 스위스, 한국, 멕시코, 리히텐슈타인, 모나코 등의 선진국과 개도국의 경계선에 선 국가들의 모임인 '이아이지(EIG: Environmental Integrity Group)'도 있다.

가장 난해한 것이 시장경제 관련 용어이다. 온실가스배출권을 시장에서 매매하는 제도를 일반적으로 '이티에스'(ETS: Emissions Trading System)라고 한다. 이 중의 하나가 교토의정서하에서 만들어진 청정개발체제, '씨디엠(CDM: Clean Development Mechanism)'이다. 교토의정서하에서는 이 '씨디엠'에서 인정된 배출감축량 '씨이알(CER: Certified Emission Reduction)'이나 감축의무가 있는 선진국에 할당되는 배출량 '에이유유(AUU: Assigned Amount of Unit)', 산림흡수원에서의 배출감축량 '알엠유(RMU: Removal Unit)' 등의 거래가 상정되고 있다. 그리고 이러한 제도를 관할하는 제3자 인증기관 '디오이(DOE: Designated Operation Entity)'와 지정국가기관 '디엔에이(DNA: Designated National Authority)' 등이 있다.

어떤가. 처음에는 난해하게 느껴지지만 점점 전체를 쓰고 읽는 것이 귀찮아지면서 이러한 약어를 자주 사용하는 것에 익숙해진다. 나아가 사람들의 입에 회자될 듯한 새로운 약어를 만들어 내려고 머리를 짜내게 된다. 그렇게 되면 당신도 멋진 기후변화교섭 참관객이 되는 것이다.

제2장

칸쿤 COP16: 교토의정서 '연장'을 둘러싼 줄다리기

들어가며

국제사회가 커다란 기대를 걸었던 코펜하겐의 COP15는 커다란 실망만 남기고 막을 내렸고 UN이 주도하는 다자주의(multilateralism)도 큰 타격을 입었다. 이를 어떻게 회복시킬 것인가? 이것이 COP16을 향한 국제교섭의 흐름을 가늠하는 커다란 실마리였다.

사실 COP16은 일본에 있어 교토의정서 '연장[1]'문제로 매우 곤혹스러운 자리이기도 했다. 당시 이 문제에 대한 일본정부대표단의 발언이 커다란 파장을 불렀고 이를 비판하는 NGO들의 퍼포먼스가 연일 계속되었다. 일부 국가들과의 각료와 벌였던 격렬한 논쟁이 보도되기도 했다. 하지만 그 보도들이 교토의정서 '연장'문제에 대한 국제교섭상의 의미, 법적 성질, 각국의 미묘한 입장 차이 등에 대한 충분한 이해에 기초한 것이라고는 생각하지 않는다. 이 문제를 단순한 '선진국 vs. 개도국'의 구도 또는 '일본고립론'이라는 도식으로 받아들이면 본질을 오해하게 되기 때문이다.

왜 COP16에서 교토의정서 '연장'론이 힘을 얻었던 것일까? 그 배경에는 COP15 이후의 미국·유럽의 태도변화가 있었다. 기후변화대책에 임하는 오바마 정권이 서서히 적극성을 잃어 가고 있었고, EU가 조건부이기는 하지만 교토의정서 '연장'을 용인하는 쪽으로 태도

1) 여기서 말하는 교토의정서 '연장'이란, 미국을 제외한 선진국이 교토의정서 내에서 2013년 이후의 새로운 수치목표를 제시하고 2차 공약기간을 설정하는 것을 말한다. 교토의정서 자체에는 기한이 없으며 의정서에도 연장절차는 따로 존재하지 않는다. 2차 공약기간 설정을 일컬어 일반적으로 교토의정서 '연장'이라고 부르는 일이 많기에 편의상 이 표현을 사용하도록 한다.

를 바꾼 것 때문에 신기후체제를 구축하려는 양대 기둥이 사라졌다. 반면, 개도국들은 교토의정서 '연장'문제에 대해서 한결같이 통일된 입장이었기에 교섭 시에는 교토의정서 '연장'을 향한 강력한 압박이 작용하게 되었다(칸쿤 시나리오). 일본의 입장에는 변함이 없었다. 각국의 입장이 변하면서 국제교섭의 역학관계가 변화된 것이다.

이러한 칸쿤 시나리오를 피하면서도 COP16을 성공으로 이끌기 위해서는(적어도 실패하지 않기 위해) 무엇을 해야 할 것인가. 이것이 일본의 교섭관계자가 직면했던 문제였다.

도표 2-1. 2010년의 기후변화교섭의 흐름

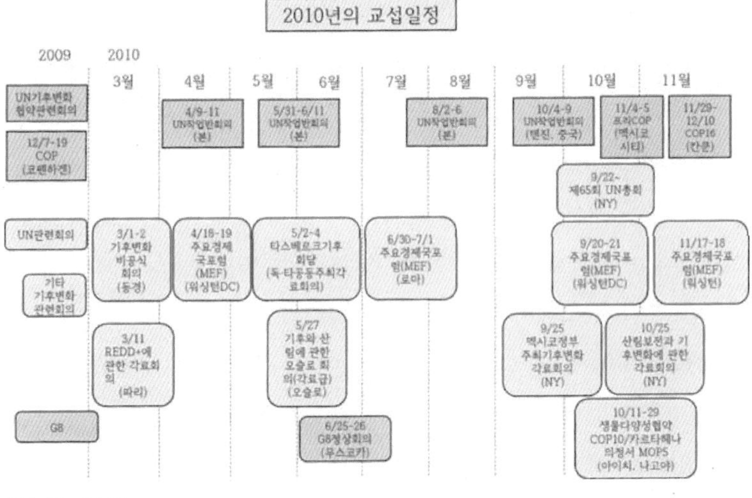

출처: 외무성 자료.

제2장에서는 코펜하겐 COP15에서 칸쿤 COP16에 이르기까지 2010년의 기후변화교섭과 일본의 대응을 소개하려고 한다. 일본의 교섭관계자가 이러한 난제를 처리함에 있어 어떠한 문제의식으로 임

했고 실제로는 어떻게 행동했는지를 조금이라도 알아 주셨으면 한다.

또한 이번 장 말미의 저자소감에서 COP에서의 교섭을 NHK스페셜드라마 <언덕 위의 구름>[2]에 비유한 부분이 있다. 이 드라마는 2009년부터 3년간 방영되었는데 방영시점이 하필 매년의 COP 기간과 겹치는 바람에 COP가 끝나고 녹화된 부분을 몰아서 보는 것이 연말의 작은 즐거움이었다. 교섭기간의 흥분이 채 가시지도 않은 상태에서 시청했던 탓인지 그야말로 '무기 없는 전쟁'인 기후변화교섭과 중첩되어 보였는지도 모른다.

1. 주요 각국에 있어서의 코펜하겐 COP15의 의미

COP15는 교섭에 참가한 모든 국가에 쓰디쓴 교훈을 안겨 주었다.

특히 의장국인 덴마크를 포함한 유럽의 낙담이 컸다. 200명에 가까운 정상급이 참가했음에도 많은 참가자들에게 불만을 남겼으며 결과적으로도 모호한 성격의 성과문서를 만드는 것에 그쳤기에 덴마크의 체면이 구겨지고 만 것이다. 또한 코펜하겐합의도 근본적인 부분에 있어서는 유럽을 뺀 미국과 신흥국(중국·인도·브라질·남아프리카)들의 교섭으로 결정된 것에 유럽이 어쩔 수 없이 이를 수락할 수밖에 없는 상황이었으므로 오랜 기간 환경 분야의 다자외교를 주도해 왔다는 자부심이 강했던 유럽의 자존심은 쓰라린 상처를 입게 된 것이다.

사실 신흥국들도 존재감을 드러내는 것에는 성공했지만 그로 인한 상처가 없지는 않았다. 특히 시도 때도 없이 부정적인 발언을 반복하

2) 봉건사회에서 눈을 뜬 직후의 일본이 언덕 위에 걸린 구름을 만지려고 언덕을 오르는 것처럼 열심히 노력했더니 결국 근대국가나 열강을 만나게 되었다는 것을 비유한 것(역자 주).

고 합의가 형성되는 것을 방해했던 중국의 행동은 선진국뿐만 아니라 취약개도국들로부터도 빈축을 샀다.

코펜하겐합의 작성의 최종 단계에서 미국은 오바마 대통령이 문자 그대로 각국 정상들 사이를 오가며 COP15를 완벽한 실패에서 구출해 내는 동시에 자국에 유리한 형태로 합의를 확정지었다. 하지만 워낙 큰 기대가 걸려 있었던 만큼 오바마 정권의 지도력에도 의문을 갖게 되었다. 그리고 2010년에 들어서면서 기후변화 분야에서의 오바마 정권의 지도력은 한계가 드러나게 된다.

상술한 주요 국가들에 비하면 일본에 있어서 COP15는 비교적 좋은 상황에 있었다. 일본이 제언했던 중장기목표인 '전제조건부 -25%'나 개도국지원 패키지인 '하토야마 이니셔티브'가 교섭 포지션을 지탱해 주고 있었던 것은 두말할 필요도 없다. 그러나 COP15의 결과가 그리 좋지 않아 당장의 신기후체제의 성부를 가늠할 수 없게 되자, 다가오는 COP16에서는 교섭의 초점이 교토의정서 '연장'으로 향할 것이 예상되었다. 이는 현실이 되었고 COP16에서 일본의 긴장감은 최고조에 이르렀다.

2. 전반기(1~5월)의 움직임

(1) 다자주의의 부활

각국이 COP15에서 얻은 교훈을 반영하여 교섭전략에 수정을 거듭하고 있던 가운데, 코펜하겐에서 상처 입은 UN의 다자주의에 대한 신뢰를 어떻게 회복시킬 것인가 하는 점이 2010년 연초부터의 과제였다.

이에 COP16의 의장국이었던 멕시코가 그해 일찍부터 열정적으로 움직이기 시작했다. 마지막 순간까지 COP15 현장에 머물며 회의를 지켜보고 있었던 칼데론 멕시코 대통령의 판단으로 COP16의 의장에는 종래의 환경부장관이 아니라 직업외교관 출신의 에스피노사 외무부장관이 지명되었다. 그 밑으로 다자간 UN교섭경험이 풍부한 알폰소 디알바 특사가 임명되었다. 기후변화교섭이 단순한 환경문제가 아니라 복잡한 외교문제라는 것을 감안한 판단이었다. 이 에스피노사, 디알바 라인이 멕시코 정부대표단의 핵심으로 기능하고 있었다. 이들은 연초부터 주요 국가를 순방하고 비공식모임을 주최하기도 하면서 각국의 교섭입장을 확인하여 COP16의 밑그림을 그리려고 했던 것이다.

(2) 국제교섭의 동향

2010년의 국제교섭은 3월에 일본과 브라질이 공동의장을 맡아 도쿄에서 개최되었던 '일본·브라질 공동주관 기후변화 비공식회의'를 시작으로 4월 이후 UN작업반회의(4월 본), 멕시코 주최의 비공식회의(3월 멕시코, 5월 멕시코), 미국이 주최한 '주요경제국포럼(MEF)'(4월 워싱턴)이 순차적으로 개최되는 형태로 진행되었다. 또한 BASIC(중국, 인도, 브라질, 남아프리카) 등 일부 국가들이 회의를 개최하기도 하였다.

이해 전반의 주요 과제는 COP15에서 '유의'하기로 한 것에 그친 코펜하겐합의에 정통성(legitimacy)을 부여하는 것이었다. 되도록 많은 나라들이 이 합의에 찬성을 표명하고 동 합의에 기초하여 선진국, 개도국 모두가 자국의 온난화대책 목표를 UN사무국에 제출(inscription) 하도록 이끌어 가는 것이 중요한 과제가 된 셈인데, 당연한 말이지만 각국의 입장에는 차이가 있었다.

일본을 포함한 선진국의 생각은 코펜하겐합의에 찬성하고 솔선해 감축목표를 제출하여, 되도록 많은 나라들이 이에 참여하도록 촉구하는 것으로 코펜하겐합의의 정통성을 다져 놓고 그 합의를 기초로 칸쿤에서 포괄적 체제를 만들어 가자는 것이었다.

이에 반해 BASIC 국가들은 기한보다 늦은 3월경에 코펜하겐합의에 대한 찬성을 선언하고 온난화대책을 제출하였는데, 그 배경은 선진국과 상당히 다른 것이다. UN교섭의 기본은 어디까지나 COP13 이후부터 계속되어 온 2 track에 입각한 접근이어야 하며, 코펜하겐합의는 이러한 기존의 방식을 이행하기 위한 정치적인 가이드라인에 지나지 않는다는 생각이었다. 코펜하겐합의에 찬성한다는 점에서는 선진국과 동일하지만 선진국(특히 미국)이 코펜하겐합의를 종래의 선진국, 개도국이라는 양분론을 극복하고 2 track을 통합하기 위한 발판으로 삼고 있다는 점에서는 근본적으로 다른 것이었다.

(3) 일본 정부의 대응

이러한 국제교섭의 흐름 속에서 일본 정부도 신속하게 움직였다. COP16에서는 신기후체제 구축이 아니라 기존의 교토의정서 '연장'에 힘이 실릴 것이므로 일본에 어려운 교섭이 될 것이라는 COP15 결과분석이 있었기 때문이다. 이에 따라 아래와 같은 대응을 취했다.

(가) 의장국 멕시코와 손잡기

우선, 교섭의 열쇠를 쥐게 될 의장국 멕시코와의 충분한 의사소통이 중요했다. 연초인 이른 1월에 도쿄에서 개최된 FEALAC(동아시아·라틴아메리카 협력포럼) 외무장관회의, 칼데론 멕시코 대통령 방문을 앞두고 에스피노사 외무장관이 2회 연속 일본을 방문했을 때 오카다 카츠야(岡田克也) 외무장관과 COP16에 대한 양국의 연대를 확인할 수 있었던 것이 많은 도움이 되었다(이후 에스피노사 외무장관은 11월에 요코하마 APEC에 출석했고, 7월에는 기후변화문제에 대한 협의를 주요 논제로 일본을 방문하여 그 해에만 총 4회 일본을 방문하게 된다). 실무 차원에서도 디알바 특사와 스기야마 신스케(杉山晋輔) 외무성 지구규모과제심의관 간에 COP16에서 거두어야 할 성과, 특히 국제적인 법적 체제문제에 대한 진솔한 의견을 교환할 수 있었던 것이 이후의 교섭을 진행하는 데에 많은 도움이 되었다. 필자 자신도 정식으로 기후변화과장으로 발령받은 첫날(1월 15일)의 임무가 디알바 특사와 후쿠야마 테츠로(福山哲郎) 외무성차관의 회담에 동석하는 것이었다. 이후 디알바 특사와는 COP16까지 수차례에 걸쳐 얼굴을 맞대게 된다.

(나) 국내의 정책정비: 지구온난화대책기본법안

국내정책을 정비하는 것도 국제교섭에서의 일본의 주장에 설득력을 더하기 위해 매우 중요한 요소였다. 2월에서 3월에 걸쳐 '지구온난화대책기본법안'이 국내에서의 격렬한 논의 끝에 각의 결정되어 국회에 제출되었다. 이 법안은 현행의 '지구온난화대책 추진에 관한 법안(온대법)'(교토의정서발효와 함께 '-6%' 목표를 이행하기 위한 국내체제정비를 위해 1998년에 제정됨)을 대체하는 것이며 그 주요한 내용은 다음과 같다.

- 중기목표[2020년 -25%(전제조건부), 장기목표(2050년 -80%)]의 설정
- 온난화대책추진을 위한 3개의 새로운 대책(지구온난화대책세, 재생가능에너지 전량매수제, 국내배출권거래제) 도입
- 정부 전체가 각종 시책을 총동원하여 목표를 달성할 수 있는 체제구축(기본계획의 책정, 지구온난화대책본부의 설치 등)

(다) 개도국지원의 전략적 활용

기후변화 분야에서의 개도국지원을 어떻게 활용해 나갈 것인가에 대해서는 약간의 재검토가 필요했다.

개도국지원은 국제무대에서 대다수를 차지하는 개도국을 아군으로 포섭하기 위한 중요한 열쇠가 된다. 따라서 2007년 말 COP13에서 발리 행동계획이 책정되어 신기후체제를 향한 교섭이 본격화될 것이라 예상되었던 2008년 초 일본은 'Cool Earth Partnership', 즉 2012년까지 5년간 100억 달러를 지원한다는 선언을 하였다. 이는 교토의정서의 1차 공약기간과 동일하므로 이 기간 동안의 신기후체제 관련 교섭을 유리하게 전개하기 위한 포석이었다. 이후 'Cool Earth Partnership'은 2009년 여름의 정권교체를 거치면서 2010년부터 2012년까지 3년간 150억 달러를 지원한다는 '하토야마 이니셔티브'로 업데이트・재편되어 COP15의 최종 단계에서 발표되었다. 코펜하겐에서의 교섭타결에 공헌하기 위해서였다.

결과적으로 '코펜하겐합의'가 만들어지기는 했지만 정식 UN합의

에는 한 발짝 못 미치는 모호한 형태가 되어 버렸고, 일부의 개도국이 교섭의 최종 단계에서 지금까지의 합의 전체를 되돌리려는 듯한 비건설적인 행동을 하기도 했으므로 이후의 개도국 지원의 이행방법에 대해서는 추가적인 논의가 필요할 것이다.

기후변화교섭은 아직 끝나지 않았으므로 교섭수단으로써의 개도국지원의 중요성도 여전하다. 또한 개도국지원은 기후변화를 위한 것뿐만 아니라 자원확보나 국제무대의 다양한 측면에서 일본에 대한 지지를 확보한다는 여러 가지 목적을 가진다. 가령 COP15에서 난동을 부린 나라 중의 하나가 남미의 볼리비아였는데 이 나라는 희토류인 리튬 자원개발을 위한 중요한 파트너이다. 또한 2010년의 상반기에는 워싱턴조약 당사국총회에서 흑참치 포획에 대한 국제규제를 두고 일본과 유럽, 미국 등이 대립하였는데 많은 개도국들이 일본을 지지하는 바람에 일본에 불리한 규제안이 부결된 일도 있었다.

이러한 사정을 종합적으로 감안하여 정부 내부에서 각종 검토를 거친 결과 '하토야마 이니셔티브'를 이행하기 위한 기본적인 방침을 정리한 '당면의 이행방침'이 4월 27일 각료위원회에서 받아들여졌다. 개도국지원을 이후의 교섭을 전개하기 위한 중요한 수단으로 인정하고 이를 전략적·기동적으로 활용하기로 한 것이다.

(라) 산림보전 분야에서의 국제협력의 추진

상술한 국내대책과 개도국지원에 더하여 일본 측이 기후변화교섭의 주도권을 잡을 수 있는 분야로서 주목한 것이 산림보전 분야이다.

브라질의 아마존이나 아프리카의 콩고분지, 동남아시아 등지의 열대우림은 다양한 생물의 보고임과 동시에 CO_2의 주요 흡수원이기도 하다.

그러한 열대우림이 여러 가지 사회경제적 요인에 의해 감소·열화되는 것을 방지하고 CO_2 배출을 억제하는 활동이 REDD(Reducing Emissions from Deforestation and forest Degradation, 레드)라고 불리는 것이다. 여기에 식림을 포함하여 REDD+(레드플러스)라고 하기도 한다.

이 REDD+는 COP13의 발리행동계획 이후 배출감축의 주요 교섭 의제가 되었고 선진국과 개도국의 입장 차이가 상대적으로 적은 분야로 여겨지고 있었다. 선진국은 개도국의 열대우림보전에 공헌하여 자신들의 배출감축실적에 보탤 수 있고 개도국은 선진국으로부터 자금·기술의 이전을 기대할 수 있어 쌍방에 이익이 된다고 보았던 것이다. COP15에서도 전체적인 교섭분위기는 험악했지만 미국·유럽·일본 등의 선진국이나 일부의 개도국 간에 REDD+의 협력은 계속한다는 암묵적 동의가 있었다.

이러한 중에 3월에 프랑스가 파리에서, 5월에는 노르웨이가 오슬로에서 차례로 REDD+에 초점을 둔 고위급 국제회의를 개최하였다. 산림보전 분야에서 목소리를 높여 두고 이후의 기후변화교섭 전반을 주도해 나가려는 속셈이었다. 일본은 원래 산림보전 분야의 개도국 지원으로는 최대급의 실적을 자랑하며 산림 상태를 파악하는 효과적인 위성기술도 가지고 있다. 같은 해의 후반기에는 산림보전과 관련이 깊은 생물다양성협약의 COP10도 나고야에서 개최된다. 당연히 일본은 이 분야에서의 국제협력을 주도할 수 있을 것이라고 생각되었다. 5월의 오슬로회의에는 후쿠야마 외무성차관이 출석했는데 여기에서 'REDD+파트너십'이라는 국제협조체제가 만들어졌고 일본이 파푸아뉴기니와 함께 연말까지 공동의장을 지내게 되었다.

도표 2-2. REDD+ 정의와 특징

REDD+(레드플러스)란
Reducing Emissions from Deforestation and forest Degradation in developing countries

REDD란 개도국에서의 산림감소・노화에 기인하는 온실가스배출감축에 관하여 과거의 추이 등을 기준으로 장래의 배출수준을 추정하고 인센티브(자금 등)를 부여하여 장래의 예상배출수준보다 감축할 수 있도록 하자는 것이다. 산림보전, 지속가능한 산림경영, 산림탄소축적의 향상에 관한 체제를 포함하는 경우에는 'REDD+'라고 한다[발리행동계획: Decision 1/CP.13, 1(b)(iii)참조].

REDD+의 특징

- 개도국의 광대한 열대우림의(CO_2) 흡수력을 활용하는 가장 효과적인 저감방법의 하나이지만 중장기적 접근이 필수이다.
- 선진국(크레디트 취득에 관심) 및 개도국(자본획득에 관심) 쌍방이 이 체제에 합의하였다.
- 개도국의 거버넌스, 경제・사회구조, 원주민의 권리, 생물다양성보전 등의 여러 측면과 밀접하게 관련되어 있다.
- 산림의 상태나 배출량의 파악방법, 기준수준의 설정방법 등 기술적・방법론적 과제를 극복해야 한다.

기후변화와 산림감소의 관계

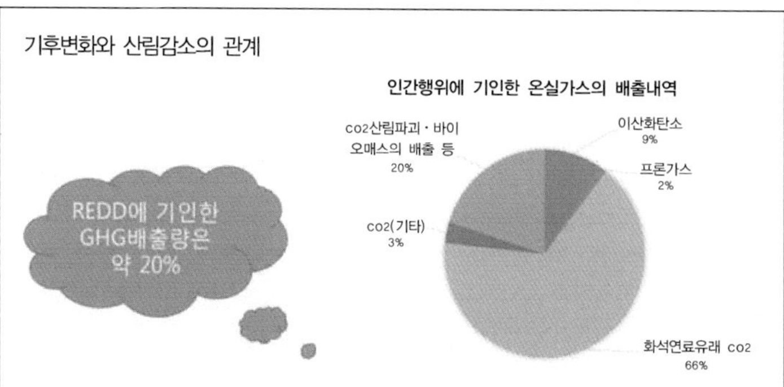

출처: IPCC 기후변화보고.

- 개도국의 산림감소 등에서 유래하는 배출량은 세계의 온실가스배출량의 약 20%
- 교토의정서에서는 산림감소・열화에 기인한 배출감축(REDD 부분)은 대상에서 제외(단, 식림프로젝트는 CDM의 대상임)
- COP15 '코펜하겐합의'에도 REDD+의 중요성, 제도의 조기설립의 필요성이 들어가 있다.

크레디트화의 가능성

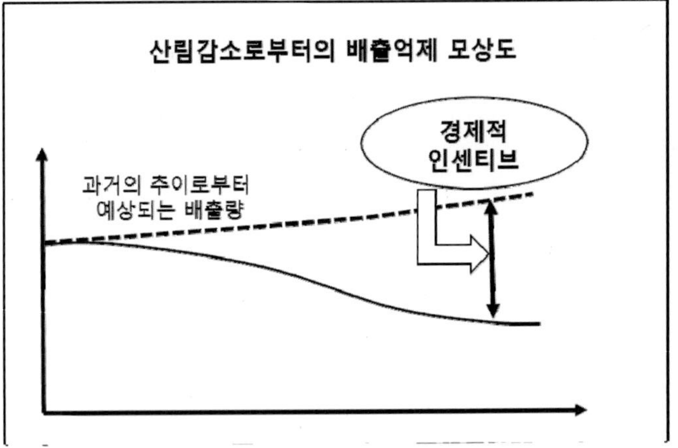

과거의 추이 등을 반영하여 아무 대책도 없는 경우의 배출량을 설정하고 REDD+체제 이행 후의 실제배출량과의 차이를 배출감축공헌분으로 크레디트화함.

- 선진국은 개도국이 신기후체제에 참여할 것인지 또한 자국의 감축목표달성을 위한 크레디트 획득이라는 두 가지 면에서 큰 관심을 보임.
- 개도국(산림국)은 산림감소・열화 억제체제에 대한 선진국으로부터의 자금・기술공여에 관심이 있음.
- 위와 같은 절차가 진행되기 위해서는 정확한 산림감소・열화에 의한 배출량의 측정 및 수준설정이 필요함.

출처: 외무성 자료.

3. 후반기(6~11월)의 움직임

일본에서는 1년 교섭의 중간 시점인 매년 6월에 중간회의가 열린다. 이것이 6월 2일 하토야마 총리가 퇴진의사를 밝히면서 시작된 일련의 국내정치의 움직임과 겹치게 되었다. 환경 분야의 국내 정치리더십의 정책 방향성을 재확인하는 한편, 취소가 허용되지 않는 국제 교섭에 어떻게 대응해 나가야 할지 속앓이를 했던 시기였다.

(1) 국제교섭의 동향

UN작업반(6월 본, 8월 본, 10월 톈진), 멕시코 주최 비공식각료급회의(9월 뉴욕), 기후변화 각료급 준비회의(Pre-COP, 11월 멕시코), MEF(7월 로마, 9월 뉴욕, 11월 워싱턴DC) 등 여러 회의가 연이어 개최되었다.

그해 일찍부터 계속된 과제, 즉 코펜하겐합의에 UN으로부터의 정통성을 부여하려는 움직임도 계속되었다. 이와 함께 코펜하겐합의를 이행(operationalize)하기 위한 UN작업반에서의 합의문서 작성에 기대가 모아졌는데, 선진국 입장에서 보면 수적으로 다수를 차지하는 개도국 관계자들의 목소리에 눌려 내용적으로 코펜하겐합의보다도 후퇴된 것이 많았다.

이러한 가운데 의장국인 멕시코에 강력한 리더십을 바라는 기대가 높아지게 되었다. 멕시코 또한 많은 비공식회의를 빈번하게 개최했지만 투명성 확보 차원에서 어디까지나 당사국 주도(party driven)의 절차가 중심이라는 입장을 고수했고 적어도 표면적으로는 의장국으로서의 주도권을 발휘하려고 하지 않았다. COP15 때에 전 의장국 덴마크가 독자적인 문서를 작성했던 것 때문에 비밀주의라는 강력한 비판을 들었던 것에서 교훈을 얻은 것이리라.

일련의 절차를 진행하는 가운데 칸쿤에서 성취해야 할 목표에 대한 기대치는 서서히 내려갔다. 법적 구속력 있는 포괄적 체제에 대한 합의를 칸쿤 시작 전까지 이루어 낸다는 것은 의장국 멕시코를 포함해 누구도 상상하지 않게 되었으며 단지 주요 논점에 대한 '균형 잡힌 패키지로서의 COP결정'을 목표로 해야 한다고 모두가 입을 모으게 되었다.

그러나 어떤 상태가 '균형 잡힌 상태'인가에 대한 콘센서스는 없었다. 선진국은 교섭상의 주요 논점 중에서 특히 '배출감축(완화) 및 MRV(측정, 보고, 검증)'와 '자금' 간의 조화가 중요하다고 주장했다. 개도국을 지원하는 이상, 개도국의 기후변화대책과 이를 감시하는 체제를 만드는 것이 불가결하므로 양자의 조화가 필요하다는 발상이었다. 이에 대해 개도국은 기존의 2 track과의 조화에 집착했다. 즉, '협약작업반'에서의 신기후체제를 향한 논의는 '의정서작업반'에서의 교토의정서 '연장'을 향한 논의와 조화를 이루어야 한다는 입장이었다. 선진국이 모든 나라를 대상으로 하는 신기후체제를 원한다면 우선은 기존체제인 교토의정서 '연장'으로 선진국이 배출감축(완화)의 모범을 보여야 한다는 논리였다.

(2) 주요 각국의 대응

이 시기부터 COP16에 임하는 각국의 입장도 서서히 명확해지기 시작했다. 이는 COP15에 이르는 수순과는 상당히 다른 양상이었으며 일본은 교토의정서 '연장'문제로 상당히 힘든 교섭이 될 것을 각오해야만 했다.

(가) 미국

기후변화교섭에 복귀했음을 대대적으로 선전하는 한편 하원에서 국내 배출권거래법안을 통과시키는 등으로 COP15에서 신기후체제가 구축될 것이라는 국제사회의 기대를 한껏 드높였던 전년도와는 달리 미국의 움직임은 점차 느려지고 있었다. COP15에서 중국을 필두로 하는 신흥개도국들의 완고한 태도 때문에 현실을 직시하게 된 탓도 있겠지만 그 이상으로 국내적인 요인이 컸다.

우여곡절 끝에 결국 상원에서 국내 배출권거래법안이 좌절되었고 COP16 직전인 11월 중간선거에서의 민주당의 패배는 오바마 정권에 큰 타격이 되었을 것이다. 기후변화교섭 현장에서도 토드 스턴(Todd Stern) 기후변화특사가 이끄는 미국 교섭단의 어조는 전년에 비해 완고하게 느껴졌다.

(나) 유럽

COP15와 비교하여 가장 극적인 태도변화가 있었던 것이 유럽이었다. EU는 COP를 1개월여 남긴 10월의 유럽환경장관회의에서 COP16을 향한 교섭방향을 결정했다. 그 핵심은 하나의 새로운 법적 체제를 지향한다는 그때까지의 입장에서, 일정한 조건하에 교토의정서 '연장'을 용인한다는 병행적 접근으로 전환한 것이다. 친(親)개도국적인 태도를 반영한 것이다. 이러한 EU의 방침전환의 배경에는 개도국과의 관계나 역내배출권거래시장에 대한 영향, 환경 NGO의 압력 등 여러 가지 요인이 있었으리라 추측된다.

일본은 이러한 병행적 접근이 일부의 선진국만이 의무를 지는 현상의 고착으로 이어져 새로운 체제구축을 향하는 동력이 약해질 우려가 있기에 좋지 않다는 생각을 가지고 있었다. 반면, EU는 선진국이 교토의정서 '연장'에 긍정적인 태도를 보이면 개도국 측으로 공이 넘어가게 되기 때문에 도리어 교섭촉진으로 이어지는 지렛대 효과가 있을 것이라는 견해를 가지고 있었다. 결국 손발이 어긋나게 되었다.

(다) 신흥개도국

COP15 마지막 날, 오바마 대통령과 BASIC(중국, 인도, 브라질, 남아프리카) 4개국 정상들이 머리를 맞대고 있는 사진은 미국에 대항하는 신흥국들의 존재감이 증대된 것을 상징적으로 보여 주는 것이다. 이후로도 해가 바뀌자마자 BASIC은 3개월에 1번씩 돌아가며 각료급회의를 개최하는 등 서로 간의 결속력을 자랑하며 존재감을 다지기 시작했다.

법적 체제에 대한 그들의 주장은 시종 일관되어 있었다. 즉, 1) 교토의정서 당사국인 선진국은 교토의정서를 '연장'하여 감축의무를 져야 한다. 2) 교토의정서 당사국이 아닌 선진국(미국)도 1)과 동등한 감축의무를 져야 한다. 이렇게 된다면, 3) 개도국 스스로가 선진국으로부터의 지원을 전제로 자발적인 형태(의무적이지 않음)로 완화행동을 취하겠다는 것이었다. 그들의 입장에서 보자면 이것이야말로 COP에서 정식으로 승인된 발리행동계획상의 2 track 접근이며 코펜하겐회의는 이러한 절차를 진행하기 위한 정치적 절차에 불과할 뿐 기존의 교섭트랙을 대체하는 것은 아니라는 것이다.

이러한 논리만 보아도 신흥개도국에 교토의정서 '연장'이 가지는 의미를 가늠할 수 있다. 즉, 자국의 경제발전을 제약하는 법적인 감축의무에 대한 논의를 선진국의 그것으로만 한정하려는, 이른바 방화벽(fire wall)으로서의 역할이다.

그러나 BASIC 각료성명에서는 G77+중국의 결속이 한층 강조되는 한편 취약개도국에 대한 지원을 논의하기도 하는 것을 보면 신흥개도국 자신들도 대다수를 차지하는 취약개도국들로부터의 압력을 감지하고 있는 것처럼 보였다.

(라) 취약개도국

소도서국이나 아프리카, 저개발개도국(LDC)이라고 불리는 취약국도 교토의정서 '연장'을 지지하는 입장이었다. 그러나 그 복안은 신흥개도국과는 달랐다. 그들에게는 선진국뿐만 아니라 신흥개도국을 포함하는 모든 주요국을 아우르는 새로운 법적 체제가 가장 바람직하다. 다만 즉시 실현되는 것은 어려울 것이므로 적어도 현행의 교토의정서만이라도 '연장'해 주었으면 좋겠다는 논리였다.

이상과 같이 전반적인 흐름은 미국의 오바마 정권이 당초의 기세를 잃었다는 것, EU가 교토의정서 '용인'이라는 병행적 접근으로 돌아선 것, 신흥국과 취약국 간의 입장 차이는 있으나 개도국들은 교토의정서 '연장'을 지지한다는 점에서는 일치하고 있다는 것 때문에 COP16에서의 교섭은 신기후체제 구축의 기세가 약화되고 교토의정서 '연장'에 힘이 실릴 것으로 예상되었다.

이를 그림으로 풀어보면 도표 2-3과 같이 된다. 일본이 목표로 하는 것과는 반대의 방향으로 거센 흐름이 형성되고 있다는 점 때문에 어려운 교섭이 예상되었던 것이다.

도표 2-3. 각국의 기후변화교섭의 입장과 교섭 시나리오

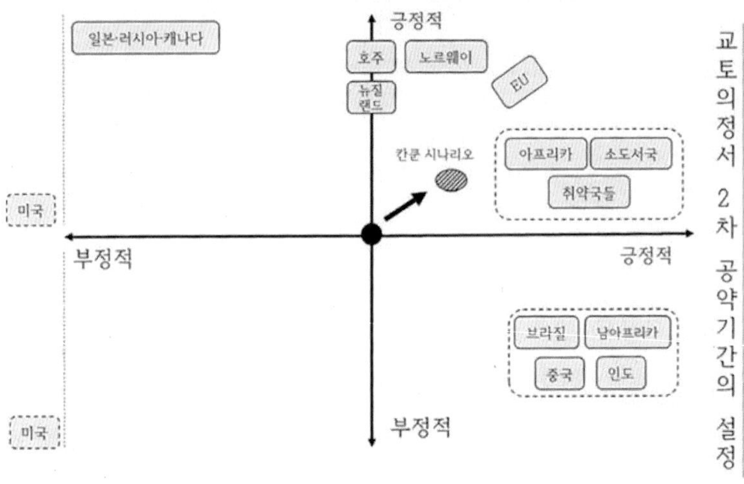

출처: 저자 작성.

(3) 일본 정부의 대응

이러한 흐름에 일본 정부는 어떤 대응을 했을까. 주요 사항을 아래에 정리하였다.

(가) 착실한 개도국 지원

먼저 2010년부터 2012년까지 단기재원(Fast Start Finance)이라고 불리는 개도국 지원 약속을 충실히 이행한 것을 들 수 있다. 전술한 '당면의 이행방침'을 기준으로 각국의 교섭방향을 세밀하게 살피면서 이행해 나갔다. COP16 전인 2010년 9월 단계에서 이미 지원실적은 약속한 150억 달러 중 약 72억 달러에 이르렀다. 이와 함께 교섭을

위한 연대를 꾀하기 시작했다. 특히 아프리카, 소도서국 등의 취약국들은 본래 일본이 주장하는 모든 주요 배출국(신흥개도국을 포함함)이 참가하는 공평하고 실효적인 국제체제에서 혜택을 누릴 수 있는 국가들이었으므로 인내를 가지고 회유하기 시작했다.

(나) REDD+파트너십 각료회의('산림보전과 기후변화에 관한 장관급 회의')의 개최

COP16 1개월 전인 10월에는 일본과 파푸아뉴기니가 공동의장을 맡아 나고야에서 REDD+파트너십 각료회의를 개최하였다. 일본은 마에하라 세이지(前原誠司) 외무장관이, 파푸아뉴기니는 아발(Sam Abal) 외교무역이민장관이 공동의장을 맡았으며 각료급을 포함하여 약 62개국, 관계 국제기관 및 NGO 등의 대표가 참가하였다. 생물다양성협약 COP10 개최기간 중이었기에 세계의 환경교섭 담당 장관들이 나고야에 모여 있었고 그 중 많은 수가 1개월 후의 칸쿤에서 UN기후변화협약 COP16에도 참석한다. 이 기회에 일본이 주도하는 회의를 개최하는 것은 COP16을 향한 포석이라는 면에서도 중요한 의미가 있었다. 마에하라 외무장관은 이 회의에 참가한 멕시코의 엘비라(Juan Rafael Elvira Quesada) 환경장관과 개별적으로 회담을 진행하였고 COP16 성공을 향한 일본과 멕시코의 긴밀한 협력을 확인하였다.

이 회의에서는 각국이 REDD+ 분야의 지원의사를 밝혔고 2011~12년의 활동계획에 대한 기초를 마련한 공동의장 요약문을 제출하는 등으로 일정한 성과를 올릴 수 있었다. 비교적 알려지지 않은 주제였던 산림보전의 중요성에 대하여 일본 국내의 관심을 높이고 관계기관 간의 연대를 강화할 수 있었다는 점에서도 이후의 움직임으로 연결되는 의미가 있었다.

(다) 양자 간 오프셋 크레디트제도 구축을 향한 대응

양자 간 오프셋 크레디트제도의 구축에 대해서 일부 관심국과 협의를 시작한 것도 이 무렵의 일이다. 이 양자 간 오프셋제도라는 것은 현행의 교토의정서상의 청정개발체제(CDM)와 마찬가지로 선진국이 개도국에 배출감축지원을 하고 그 결과를 자국의 감축목표에 반영할 수 있는 체제를 UN하부조직이 아닌 양자 간에 구축한다는 것이다. CDM에 비해서 대상 분야를 확대하고 절차를 간략화하여 저탄소성장에 공헌할 수 있는 인프라정비를 위한 신속한 투자를 촉진하기 위한 것이다. 그때까지는 경제산업성과 환경성이 일부의 대상후보국・부문을 대상으로 실증사업(FS: Feasibility Study)을 진행하고 있었는데 여기에 외무성이 가세하여 일부 국가들과의 정식 정부 간 협의의 대상으로 삼으려는 시도를 한 것이다.

그 결과 10월의 싱 인도 수상 방문 시에는 일본・인도 공동성명이, 간 나오토(菅直人) 총리의 베트남 방문 시에는 일본・베트남 공동성명과 그린메콩행동계획에서 본제도 협의에 관한 문구가 포함되어 그 후의 실무 차원의 협의를 하는 발판을 마련할 수 있었다.

(라) 교토의정서 '연장'문제를 향한 대응의 검토

물론 교섭에서 교토의정서 '연장'문제에 초점이 맞추어졌을 경우의 대응에 대해서도 여러 가지 시나리오를 상정하여 대응책을 검토하였다. 이는 코펜하겐합의에 기초하여 각국이 제출한 수치목표가 COP 성과문서에서 어떤 지위를 차지하게 될 것인가 하는 문제와도 관련이 있다.

또한 여기에서 강조하고 싶은 것은 일본 측 관계자가 이 교토의정서 '연장'문제를 법적 문제로서가 아니라, 정치적・외교적 문제로 바라보고 있었다는 점이다.

법적 관점에서 보자면 교토의정서의 절차상 일본이 스스로의 의지에 반하여 2차 공약기간에 들어가는 일은 발생할 수 없다. 2차 공약기간이 설정되려면 의정서 제21조 7항의 규정에 의하여 각국의 수치목표가 나열되어 있는 부속서B가 의정서 제20조에서 정한 절차에 따라 개정・채택되어야 하는데 여기에는 '관계당사국의 서면에 의한 동의(the written consent of the Party concerned)'를 얻은 경우에만 채택된다는 단서를 두었다. 이러한 일련의 절차를 도표 2-4에 정리하였다.

도표 2-4. 교토의정서 '연장'절차의 흐름

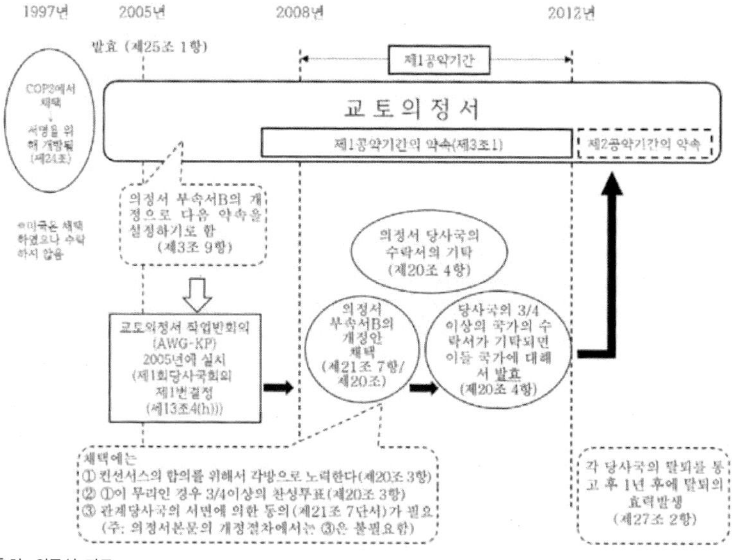

출처: 외무성 자료.

따라서 일본이 스스로 이 서면동의를 제출하지 않는 한 2차 공약기간에 돌입한다 하여도 즉시 교토의정서가 '연장'되는 일은 없다. 이러한 의미에서 일본은 일종의 '거부권'을 가지고 있다고 설명하기도 하는데 거부권이 '행사'라는 작위를 수반하는 것에 반해, 이쪽은 서면동의를 제출하지 않는다는 부작위를 유지하는 것만으로도 충분하다. 즉, 아무것도 하지 않으면 '연장'된 교토의정서를 강요당하는 일은 없는 것이다.

물론 이것이 기후변화교섭 시에 아무것도 하지 않아도 된다는 것을 의미하는 것은 아니다. 일본은 왜 스스로가 COP3의 의장국으로서 그 채택을 주도했던 교토의정서에 대하여 탈퇴까지는 하지 않는다 해도 그 근간이 되는 2차 공약기간에 들어가지 않으려는 것인지, 교토의정서 '연장'에 합류하지 않겠다면 일본은 어떤 국제체제를 꿈꾸는 것인지, 일본 스스로 어떤 배출감축을 위한 노력을 하려는 것인지에 대한 의문에 충분한 논리적 방어를 할 수 없다면 국제무대에서 힘겨운 위치에 몰리게 될 것이고 외교적 비용이 올라갈 뿐만 아니라 일본 국내에서의 행보도 혼란을 피할 수 없게 된다.

교토의정서에 관한 일본의 원칙적 입장을 견지하는 동시에 COP교섭을 어떻게 해 나갈 것인가. 여러 가지 상황을 상정하면서 수많은 선택지들을 검토해 나갔다.

4. COP16 현장에서

이렇게 하여 1년 교섭의 총결산인 COP16을 맞이하게 되었다.

앞서 말한 대로 코펜하겐 이후 교섭의 동향은 교토의정서 '연장'론으로 힘을 실어 주는 분위기였고 일본이 교섭의 표적이 될 것은 충분히 예상할 수 있었다. 일본은 교토의정서 '연장'에 찬성할 수 없다는 입장을 대내외적으로 일관되게 밝혀 왔으므로 국제교섭의 장에서는 이미 이를 충분히 인지하고 있겠지만, 그럼에도 불구하고 COP 현장에서는 또다시 상당한 반향을 부를 것이라고 생각되었다. 한편 국내 주요 언론의 논조, 경제계의 동향, 국정 논의의 자리에서는 이 문제에 대한 일본 정부의 방침이 대체로 타당하다는 평가를 받고 있었다.

COP16에 대응하는 일본정부대표단의 교섭방향에 대해서는 2010년 11월 30일에 개최된 간 총리 이하 관계각료들로 이루어진 각료위원회에서 최종적으로 확정되었다. 이미 사카바 미츠오(坂場三男) COP16

해외 미디어의 취재를 받는 야마다 아키라(山田彰) 외무성참사관
(2010년 11월 29일, 일본정부대표단 관계자 촬영)

담당대사 이하 실무진으로 구성된 일본정부교섭단 선발대가 현지에 도착하였고 첫째 주가 시작된 상황이었다. 여러 가지 논란이 있기는 했지만 교토의정서 '연장'에 대해서는 어떠한 조건에서도 받아들일 수 없다는 종래의 입장에 흔들림은 없었다. 필자는 국내에서 일련의 의사결정절차 준비를 담당하고 있었으므로 첫째 주에는 도쿄에서 현지상황을 지켜볼 따름이었다.

(1) 첫째 주 (2010년 11월 29일~12월 5일)

예상대로 교토의정서 '연장'문제로 일본이 표적이 되기는 하였으나 그 타이밍은 생각보다 급작스럽게 다가왔다. COP16의 첫날이었다. 의정서 특별작업반(AWG-KP) 전체회의에서의 일본정부대표단 연설에서 '어떠한 상황이나 조건에서든 2차 공약기간설정을 위한 부속서B에 목표수치를 기입하지 않겠다'라는 발언이 강한 반향을 부른 것이다.

해외 미디어에서는 '고래잡이 등 일부 문제를 제외하면 보통은 국제사회에서 강한 주장을 하지 않았던 일본이 신기하게도 큰 목소리를 내고 있다'며 놀라움을 금치 못하기도 했고 '교섭이 개시되자마자 일본은 폭탄(bombshell)을 투하했다'는 과격한 표현으로 일본의 반응을 비판하는 등 여러 가지 기사가 나왔다. 현지에서는 외무부의 야마다 아키라(山田彰) 참사관이 해외 언론을 상대로 기자회견을 했었는데 실무진 기자회견치고는 흔치 않게 인산인해를 이룰 만큼 대성황이었다. COP16 개시 이래 필자는 도쿄에서 인터넷으로 해외의 언론보도를 매일 살펴보고 있었는데 'Japan, Kyoto Protocol'이라는 키워드로 검색하면 엄청난 양의 기사를 만날 수 있었던 나날이었다.

현지의 환경 NGO들이 매일 현장에서 발행하는 뉴스레터에서도 "교토의정서를 낳은 일본이 왜 교토의정서를 '죽이려는' 걸까"라는 감성적인 비판이 연일 이어졌고 NGO의 주요 이벤트인 '현대의 화석상'을 일본에 수여하는 등의 퍼포먼스도 있었다. 일본의 수상관저나 외무부의 홍보부서에도 해외로부터 확인, 신청 등의 메일이 쏟아져 들어오고 있다는 소리가 들려왔다. 한편 개도국 대표단을 중심으로 한 각국 교섭단은 대체로 '아쉽다'는 반응이 있었으나 '일본은 이전부터 입장표명을 해 왔었기에 놀랄 것은 없다'는 비교적 차분한 반응이 많았던 것으로 기억된다.

어느 쪽이든 간에 교섭책임자는 냉정하게 대응해야만 한다. 언론의 집중포화 속에서 갈팡질팡하는 것은 절대 금물이다. 우선은 도쿄에서 일본 현지대표단에 지시를 내리고 COP16의 교섭전체를 조망해야 하는 입장인 의장국 멕시코 정부의 관계자[고메스 로블레드(Gómez-Robledo) 외무차관, 디알바 특사 등]와 의장국을 지원하는 협약사무국관계자[피게레스(Christiana Figueres) 협약사무국장]와의 긴밀한 접촉을 시도했다. 그리고 일본의 입장으로서는 교토의정서 2차 공약기간에 대한 입장을 바꿀 수는 없지만, 그보다 앞서 COP16을 성공적으로 이끌기 위하여 의장국을 지지하고 있음에는 변함이 없으며 일본도 적극적으로 지혜를 보태겠다는 뜻을 전달했다.

(2) 둘째 주 (2010년 12월 6~11일)

첫째 주의 실무진교섭이 이렇다 할 진전 없이(첫째 주에 별다른 진전이 없는 것은 매회 마찬가지이기는 하다), 둘째 주에 들어섰다.

첫째 주 주말부터 둘째 주까지 각국의 각료급 대표단이 순차적으로 현지에 합류했다. 일본에서도 마쓰모토 류 환경장관, 야마하나 이쿠오(山花郁夫) 외무장관정무관, 타지마 카나메(田嶋要) 경제산업장관정무관, 타나부 마사요(田名部匡代) 농수산장관정무관이 속속 현지에 도착했고, 외무부 실무진으로는 스기야마 지구규모과제심의관이 마쓰모토 환경장관에게, 필자가 야마하나 정무관에게 각각 동행하는 형태로 회장에 들어가게 되었다.

칸쿤은 멕시코 동해안의 리조트지이다. 필자는 미국 주재원이었던 2001년 겨울에 여행차 방문했던 적이 있었다. 카리브 해에 면해 있으며 기후는 온난하고 식사도 맛있었다. 가까이에는 마야문명의 피라미드 유적도 있다. 사적으로 방문하기에는 매우 좋은 곳이다. 이번 COP16이 개최된 국제회의장도 해변에 위치한 리조트형이었고, 초록빛 자연으로 둘러싸인 숙박시설인 빌라가 인접하였으며 시설 내의 레스토랑에서는 풍성한 멕시코 요리를 비롯하여 각국의 요리를 맛볼 수 있었다. 이미 첫째 주에 현지에 들어가 있었던 각국 대표단도 넥타이 없는 가벼운 차림으로 활보하고 있어 얼핏 보면 편안한 분위기처럼 보였다.

하지만 필자는 도무지 편안한 기분으로 있을 수가 없었다(식사는 물론 잘 먹었지만). COP15 때에도 그러했지만 회의가 최고조에 이르는 것은 둘째 주의 후반 마지막 3일 동안이다. 그때까지 회의의 방향이 어떻게 흘러가게 될 것인가. 일본 대표단은 어떤 상황에 놓이게 될 것인가. 만약 마지막 날 전체회의 석상에서 일본 측이 받아들이기 힘든 내용의 성과문서 가안이 제시되고 '일본이 받아들이면 회의는 성공, 받아들이지 않으면 실패'라는 형태로 압력이 가해지는 경우 어떠한 대응을 해야 할 것인가. 본국과는 어떻게 연락을 할 것이며 어떠한 최종 판단을 내려야 하는가. 갖가지 시나리오가 머릿속을 맴돌고 있었다.

각국 각료급이 현지에 도착하자 현지에서의 교섭절차는 복잡함의 정도를 더해 갔다. 개회식이나 각료급회의(high-level segment)라고 불리는 순차적으로 준비된 연설문을 각국 각료가 읽어 내려가는 다분히 의례적인 공식 스케줄이 진행되는 한편 각국이 개별적으로 양자간 회담을 진행하면서 열심히 정보교환을 하기도 하고 의장국의 주도로 비공식회의가 부정기적으로 개최되기도 한다. 최종적으로는 협약상의 최고의사결정기관인 당사국총회(COP) 결정으로 결실을 맺게 되는 것인데 그에까지 이르는 절차에 정석은 없다.

둘째 주의 첫날인 12월 6일 월요일, 의장국 멕시코로부터 새로운 움직임이 포착되었다. 각국의 입장 차이가 큰 주요 주제에 대하여 퍼실리테이터(facilitator)를 지명하고 그 지휘에 따라 당해 주제에 대한 합의형성을 촉진하려고 한 것이다. 퍼실리테이터는 문자 그대로 교섭을 원활하게(facilitate) 하기 위해서 관심국가들의 주의를 환기하고 소수인원 간의 솔직한 교섭을 촉진하는 역할을 한다. 일본이 가장 많은 관심을 가지고 있었던 주제였던 교토의정서에 대해서는 영국의 크리스 훈(Chris Huhne) 기후변화에너지장관과 브라질의 마샤드 외무국장이 선정되었다. 이 두 사람의 퍼실리테이터는 교토의정서 문제의 주요 관계국인 일본을 호출하였고 스기야마 외무성 지구규모과제심의관이 출석하였다. 이곳에서 벌어진 영국·브라질의 퍼실리테이터와 일본의 논쟁은 상당히 격렬한 것이었다. 현장에 있었던 관계자에 의하면 흡사 국제사회의 '대의'를 등에 업은 듯한 두 명의 퍼실리테이터가 일본을 '피고석'에 세우고 교토의정서의 '연장'에 대한 타협을 강요하는 분위기였다고 한다. 당연히 일본에서도 차례로 반론을 제기했다. 개인적으로는 퍼실리테이터가 그 지위를 이용하여 특정국가에 타협을 강요하는 이러한 방식은 공평하지 않으며 퍼실리테이터를 교체해 줄 것을 의장국인 멕시코에 요구하는 전술을 취할 수도 있었을 것이라고 생각될 정도였다(실제로 행동으로 옮기지는 않았지만). 이러한 방식은 수일 뒤 일본 신문의 일면을 장식했다.

둘째 주에 들어서도 교토의정서 '연장'문제에 대한 일본의 입장을 두고 환경NGO, 일부 서방언론들의 비판이 이어졌다. 10일자 『파이낸셜타임스』지(아시아판)에는 교토의정서 '연장'문제에 대응하는 일본 정부의 태도를 비판하기 위해 미야자키 하야오의 '센과 치이로의 행방불명'을 모티브로 일본의 환경 NGO가 기획한 의견광고가 게재되었고(비유가 너무 멀리 가버려서 필자는 잘 이해가 되지 않았지만) 세계 각국의 정상들이 일본의 의지를 꺾기 위해서 통례를 벗어나 간 총리에게 전화회담을 요청하고 있다는 영국 언론의 보도도 있었다(본건에 대해서는 어떤 미국 언론기자로부터 확인요청을 받았는데 전혀 사실무근의 오보에 불과했다). 무엇보다 첫째 주에 비하면 비판의 목소리는 잦아들고 있었고 일본의 대응 때문에 중국, 미국 등의 주요 배출국이 의무를 부담하고 있지 않다는 문제점이 밝혀지기도 했으며 일본의 대응은 정직(honest)하다는 논조도 보이기 시작했다.

최종일의 이틀 전인 8일 수요일 오후가 되자 마침내 의장국인 멕시코가 상황을 타개하기 위해서 움직이기 시작했다. 퍼실리테이터를 활용하는 한편 주요 주제별로 COP결정, CMP결정의 가안 작성이 시작된 것이다.

일본 측의 최대 관심사는 물론 교토의정서의 '연장'에 관련된 각국의 배출감축·완화목표에 대한 것이었다. 8일 오후 이래 계속적으로 소규모 회의에서 협의가 이루어졌고 일본 측에서는 스기야마 지구규모과제심의관이 이에 대응했다. 최종적으로 조문이 마무리된 것은 최종일인 10일 금요일 오전 3시경이었다. 그 내용은 제5장에서 상세히 말하겠지만 성과문서의 본문뿐 아니라 인용문서의 형식에서 각주에 이르기까지 토씨 하나를 빠뜨리지 않았던 교섭이었다.

거의 철야 상태에서 오전 7시에 대표단장인 마쓰모토 환경장관에게 교섭결과를 보고했고 마쓰모토 장관이 도쿄의 간 총리에게 전화로 보고를 마쳤다. 남은 것은 소규모회의에서의 교섭결과가 멕시코 정부가 작성한 전체 텍스트의 최종 가안에 토씨 하나 틀리지 않고 정확하게 반영되었는지, 전체 회의에서 그것이 어떻게 다루어질 것인지를 지켜보는 일만 남게 되었다. 그동안 도쿄에 있는 간 총리와 카메론 영국 총리, 반기문 UN사무총장이 COP16의 교섭에 관한 전화

마지막 날 에스피노사 의장을 박수로 맞이하는 각국 대표단
(2010년 12월 11일, 일본정부대표단 관계자 촬영)

회의를 하기도 했다.

마지막 날에는 전체회의가 예정에 맞추어 쉽사리 개회하지 못하여 계속 기다려야만 하는 처지가 되었다. 결국 멕시코가 정리한 COP결정, CMP결정의 최종 가안이 배포된 것이 오후 5시경이었고 오후 6시경에 COP전체회의가 재개되었다. 의장인 에스피노사 외무부장관이 회장에 들어와 의장석에 앉자마자, 회장 내의 많은 각국 대표단이 스탠딩 오베이션(일제 기립박수)을 보냈다. 배포된 최종 가안에 찬성한다는 각국의 의사표시였다. 칸쿤회의는 사실 이 시점에서 결론지어진 것이라고 할 수 있다. 전체회의에서 분열되었던 COP15에서의 뼈아픈 교훈을 감안, 일부 국가에 의한 반대연설을 봉쇄하는 무언의 압력이기도 했다. 추측컨대 마지막 날은 멕시코가 개별적으로 각국과의 물밑조정을 열심히 하고 있었으리라 생각된다. 회의를 '깔끔하게' 끝내기 위한 '사전교섭'이다.

실제로는 볼리비아의 반대연설도 있었고 해서 최종적으로 일련의 성과문서가 채택된 것은 날짜가 바뀐 11일 토요일 오전 3시 반이 넘어서였다. 채택을 목격한 마쓰모토 환경장관이 즉시 간 총리에게 전화보고를 하였다. 그 직후 도쿄와 칸쿤에서 간 총리와 마쓰모토 환경장관이 COP16을 총평하여 '일본은 교토의정서에 대한 원칙적 입장을 고수할 것이지만 모든 주요 국가가 참여하는 공평하고 실효성 있는 국제체제를 향하여 전진하기 위한 조화로운 합의가 이루어졌음을 높이 평가한다'는 뜻의 메시지를 발표하였다.

5. COP16의 결과 (칸쿤합의)

COP16의 성과였던 '칸쿤합의'를 한마디로 표현하면 COP15에서 작성된 코펜하겐합의를 이행(operationalize)하기 위한 필요한 세부설정을 하여 UN의 COP결정문서로 자리매김했다는 것이다.

코펜하겐합의는 총 12문단에 불과했지만 칸쿤합의는 COP의 결정과 CMP의 결정을 모은 152문단이었기에 그 분량에 있어서는 많은 차이가 있지만 본질은 같다. 코펜하겐합의라는 기초가 있었기에 칸쿤합의가 이루어질 수 있었다고 봐도 무방하다. 물론 코펜하겐 뒤의 대립적인 분위기를 극복하고 최종적으로 볼리비아 이외의 모든 나라의 찬동을 얻어 낸 의장국인 멕시코의 끈질긴 노력도 칭찬받아 마땅할 것이다.

한편 최대의 관건이었던 법적 체제의 논의, 즉 신기후체제는 어떻게 될 것인가. 교토의정서 '연장'문제를 어떻게 처리할 것인가에 대한 문제는 결국 후일을 기약하게 되었다.

6. 소감

COP16이 교토의정서 '연장'문제를 두고 일본에는 가장 어려운 교섭이 될 것이라는 것은 COP15 종료 직후부터 인식하고 있었다. 실제로 COP16은 그러했다.

도표 2-5. 칸쿤합의 (개요)

1. 선진국의 완화목표: 선진국(부속서I국가)이 제출한 감축목표가 기록된 문서C(주1)를 작성하고 UN기후변화협약 당사국총회(COP)에서는 이 문서에 유의한다. 또한 감축목표를 보다 야심적으로 설정하도록 촉구한다. 또한 교토의정서 당사국회의(CMP)에서도 이와 동일한 내용을 결정했으며 문서X에 목표를 기재하는 것은 각국의 교토의정서 2차 공약기간에 관한 입장을 예정하는 것이 아니다.
   (주1) 문서X(FCCC/SB/2010/INFX)
   코펜하겐합의에 기초하여 제출된 선진국(미국을 포함)의 감축목표를 협약사무국이 공식문서로서 정리한 것

2. 개도국의 감축행동: 개도국(비부속서I국가)이 제출한 감축행동을 기록한 문서 Y(주2)를 작성하고 COP는 동 문서에 유의한다.
   (주2) 문서 Y(FCCC/LCA/AWG/2010/INF.Y)
   코펜하겐합의에 기초하여 제출된 개도국의 감축행동을 협약사무국이 공식문서로서 정리한 것

3. 공동의 비전: 산업화 이전에 비해 기온상승을 2℃ 이내로 억제한다는 입장에서 대폭적인 감축 필요성을 인식하고 2050년까지 세계적으로 배출량의 대폭감축 및 조기 피크아웃에 합의한다.

4. 적응: 적응대책을 강화하기 위해서 적응위원회의 설립, 최빈국을 위한 중장기 적응계획의 책정 등을 포함하는 새로운 '칸쿤적응체제'의 설립을 결정한다.

5. 시장메커니즘: COP17에서 새로운 시장메커니즘 구축을 검토할 것을 결정한다.

6. 개도국에서의 산림감소 및 열화에서 유래한 배출감축 등(REDD+): REDD+의 대상범위, REDD+ 활동을 전개하는 단계적인 방법 등의 기본 사항에 대하여 결정한다.

7. 자금: 새로운 기금(녹색기후기금)의 설립 및 동 기금을 설계 · 검토하는 이행위원회(Transitional Committee)의 설립을 결정한다.

8. 기술: 기술메커니즘(기술집행위원회와 기후기술센터)의 설립을 결정한다.

출처: 외무성 자료.

COP16의 기후변화교섭을, 2009년부터 3년간에 걸쳐 방영되었던 NHK의 드라마 <언덕 위의 구름>에 비유하자면 결국 다음과 같다.

COP15 이후 기후변화교섭이라는 진자(振子)는 포괄적 체제 구축에

서 교토의정서 '연장'문제로 옮겨 갔다. 바로 크림전쟁 후 제정러시아의 남하정책의 칼끝이 유럽 방면에서 극동 방면으로 옮겨 온 것과 마찬가지인 것이다. 이는 일본이 국제교섭의 최선단에 서게 된 것을 의미하고 있었다. 또한 시베리아 철도의 증강과 함께 제정러시아의 압력이 거세진 것처럼 COP16에서 COP17, COP18로 교토의정서의 1차 공약기간의 종료가 가까워지면서 교토의정서 '연장'론에 대한 압력이 거세질 것도 쉽게 예상할 수 있었다. 시간은 일본의 손을 들어 주지 않았던 것이다.

이 때문에 COP17도 COP18도 아닌, COP16에서 모든 주요국이 참가하는 포괄적 체제의 구축으로 이어지지 않는 교토의정서 '연장'은 어떠한 조건에서도 반대한다는 원칙론을 명확히 하는 것이 가장 적절한 방침이라고 일찍부터 확신하고 있었다. 물론 단기적으로는 교섭무대에서 만만치 않은 반대에 부딪히게 될 것도 예상했었다. 이 때문에 개도국지원을 착실하게 이행하고 REDD+파트너십에 참여하는 등 교섭을 지원하기 위한 노력을 게을리하지 않았다. 그러나 교토의정서 '연장'문제에 대한 기본방침 자체를 바꿀 생각은 전혀 없었다. 또한 COP16에서 타협하지 않고 일본의 입장을 견지하여 국제사회에 강한 인상을 남기면, 그것이 시발점이 되어 이후의 교섭 진행이 쉬워질 것이라는 복안도 있었다. 교토의정서에 관한 원칙적인 입장을 확보하는 것은 이른바 기후변화교섭에 있어서의 '203고지'의 확보였다고 해도 좋을 것이다.

COP16이 개막되자 예상대로 일본의 발언은 확실히 국제사회의 강한 반발을 불러일으켰다. 환경 NGO들로부터 연일 '화석상'을 받기도 했으며 일부 서방 언론의 비판적인 논조가 있었고 일본의 NGO, 언론도 이에 부화뇌동하였다.

그렇다고 COP16 기간 내내 일부 언론에서 보도된 것과 같이 개도국으로부터의 강한 비판과 압력에 시달렸는가 하면 꼭 그런 것만은 아니었다. 둘째 주에 현지에 들어간 이래 마쓰모토 환경장관이나 야마하나 외무장관정무관 등이 열정적으로 추진했던 각국 대표단과의 양자회담에 동석했던 기억에 의하면 개도국과의 사이에서 이 문제에 대한 격렬한 토론을 벌인 기억은 별로 없다. 비교적 솔직했던 것이 인도의 라메슈 환경산림장관이었는데 그도 '일본의 결정은 regrettable하지만 understandable하며 이 문제가 현재의 양호한 일본・인도 관계에 영향을 주어서는 안 된다'는 지극히 온당한 발언을 했을 뿐이었다. 이 발언은 인도의 언론에서도 보도되었다.

냉정하게 생각하면 이러한 개도국의 반응은 지극히 당연한 것이다. 교토의정서의 '연장' 자체는 현재 세계의 약 30% 정도의 배출규모에 불과한 일부 선진국의 배출감축을 약속하는 것인데, 그 자체로는 개개의 개도국에 직접적・구체적인 혜택을 주는 것은 아니다(배출이 줄고, 그만큼 기후변화의 영향이 완화된다는 것이 개도국이 실감할 수 있는 혜택이라고 할 수는 없다). 교토의정서 '연장'이 CDM의 수요를 늘려 구체적 혜택을 받게 되는 개도국이 있을지도 모르지만 이익을 누리는 것은 일부 배출국뿐이고 대다수의 취약국과는 관계없는 일이다. 어떤 서방의 교섭담당자는 '교토의정서는 많은 개도국에 있어 토템볼(상징적인 형태로 숭배하는)에 불과한 것'이라고 평가했는데 그야말로 절묘한 표현이다. 개도국의 진정한 관심은 도리어 개도국지원, 산림보전, 기술, 역량향상 등이며, 이에 대해서는 일본이 여러 가지 형태로 적극적인 협력을 해 왔다.

도리어 교토의정서 '연장'문제로 격렬한 토론을 벌여야 했던 것은 유럽위원회나 영국을 필두로 하는 일부의 서방 국가들이었다. 영국의 훈 기후변화에너지장관과 일본의 스기야마 지구규모과제심의관 간의 대화에 대해서는 이미 서술한 바 있다. 코니 헤데고(Connie Hedegaard) 유럽 위원과 마쓰모토 환경장관 간의 회담도 격렬했던 모양이다. 이러한 사실은 교토의정서가 개도국에 있어 중요한 것 이상으로 유럽에도 중요한 체제이며 교토의정서 체제의 최대의 이해관계자(stakeholder)는 유럽이라는 것을 반증하고 있다.

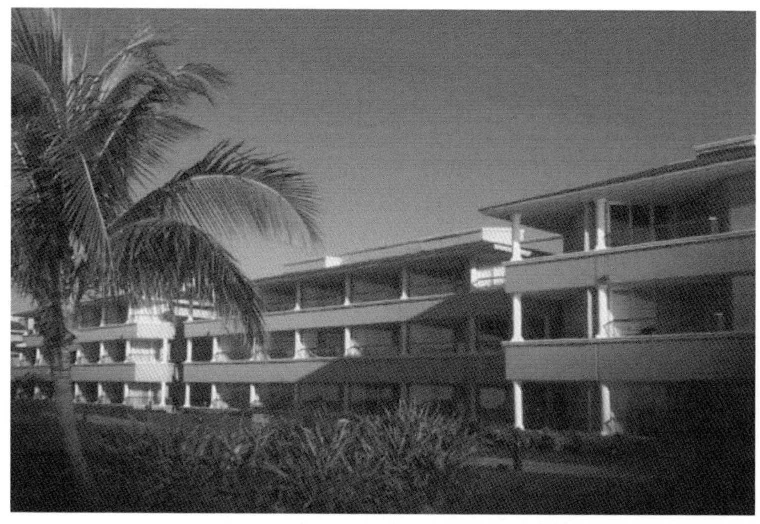

COP 종료 후에 고요해진 각국 대표단 숙소 (필자 촬영)

또한 교토의정서 '연장'문제의 그림자에 가려져 버린 감은 있지만, 칸쿤합의는 보다 광범위한 논점을 포함하고 있다. 선진국・개도국 쌍방의 MRV시스템의 구축, 녹색기후기금의 설치, 기술메커니즘 구축 등이다. 어느 것이나 COP13 이래 주로 협약작업반에서 논의되었고 코펜하겐합의에서 맺은 결실이 기초가 되었다. 기후변화대책을 움직이기 위한 이러한 다방면의 소소한 실무적인 국제 인프라를 구축한 것이야말로 칸쿤합의의 최대의 성과라고 봐도 좋을 것이다. 이러한 실무적인 논의는 이듬해 더반 COP17로도 이어진다.

어찌 되었건 COP16은 끝이 났다. 모든 일정이 끝나고 각 방면으로의 보고하는 등 정리업무 때문에 밤을 지새웠던 12일 일요일, 귀국 비행 편까지 약간의 시간적 여유가 있어서 해변의 모래밭을 거닐었다. 푸른 하늘과 바다, 새하얀 모래밭. 전날까지는 전혀 안중에 들어오지 않았던 경치가 묘하게 눈부시다. 회의기간 중에는 곁눈질만 했었던 수영장에 몸을 담근다. 여전히 고양되어 있었던 신경이 조금씩 가라앉는 것이 느껴져 기분이 좋았다. 그리고 잠깐이긴 하지만 내년 남아프리카에서 열릴 COP17에 대해서도 생각해 보았다. 올해는 어떻게든 버틸 수 있었지만 내년에는 어떻게 될 것인가 하고 말이다.

<칼럼 2> COP 개최지에 대하여

UN기후변화협약 당사국총회(COP)는 매년 개최되는데, 개최지는 5개의 지역그룹(서유럽기타, 아프리카, 아시아, 동유럽, 중남미)에서 돌아가며 결정된다. 적어도 당해 COP의 전년도까지는 의장국이 결정되고 의장국이 자국 내에서 개최지를 선정한다.
일본은 협약이 발효되고 얼마 지나지 않아 의장국으로 이름을 올려 1997년에 제3회 총회(COP3)를 교토에서 개최하였고, 가까스로 교토의정서를 채택할 수 있었다. 회의장은 교토시 북동부의 사쿄구의 다마가이케(左京区 玉ヶ池)에 있는 국립교토국제회관이었다. 필자는 2005년의 아시아유럽정상회의(ASEM) 외무장관회의를 준비하기 위해서 수일간 현지에 있었는데 넓은 일본 정원에 둘러싸인 아름다운 장소였다.

국제회의를 성공적으로 치러 내기 위한 열쇠는 회의의 내용도 내용이지만 회의가 이루어지는 환경도 매우 중요하다. 3개의 포인트를 들자면 '기후', '식사', '배려'라고나 할까.

'기후'는 햇볕이 따사롭고 너무 덥지도 않고 춥지도 않은 환경이 좋다는 것은 말할 필요도 없을 것이다. 교섭이 격렬해져도 날씨가 좋다면 나름대로 스트레스가 풀리지만, 역으로 음험한 기후에서는 기분마저도 어두워져서 교섭전반의 분위기에도 영향을 끼친다. 자연현상이기에 어찌할 수 없는 면이지만 개최시기를 조정할 수 있다면 가능한 한 좋은 시기를 선택한다. 이것이 무리라면(에너지 소비는 증가하겠지만) 공조시설을 제대로 갖출 필요가 있을 것이다.

'식사'도 중요하다. 사치스러울 필요까지는 없지만 따뜻하고 충분한 양의 식사가 언제나 적절한 가격으로 제공되는 것은 중요하다. 참가자들이 시장기를 느끼기 시작하면 분위기가 살벌해진다. '굶어 죽은 귀신'은 무섭다.

'배려'는 회장 내에서건 회장 밖의 마을에서건 간에 개최국의 정부관계자와 시민 일반들로부터 그 국제회의와 각국 참가자에 대한 환영의 마음이 전달되는지의 문제이다. 참가자 측에서 보면 개최국의 배려유무는 여러 가지 상황에서 느껴진다.

필자가 실제로 참가했던 코펜하겐 COP15와 칸쿤 COP16을 비교하자면 교섭내용상 일본에 보다 힘든 상황이었던 것은 칸쿤이었음에도 불구하고 더욱 참담한 기분에 빠졌던 것은 코펜하겐이었다는 기억이 남아 있는데, 이는 위의 3개 요소에서 비롯된 바가 크다. 구체적으로는 프롤로그에서 말한 그대로이다.

하지만 코펜하겐의 명예를 위해서 첨언하자면 같은 장소에서 2개월 전인 10월에 개최되었던 국제올림픽위원회(IOC) 총회는 상큼한 유럽의 가을하늘 아래 분위기가 상당히 좋았었다. 국제기구가 여기저기에 산재하고 있어, 크고 작은 여러 국제회의가 날이면 날마다 열리고 있는 유럽에서는 비교적 소규모의 도시라고 해도 회의를 치르기 위한 인프라와 요령이 축적되어 있는 곳이 많다. 결국은 COP15가 종래의 상식을 넘어서는 전대미문의 회의였다는 점에 귀결이 될 것이다.

그렇다면 일본의 국제회의개최역량은 얼마나 될까?

'기후' 면에서는 무더운 한여름만 제외하면 일본의 기후는 전체적으로 쾌적하다고 할 수 있다. 특히 벚꽃이나 신록이 빛나는 봄, 단풍이 아름다운 가을 등은 기분 좋게 일본의 아름다운 자연을 즐길 수 있는 계절이며 각국의 많은 사람들에게 추천할 수 있는 시기라고 할 수 있다. 매년 3월에 도쿄에서 개최되는 기후변화교섭의 실무자회의나 2012년 4월에 오다이바(お台場)에서 개최되었던 동아시아저탄소성장파트너십회의 등은 아름다운 일본의 봄을 각국 참가자들에게 피로하는 기회가 되고 있다.

'식사'라는 점에서도 일본의 풍요로운 음식문화는 세계적으로 자랑할 만한 것이며 해외에서 외교활동을 할 때와 마찬가지로 일본 국내에서 치러지는 국제회의에서도 일본 음식이나 일본 술은 중요한 외교상의 무기가 된다. 다만 각국 참가자의 종교·문화 등에 따라서는 식사에 제약을 받는 사람도 있기에 채식주의 등을 위한 별도의 메뉴를 마련하거나 어떤 식재료를 사용했는지를 알 수 있도록 여러 나라의 언어로 메뉴를 준비하는 등의 섬세한 배려가 필요할 것이다.

'배려' 측면에서도 일본은 기본기가 탄탄하다. 2010년에 나고야에서 개최된 생물다양성협약의 제10회 당사국총회(COP10)에는 산림보전 각료회의를 위해서 필자도 현지를 방문했었는데 많은 각국 참가자들로부터 일본 정부뿐만 아니라 현지의 사람들의 따뜻함에 대한 찬사가 넘치고 있었다. 난항을 겪었던 나고야의정서가 최종적으로 채택되었던 것도 이러한 교섭전반의 분위기와 관계가 없지는 않을 것이다.

국제회의의 운용에서 개최국의 국격과 역량이 나타난다. 이 또한 COP의 묘미 중의 하나이다.

제3장

3/11의 충격과 더반 COP
"Down but not Out"

들어가며

COP16에 이르는 기간 동안 일본을 괴롭혔던 것이 교토의정서 '연장' 압력이라는 외부로부터의 시련이었던 것에 반해, COP17에서 직면하게 된 것은 2011년 3월 11일에 발생한 동일본대지진과 후쿠시마 제1원자력발전소의 사고에서 비롯된 내부로부터의 시련이었다.

전년도의 교섭에서 어렵사리 '203고지'를 확보했지만 COP17에서는 신기후체제 구축과 교토의정서 '연장'문제가 혼재되어 교섭이 난항을 겪을 것이라 예상되었다. 이른바 '발틱함대'가 다가온다는 위기감에 이런저런 손을 써 두려는 찰나에 '연합함대'의 엔진 트러블이 발생한 것이다. 그러나 '무기 없는 전쟁'인 기후변화교섭은 일본을 기다려 주지 않았다.

에너지정책이 근본부터 재검토되어야만 했고 모든 지구온난화 정책 또한 수정되어야 했다. 동시에 어떻게 해야 '수비'에 급급한 현실에서 벗어나 '공격'태세를 유지할 수 있을 것인가가 COP17을 앞둔 일본의 과제였다.

제3장에서는 앞 장에 이어 칸쿤 COP16에서 더반 COP17에 이르기까지 2011년의 기후변화교섭의 흐름과 일본의 대응에 대해서 살피고자 한다.

도표 3-1. 2011년의 기후변화교섭의 흐름

출처: 외무성 자료.

COP16을 경계로 국제교섭의 구도는 양상이 확연히 달라졌다. 교토의정서 '연장'에 참여하지 않겠다는 일본, 러시아, 캐나다의 입장이 기정사실화되자 교토의정서 '연장'에 대한 개도국들의 압력은 EU를 향하게 되었다. 이에 EU는 그 보상으로 신기후체제의 구축기준을 끌어올리는 한편 취약국이나 국제NGO에 호소하여 개도국의 분열과 미국, 중국, 인도(및 러시아, 일본, 캐나다) 등 주요 배출국에 압력을 넣는 전략을 취했다. 교토의정서 '연장'과 함께 신기후체제로 향하는 길을 마련할 것인지 아니면 EU 등 한정된 선진국만이 교토의정서 '연장'을 받아들이게 될 것인가가 COP17의 초점이었다.

결코 좋다고는 볼 수 없었던 국내정세에도 불구하고 일본은 모든 주요국이 참가하는 공평하고 실효성 있는 국제체제 구축을 향한 길을 마련하기 위한 구체적인 제안을 하여 더반합의의 실현에 적지 않은 공헌을 하였다. 또한 저탄소성장(Low Carbon Growth)의 실현을 위하여 선진국과 개도국이 연대하여 구체적인 협력을 해 나가는 '세계저탄소성장비전'을 제안했던 것이다. 동사이아 저탄소성장파트너십구상이나 TICAD(아프리카개발회의)가 주도하는 아프리카 저탄소성장전략구상, 아시아 국가를 중심으로 협의를 해 나가는 양자 간 오프셋 크레디트제도 등은 이 '세계저탄소성장비전'의 일환이며 모두 2011년부터 본격 가동되었다.

COP16과는 달리 교토의정서 '연장'문제로 일본이 주목을 받을 일은 더 이상 없을 것이다. 캐나다 탈퇴 소동이 언론을 석권한 탓도 있다. 이 때문에 종래로부터의 '일본독립론'에 더하여 '교토의정서 '연장'에 대한 강경한 입장 때문에 일본이 교섭에서 소외되었다'는 등의 비판도 힘을 잃었다. Japan bashing론에서 Japan passing론으로 바뀐 것이다. 그러나 이는 법적 체제문제를 둘러싼 국제교섭의 구도를 정확하게 표현하지 못한 남의 다리 긁기식의 논의에 불과하다. 일본은 전년과는 또 다른 의미에서 힘든 상황이었음에도 불구하고 국제교섭이 진행되는 전장의 한가운데에서 '방어'하는 동시에 '공격'을 가한 것이다.

1. 3/11 이전

COP16이 끝나고 우선적으로 착수했던 것은 COP16의 결과를 총정리하고 각국의 동향을 수집·분석하여 COP17 교섭절차를 일본에 유리한 일정과 주제로 몰아가는 것이었다. 매년 3월에 일본과 브라질이 공동의장을 맡아 개최하는 '일본·브라질 공동주관 기후변화 비공식회의'(도쿄회의)는 UN교섭이 시작되기 전 주요국간 협의의 장

(場)으로서 국제적으로 자리매김하고 있었으므로 이를 위한 준비가 1, 2월 중에 진행되었다.

2011년 1월에는 실무 차원의 일본교섭책임자인 외무성 지구규모과제심의관의 교체가 있었다. 스기야마 신스케(杉山晉輔) 전 지구규모과제심의관(아시아대양주국장으로 이동)이 히라마츠 켄지(平松賢司) 지구규모과제심의관으로 교체되었다. 히라마츠 심의관은 전직 경제국 심의관으로서 전년도의 APEC을 실무 차원에서 도맡고 있었을 정도로 멀티외교경험이 풍부한 외교관이다. 히라마츠 심의관은 3월의 동경회의에서 공동의장에 임하기 전에 주요국의 담당자들과 면식을 익히기 위해 취임하자마자 미국, 유럽, 중국, 남아프리카, 한국 등 여러 국가를 방문하고 스탠 기후변화특사(미국), 셰전화(解振華) 국가발전과 개혁위원회 부주임(중국), 코니 헤데고(Connie Hedegaard) 유럽위원(EU), 마샤바네(Maite Nkoana-Mashabane) 외무장관 및 모레와 환경장관(남아프리카) 등 주요국의 교섭책임자들과 개별적으로 협의를 해 나갔다. 3월의 도쿄회의에서는 피게레스 UN기후변화협약사무국장이나 라고 외무국장(브라질), 기타 주요국[영・프・독, 호주, 뉴질랜드, 한국, 아프리카(에티오피아), 소도서국(그레나다) 등]의 관계자와도 협의를 하여 4월 이후의 UN교섭을 향한 충분한 물밑작업을 해 둘 수 있었다.

교섭은 4월 이후부터 본격화되므로 이 시기는 비교적 여유가 있어 주요 3성(외무성, 환경성, 경제성)에서 개별 주요 논점에 대한 초석을 만들기 위한 논의를 하였다. 특히 신경을 썼던 부분은 다음과 같다.

✓ 신기후체제의 양상, 각국과의 협의방침

✓ 교토의정서 '연장'문제 대처방안

✓ 시장체제에서 CDM 및 양자 간 오프셋 크레디트제도의 쌍방을

조감하는 개념정리와 양자 간 오프셋 크레디트제도에 대한 기본설계의 검토

✓ MRV에 대한 일본의 공헌검토(역량강화)

✓ 개도국지원에 대한 구체적인 계획수립(특히 아프리카 대책)

3월의 도쿄회의에서 최고조에 다다랐던 개별논점에 대한 검토는 이른바 '공식경기 전의 자율합숙' 같은 것이었다. 이러한 작업은 이후의 교섭을 위한 일본 측 대표단의 기초체력 향상에 많은 도움이 되었다.

또한 새로운 시도로서 외무성 각처의 싱크탱크인 일본국제문제연구소에 의뢰하여 위에서 말한 도쿄회의 기간에 기후변화에 관한 국제심포지엄을 개최하였다. 각국 정부·국제기구관계자(히라마츠 심의관, 피게레스 사무국장, 마샤드 브라질 수석대표 등)와 대내외의 관계자[한승수 한국 전(前)국무총리, 하마나카 히로노리(浜中裕徳) IGES 이사장, 저우다디(周大地) 중국에너지연구소 연구원, 딜린저 Pew Research Center 부소장 등]와 함께 바람직한 기후변화 국제체제의 설계에 대한 폭넓은 토론을 한 것이다. 이러한 시도는 외교적 관점에서 기후변화문제에 대응하는 글로벌 거버넌스에 대한 주의를 환기하는 한편 COP17을 대하는 일본 정부의 교섭태도를 대내외적으로 알리는 데에 유익했다. 심포지엄에서는 반노 유타카(伴野豊) 외무성차관이 COP16의 평가와 함께 COP17을 향한 일본의 교섭방침에 대한 포괄적인 연설을 하였고 일본도 나름대로 적극적으로 교섭에 임할 것임을 대내외적으로 선언하였다.

이때까지만 해도 그럭저럭 COP17로 향하는 테이프를 무난하게 끊었다고 생각했었다.

2. 3/11 이후

3월의 도쿄회의 직후, 교섭 시나리오를 대폭 수정할 수밖에 없도록 만든 것은 말할 것도 없이 3월 11일의 동일본대지진과 도쿄전력 후쿠시마 제1원자력발전소의 사고였다.

3/11 자체에 대하여 자세히 논하는 것은 이 책의 목적을 벗어나는 일이지만 기후변화교섭에 대해서는 특히 다음의 2가지 면에서 지대한 영향을 주었다.

✓ 후쿠시마 원전사고 때문에 일본의 에너지정책, 원자력정책을 대폭 수정해야 함이 명백해졌고, 그와 함께 표리일체의 지구온난화 대책('-6% 목표'나 '전제조건부 −25%' 목표)의 달성이 요원해졌다는 것.

✓ 정부 전체의 정책우선순위가 지진대책과 원전사고대책 쪽으로 향하는 바람에 지구온난화대책에 대한 인적 대응이 어려워진 것.

당시 상황에서는 후자 쪽이 훨씬 영향이 컸다. 국내의 온난화대책을 담당하고 있었던 환경부와 경제산업부는 동시에 지진대책과 원전사고대책 주요관계자이기도 했고 국제교섭에 임해야 할 양쪽 부서의 적지 않은 신진, 중견직원이 국내의 대지진·원전사고대책으로 돌려진 것이다.

전자의 문제는 보다 근본적인 것이었다. 에너지 원자력발전에 관한 정책을 수정해야 했으므로 지구온난화대책이 그 영향권에서 벗어날 수 없으리라는 것은 쉽게 예상할 수 있었다. 원자력발전의 발전용량을 화력으로 대체하려면 후쿠시마 제1원자력발전소의 용량만 보더라도 1990년 대비 몇 퍼센트 규모의 CO_2 배출량 증가로 이어질 것이 뻔했다. 국내의 원자력발전소 전체를 화력으로 대체하면 그 영향은 10% 이상의 CO_2 증가로 이어질 것이었다. 이것을 에너지 절약이나 재생가능에너지 보급만으로 충당할 수 있을 것인가. 어느 쪽으로 풀어 나가든지 간에 일단은 시간이 필요했고 구체화되는 시기는 적어도 COP17 이후인 2012년이 될 것이라는 것이 당시의 교섭 관련 3개 부서 관계자들의 공통적인 인식이었다. 이 기간 동안 '-6%' 목표나 '전제조건부 −25%' 목표에 대해서 국제교섭무대에서는 어떻게 대응해야 할 것인가. 수많은 논의 끝에 다음과 같이 대처하기로 하였다.

✓ '-6%'에 대해서는 이를 달성하기 위해서 향후 계속적으로 노력한다.
✓ '조건부 −25%' 목표에 대해서는 3/11의 영향 때문에 판단이 어려워졌으나, 현시점에서는 변함이 없다

국제교섭은 3월 하순의 멕시코 비공식회의, 4월에 UN작업반(방콕)이 예정되어 있었다. 전반적인 분위기로는 일본에 대한 동정과 지진 후의 일본 국민의 대응에 대한 찬사가 이어지고 있었지만 일본의 온난화대책은 아무래도 그 영향권에서 벗어나지 못할 것이라는 견해가 많았다. 4월의 UN작업반에서 일부 국가는 일본에게, '-6%' 목표 달성의 의무에 불가항력(force majeure)에 의한 의무면제를 구할 것이냐는 질문을 하기도 하였다(이에 대해서는 처음부터 그렇지 않다는 것을 명확하게 하였다).

(1) 일본의 대응: 공격태세의 유지

3/11과 후쿠시마 원자력발전소사고(이하 '원발사고')의 영향으로

일본의 에너지환경정책은 급격한 변화를 맞이하게 되었고 일본 자체도 새로운 온난화대책을 즉시 구체화시키는 것은 어려울 것이므로 국제교섭상의 발언력 약화가 염려되는 상황이었다. 하지만 국내에서 이렇다 할 행동을 할 수 없게 된 것이 고개를 숙인 채 침묵을 지키는 패잔병 같은 태도를 취해야 할 이유가 될 수는 없었다. 국제무대에서 공세를 유지하는 것, 이것이 이 시기의 과제였다. 구체적으로는 다음과 같은 방법을 취했다.

(가) 아프리카의 녹색성장전략 채택절차개시 (5월)

아프리카에는 가뭄이나 홍수 등 기후변화의 악영향에 취약한 국가들이 많으며 국가 수로는 최대의 지역그룹(아프리카 대륙 전체에 54개국)이어서 UN교섭 시에는 그 영향력이 상당하다. 일본은 기후변화 교섭에서 아프리카를 아군으로 만들어 둘 필요가 있었고 아프리카와의 관계를 강화하는 것이 경제적으로나 국제정치적으로 유리하다는 판단에서 아프리카대책에 힘을 써 왔다.

2013년, 5년 만에 아프리카개발회의(TICADV) 개최가 결정되자 아프리카 지원방법에 대한 일본의 검토도 본격화되었다. 이를 위해 기후변화대책을 확실히 세워 둘 필요가 있었다. 그 절차를 2011년 내에 마련하는 것이 연말에 아프리카에서 열릴 COP를 위해서도 매우 유익할 것이라고 생각했다.

지진발생으로부터 2개월도 채 지나지 않은 5월 연휴 중에 TICAD 각료급 Follow-up Meeting이 세네갈에서 개최되었는데, 지진 후유증에 시달리는 가운데서도 일본이 아프리카를 중시하는 자세를 유지하고 있다며 매우 높은 평가를 받았다. 이 회의에서 마쓰모토 다케아키

(松本剛明) 외무장관이 아프리카에서의 녹색성장전략을 일본과 아프리카, 국제기관이 함께 만들어 가자고 제안하여 참가 각국·기관의 찬동을 얻어 냈다. 회의 공식발표에서는 TICAD체제하에서 아프리카 녹색성장전략 책정절차를 개시하고 2012년 각료급회의에서 중간보고를, 동년 중에 최종보고를 작성하도록 하는 내용이 포함되었다.

(나) 도쿄 '녹색기후기금' 이행위원회 제2회 회의개최 (7월)

COP16에서 개도국지원을 위한 새로운 기금(녹색기후기금)의 설치가 결정되었는데 동 기금의 기본설계를 위해서 선진국·개도국을 합쳐 40개국에서 이행위원회(Transitional committee)를 설치하고 COP17까지 제안서를 작성해야 했다. 동 위원회의 공동의장은 남아프리카의 트레버 마누엘(Trevor Manuel) 대통령부 국가계획담당장관(전 재무장관으로 IMF 전무이사 후보에도 올랐던 인물), 멕시코의 코르데로 아로요(Cordero Arroyo) 재무장관, 노르웨이의 휴텔 룬드(Kjetil Lund) 재무차관의 3명이다[일본에서는 재무성의 이시이 나오코(石井菜穗子) 재무차관이 참가]. 제1회 회의는 4월에 멕시코에서 개최되었다.

일본은 재난 직후의 어려운 상황이었음에도 불구하고 개도국지원을 중시한다는 차원에서 기금설립을 적극적으로 지지하기 위해 제2회 회의 개최를 제안하고 그해 7월에 도쿄에서 개최하였다. 7월 하순의 도쿄는 이미 한여름인 데다 절전이 한창이었다. 회의장이었던 UN대학은 실내 온도가 예년보다 높게 설정되어 있었기에 각국 교섭책임자들은 말 그대로 구슬땀을 흘려 가며 회의에 임했다. 이 회의 중에는 노다 요시히코(野田佳彦) 재무장관과 반노(伴野) 외무 부(副)장관도 방문하여 3/11 이후 힘든 와중에서도 교섭을 진전시키려고 하는 일본의 자세를 보여 주는 좋은 기회가 되었다.

(다) 양자 간 오프셋 크레디트제도의 검토 · 협의 (5~9월)

앞서 말한 대로 양자 간 오프셋 크레디트제도의 검토는 2010년부터 경제산업성, 환경성이 일부 국가, 부문을 대상으로 민간기업의 도움을 얻어 이행했던 실증사업에서 시작되었다. 그 배경에는 경제계를 중심으로 한 기존의 교토메커니즘에 대한 불만(에너지 절약 등 일본 기업의 특기 분야가 CDM에서 채택되지 않거나 심사에 시간이 걸리는 등)과 2013년 이후의 온난화대책목표에 대한 염려(이행수단의 선택기를 확대)가 있었다. 제도의 세부사항에 대해서 논할 단계는 아니었지만 쉽게 이해할 수 있는 메시지 자체는 국내의 폭넓은 지지를 얻고 있었다. 한편 이것이 UN시스템을 약화시키지는(undermine) 않더라도 탄소시장의 분열을 가져올 수 있다는 일부의 유럽 국가나 환경 NGO들의 우려를 감안하여 2010년 가을부터 COP16에 이르기까지 UN교섭과 병행하여 일부 국가들과의 협의를 모색한다는 방침으로 베트남, 메콩국가들, 인도와 정상급 문서로 본건 협의를 계속한다는 취지도 포함되었다.

전년도부터 이어진 이러한 흐름 속에서 2011년 들어서는 정부 간 협의 시에 부서 내 제도설계 검토가 본격화되었다. 특별히 무게를 둔 것은 다음의 두 가지이다.

✓ UN 교토메커니즘을 보완하는 제도로서의 지위를 명확히 함

양자 간 오프셋 크레디트제도를 지지하는 견해에는 현재의 교토메커니즘에 대한 불만(분야 · 지역의 편재, 심사절차의 번잡함)을 가진 이들이 많았고 그러한 불만 자체는 이해할 만한 것이었다. 하지만 UN부정론을 너무 전면에 내세우면 각국이 경계심을 품을 것이고 개도국들이 논의에 참여하기 어려워진다. 일본은 UN, 지역 간, 양자 간 등 여러 차원에서 실제적인 온난화대책을 추진하려 하는 것 뿐이며 UN 교토메커니즘은 개선해 나가면서 앞으로도 활용할 것이다. 한편으로 그것만으로 커버할 수 없는 필요를 충족시키기 위한 구조로서 이 제도를 설치했다.

✓ 양자 간 문서와 국내제도의 관계 정리

지금까지의 실증사업 결과를 감안하여, 개별 프로젝트에서 저탄소 기술활용으로 얻어진 감축효과를 어떻게(오프셋 내지는 크레디트로) 배출감축목표에 반영할 수 있도록 할 것이며 당해 사업이행에는 어떤 인센티브를 줄 수 있을지 등 제도설계를 구체화할 필요가 있었다. 기존 CDM의 구조를 참고하되 그 문제점은 극복하는 형태로 제도를 구축하기 위해 어떤 요소가 필요할 것인가, 어떤 방법으로 규정할 것인가(양자 간 문서에 의할 것인가, 또는 각국의 국내제도로 규정할 것인가)에 대한 검토를 계속하였다.

이상의 두 가지 점을 포함하여 양자 간 오프셋 크레디트제도의 설계에 필요한 요소(제도목적, 새로이 일본과 상대국 정부대표로 구성될 합동위원회의 권한 및 능력, 기타 주요 사항 등)를 목록화하고 주요 논점에 대하여 당시 일본의 기본적인 생각을 정리하였다. 그리고 5월 이후 베트남, 캄보디아, 인도네시아, 인도 등의 나라를 방문하여 쌍방의 관계관청이 모인 자리에서 일본의 기본적인 생각을 설명하고 질의 응답하는 시간을 가졌다. 또한 남아프리카, 멕시코, 호주, 미국 등에도 정보를 제공하고 개략적인 설명을 해 두었다. 개도국들은 UN

교섭과의 관계를 봐야 한다는 신중한 태도를 보이기는 했지만 전체적으로 장래의 선택지의 하나로서 많은 관심을 보였다.

(라) 동아시아저탄소성장 파트너십 구상을 제안 (7월~)

양자 간 오프셋 크레디트제도가 양자 간의 저탄소기술 보급을 촉진하려는 '선(線)'적인 발상이라면 동아시아 저탄소성장파트너십은 그러한 양자 간의 제도를 지역 차원으로 확산시키고자 하는 '면(面)'적인 발상이다.

동아시아 지역은 세계경제성장의 중심이기도 하고 세계 최대의 온실가스 배출 지역이기도 하다. 세계 배출국 상위 5개국(중국, 미국, 인도, 러시아, 일본)은 어느 나라나 동아시아정상회의(EAS) 참가국이며, 이 5개국만으로도 세계 배출량의 절반 이상인데 여기에 중간 규모 배출국(한국, 인도네시아, 호주)이 더해지면 이 8개국만으로도 세계 전체의 약 60%를 차지하게 된다. 이는 EU 27개국(12%)의 약 5배이다. 동아시아의 저탄소성장을 실현하기 위한 지역적 협력을 계속하는 것은 지역적으로나 세계적으로도 유익한 것이며 일본에 있어서는 환경기술 분야의 비즈니스 찬스가 될 수 있을 것이라는 것이 이 구상의 기본이 되는 발상이다.

우선은 각료 차원에서 마쓰모토 외무장관이 각국에 제안을 하였으며 7월의 EAS 외무장관회의 의장성명에서 이러한 일본의 제안이 거론되었고 가을의 정상회의로 이어지게 되었다.

(2) 의장국 남아프리카와의 협의

국제회의가 없는 여름의 비교적 조용한 시기인 8월 중순에는 히라마츠 심의관, 경제산업성, 환경성의 담당심의관과 함께 의장국 남아프리카를 방문하였다. 남아프리카의 외무성에서 수자원·환경성의 실무진 간에 바람직한 COP17의 성과에 대한 일본의 생각을 전달하고 심도 있는 논의를 하기 위해서였다.

온난화교섭과 같은 멀티외교를 성공으로 이끌기 위해서는 의장국의 지휘가 매우 중요하다. 무엇보다 의장국 스스로가 회의의 성공을 간절히 바라고 있을 것이므로 각국의 입장이나 솔직한 심정을 정확하게 파악하려고 백방으로 노력하며 각국도 의장국에 자국의 입장을 이해시키려고 정력적으로 어필을 한다. 일본도 3월의 도쿄회의를 시작으로 여러 가지 국제회의 등 기회가 닿는 대로 남아프리카 대표단과는 협의를 계속해 오고 있었지만 본국을 방문하여 타국 대표단이 없는 조용한 분위기 속에서 단둘이 회의를 진행하는 것은 전혀 다른 무게를 가진다. 교섭관계자뿐만 아니라 남아프리카의 경제계관계자나 현지의 일본대사관, 일본기업 관계자와의 대화를 통해 남아프리카의 정치경제 정세를 파악하는 것은 COP17을 주최하는 남아프리카 측의 사정을 이해하기 위해서 매우 중요한 것이었다.

당시 남아프리카와의 협의에서 바람직한 더반의 성과로서 일본에서 내세운 것은 다음과 같다.

✓ 칸쿤합의를 착실히 이행할 것

✓ 모든 주요국이 참가하는 공평하고 실효적인 법적 체제구축을 위한 절차를 개시할 것

✓ 교토의정서 '연장'에 반대하는 일본의 입장에는 변함이 없지만 교토의정서의 어떤 요소에 관해서는 개선을 해서 활용해야 한다는 것
✓ 신기후체제가 구축되기 전이라도 끊임없이 각국의 온난화대책을 유지해야 한다는 것

또한 개도국지원과 관련해서는 녹색기후기금의 기본설계를 위한 이행위원회에서 연대할 것과 일본이 제안하는 아프리카의 녹색성장전략, 남아프리카에서의 양자 간 오프셋 크레디트제도의 활용 가능성에 대해서도 논의를 하였다.

교토의정서에 대한 일본의 마지노선을 충분히 인식시키는 한편 COP17을 성공적으로 치를 수 있도록 최대한의 지원을 할 것이라는 뜻을 남아프리카에 전달하고, 여러 가지 구체적인 아이디어와 재료를 의장국에 제공하는 것이 이 시기의 협의의 주안점이었다. 그리고 이러한 물밑작업이 COP에서의 성과로 이어지게 되었다.

여담을 보태자면 이 남아프리카 출장은 1박 4일의 강행군이었다. 화요일 밤에 나리타를 떠나 홍콩을 경유하여 현지 시간으로 수요일 새벽에야 요하네스부르크에 도착할 수 있었다. 지구본을 보면 도쿄, 홍콩, 요하네스부르크는 거의 일직선이다. 한여름의 일본에서 겨울의 남아프리카로 가는 여행이었으니 기온차가 30도나 되었다. 으슬으슬한 날씨 속에 수요일 새벽부터 다음 날인 목요일 낮까지 갖가지 일정들을 소화해 내고 오후 늦게 현지를 떠나갈 때와 반대의 루트로 돌아오니 일본 시간으로 무더운 금요일 밤의 나리타로 돌아오게 되었다. 정확히 오가는 길의 인도양 상공에 머물렀던 시간이 취침시간이었다는 이야기다. 돌아오는 남아프리카 항공편에서 본 영화는 만델라 대통령과 남아프리카 럭비팀을 소재로 한 <인빅터스(Invictus)>였다.

3. 여름 이후 COP 직전까지 (9~11월)

(1) 일본 입장에 대한 대외선전

여름이 끝나고 2011년 9월이 되자 COP까지 남은 기간은 약 3개월 정도. COP 현장에서의 논의를 상정하여 이에 대비하는 작업이 이 시기의 과제였다. 다음은 9월 이후 COP까지의 주요 일정이다.

- 9월 8~9일 남아프리카 주최 비공식각료회의
- 9월 16~17일 주요경제국포럼(MEF)
- 10월 1~7일 UN작업반
- 10월 20~21일 기후변화 각료급 준비회의
- 11월 17~18일 주요경제국포럼(MEF)

특히 COP 1개월 전에 열리는 기후변화 각료급 준비회의를 중요 기회로 보고 호소노 고시(細野豪志) 환경장관이 출석하여 더반에서 목표하는 성과에 대한 일본의 입장을 설명하는 방식으로 준비를 진행해 나갔다. 호소노 환경장관 주관으로 외무성, 환경성, 경제산업성의 3성 간부가 모여 몇 번인가 사전연구회를 하기도 했다.

반드시 전달되어야 하는 일본의 의사는 3/11 이후 국제사회가 보여준 지원의 손길에 대한 감사와 일본이 기후변화문제에 임하는 자세에는 변함이 없다는 결의를 전달하는 것, 그리고 더반에서 노려야 할 성과로서 칸쿤합의의 착실한 이행과 신기후체제 구축을 위한 작업의 착수, 각국이 2013년 이후로도 계속적으로 온난화대책을 이행할 것을 강조하는 것이었다. 특히 신기후체제 구축을 향한 길을 명확하게 하는 것에 중점을 두었다. 도표 3-2와 같이 6개 항목으로 이루어진 '일본 제안'을 작성하고 공표하였다.

참고로 이 제안에서는 교토의정서 '연장'문제에 대해 전혀 언급하지 않았다. 일본의 입장은 COP16에서 이미 충분히 전달했기 때문이었다. 우리의 주요한 관심은 어떻게 하면 신기후체제 구축 쪽으로 교섭을 움직여 나갈 수 있을 것인가에 있었다.

하지만 이 기후변화 각료급 준비회의가 임시국회의 개회일(10월 20일)과 겹쳐 버리고 말았다. COP를 향한 전초전이기에 호소노 장관은 마지막 순간까지도 참석하고 싶어 했지만 원자력발전담당장관을 겸임하고 있는 호소노 장관이 임시국회를 전부 뒤로하고 국제회의에 출석하는 것은 사실상 매우 곤란했다. 결국 기후변화 각료급 준비회의에는 요코미츠(横光) 환경부 부장관이 출석하며 일본 제안은 현지에서 요코미츠 부장관이 발표하고 동시에 도쿄의 기자회견에서 호소노 장관이 소개하는 방식으로 대응하게 되었다.

도표 3-2. COP 직전 기후변화 각료급 준비회의에서 일본의 제안

기후변화에 관한 포괄적인 체제로 향하는 길
(일본 제안)

2011년 10월 21일

- 칸쿤합의의 2°C 목표를 인식하면서 세계 전체에서 2050년까지 배출량을 50% 감축하는 목표를 공유함.
- 이를 위해서 모든 주요국이 참가하는 공평하고 실효성 있는 국제적 체제를 구축한다. 새로운 하나의 포괄적인 법적 문서를 신속하게 채택하는 것이 일본이 바라는 최종 목표
- 이를 즉시 실현하는 것은 어려운 상황이지만 더반에서는 이 신기후체제를 향하여 전진해야 함. 장래의 포괄적 체제를 향한 길을 밝히고 필요한 작업에 착수할 필요가 있다.
- 구체적으로는 더반에서 이하의 합의를 하는 것을 각국에 제안한다.

  (칸쿤합의를 기초로 하는 것에 합의)

  녹색기후기금, 적응체제, 기술메커니즘 등의 제도설계와 투명성 확보를 위한 엄중한

MRV제도설계를 균형 있게 진행하고 이를 신기후체제의 기초로 할 것

(각국의 배출감축노력의 추진에 합의)
포괄적인 체제가 만들어질 때까지 모든 주요국이 목표・행동을 제시하고 착실하게 이를 이행할 것

(칸쿤합의의 국제적 MRV에 필요한 사항에 합의)
COP17에서 칸쿤합의상의 격년보고서에 대한 지침 등 국제적 MRV에 필요한 사항에 합의. 칸쿤합의에 기초한 완화목표・행동의 이행상황에 대해서 선진 각국 및 개도국들이 2013년에 최초의 격년보고서를 제출한다.

(룰베이스의 체제유지에 합의)
교토의정서의 일부 요소는 개선을 거쳐 이후로도 활용해야 함을 염두에 두고 LCA하에서 2013년 이후의 룰베이스를 만들기 위하여 조속한 결론을 내린다.

(검토 등을 반영하여 새로운 체제에 합의)
격년보고서 및 이를 반영한 국제적 절차(IAR/ICA)의 결과나 IPCC 제5차 평가보고서에 의한 과학적 지식, 교토의정서 1차 공약기간의 이행결과를 고려하여 칸쿤합의에 있는 2013・2015년 검토에서 포괄적인 체제의 필요성을 확인하고 체제구축을 위한 국제적 논의를 하여 합의를 얻는다.

(기술・시장・자금을 총동원할 필요성에 합의)
장기적인 시야에서 기술혁신, 저탄소기술의 이전・보급촉진, 새로운 시장메커니즘의 구축, 개도국 특히 취약국에 대하여 2013년 이후에도 끊임없는 지원을 할 것. 또한 아프리카, 소도서국 등의 취약국에 대한 지원을 가장 중시할 것

(2) 소도서국, 아프리카, EU에 대한 작업

기후변화교섭에는 여러 교섭그룹이 있으며 일본도 각종 국제회의 때마다 기회가 닿는 대로 수시로 협의를 추진하고 있었다. 여름 이후에는 소도서국, 아프리카, EU의 3개 그룹에 특히 중점을 두고 접촉을 강화하였다. 이들 국가는 교토의정서 '연장'문제에는 일본과 입장을 달리하지만 모든 주요국이 참가하는 포괄적인 새로운 체제를 구축하자는 점에서는 견해를 같이하고 있기 때문이다.

각국의 입장을 정리한 도표 3-3에서 보았을 때 중앙에서 위쪽에 위치하는 국가들이 협력하여 아래쪽에 위치한 미국이나 BASIC 등 신흥국을 위로 끌어 올리자는 계획이다. 신기후체제 구축으로의 전진이 이루어지는 더반 시나리오1이 바람직하지만 교토의정서 '연장'만이 결정되는 더반 시나리오2로 흘러갈 가능성도 상당하다고 생각되었다. BASIC 중에서는 의장국인 남아프리카와 브라질이 이 문제에 비교적 유연했기에 열쇠는 미국, 중국, 인도가 쥐고 있었다. 또한 시나리오1, 2 어느 쪽으로 가든지 일본은 교토 '연장' 반대 때문에 비교적으로 왼쪽에 위치하게 된다는 점에는 변함이 없다. EU의 입장에서는 교토의정서가 '연장'되고 신기후체제 구축도 진행되는 시나리오2가 최악의 시나리오이다. EU가 필사적으로 나올 것은 쉽게 예상할 수 있었다.

도표 3-3. 각국의 기후변화교섭의 입장과 교섭 시나리오(더반 시나리오)

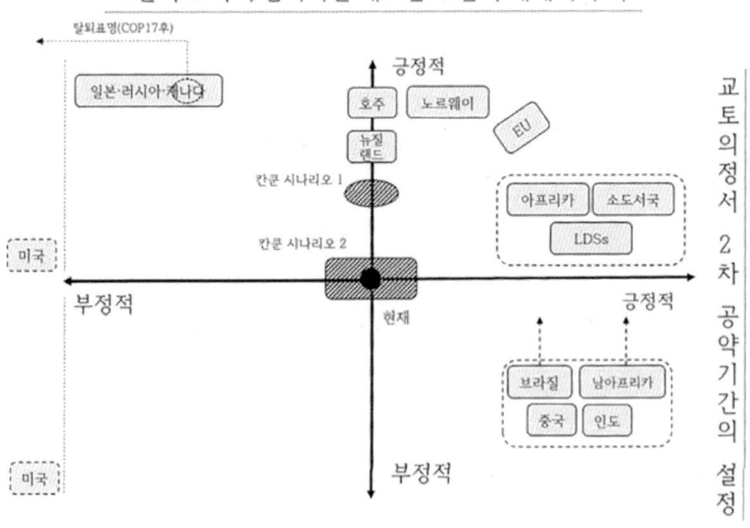

출처: 저자 작성.

(가) 소도서국

카리브, 남태평양, 남아시아, 아프리카 등에 산재하는 소도서국은 AOSIS(Alliance of Small Island States)라는 교섭그룹을 구성하여 UN 교섭에서의 발언력이 상당하다. 그러나 도쿄에 그 나라의 대사관이 없거나 현지에 일본 대사관이 없는 국가도 많아서 접점을 만들기가 쉽지 않았다. 이 때문에 하나의 시도로써 3월에 도쿄회의 참가를 위해 AOSIS 의장국인 그레나다의 외무장관이 일본을 방문했을 때, 도쿄에 있는 AOSIS 관계국의 대사관의 대사들을 초대하여 만찬을 가졌고 일본과 AOSIS와의 연대에 대한 의견교환을 하였다. 또한 COP에서는 AOSIS의 국가 대표로 뉴욕의 UN대표부 관계자가 참가하는 경우가 많다. 일본 관계자가 뉴욕에 출장을 갈 때에는 이들 국가의 UN상주대표부와 모임을 마련하였다. 나아가 영향력이 있는 몇 개 나라들에 대해서는 본국 차원에서의 접근도 시도했다. 8월에 호리에 마사히코(堀江正彦) 지구환경문제담당대사가 마셜제도 및 사모아를, 10월에는 야마다 심의관이 그레나다를 방문하고 그쪽 정부의 고위직에 일본의 입장을 설명하고 COP17을 향한 연대를 다졌다.

(나) 아프리카

아프리카도 존재감 있는 교섭그룹이다. 특히 그 해의 의장국이 남아프리카였으므로 COP17은 '아프리칸 COP'라고도 불릴 만큼 아프리카의 위치는 이전보다 더욱 중요했다. 도쿄에 있는 대사관, 현지의 일본 대사관, UN대표부 등 여러 가지 경로를 통해 수시로 접촉을 추진했다. 특히 9월에 말리에서 개최된 아프리카 환경장관회의에 호리에 대사가 출석하여 일본 정부의 기본적인 입장을 표명하는 연설을 하고 아프리카 각국의 환경부장관과 적극적인 협의를 한 것은 COP를 향한 중요한 포석이 되었다. 이 아프리카 환경부장관회의에 아프리카 이외의 국가가 참석한 것은 당초 예정상으로는 일본뿐이었으며(회의 직전에 EU 의장국인 폴란드에서 실무진이 참가), 아프리카를 중시하는 일본의 자세를 강하게 인상 지울 수 있었다. 또한 COP 1개월 전인 11월 초순에는 JICA의 연수프로그램을 활용하여 15개국 아프리카 기후변화담당실무자를 일본에 초대하여 '아프리카 기후변화 대책・지원에 관한 정책대담'을 개최하였다. 일본의 아프리카 지원방법에 대해서 설명하고 교섭전반에 대한 깊은 논의를 나누었고, 동시에 일본의 환경기술 관련 시설의 시찰을 계획하여 보다 현실적으로 일본과 아프리카 간의 환경협력의 가능성을 심어 주기 위하여 노력했다.

(다) EU

교토의정서 '연장'문제에 대해서 EU는 전년도의 COP16에서는 조건부 용인이라는 태도였지만 일본, 러시아, 캐나다의 입장을 바꾸지는 못했기에 EU와 노르웨이 등 극히 일부의 선진국들만이 교토의정서 '연장'을 받아들여야 하는 분위기였다. 이 때문에 EU는 초조함을 느꼈고 그들의 발언이나 관련 문서의 표현에서 빌리자면 전년도보다 '연장'을 용인하는 조건을 엄격히 해석하는 것처럼 느껴졌다.

또한 이 시기에는 EU배출권거래제도(EU-ETS)에 2012년부터 국제항공 분야를 포함하겠다는 EU의 방침이 주목을 받는 바람에 EU와 비EU 국가(미국, 중국, 인도, 러시아, 일본 등) 간에 마찰이 발생할 기미가 보이기 시작하였다.

이러한 중에 일본은 EU에 교토의정서의 문제나 국제항공문제로 입장 차이가 있기는 하지만 신기후체제에 대에서는 미국, 중국, 인도를 포함하려는 노력을 해 나가자는, 다음과 같은 균형 잡힌 메시지를 보내고 있었다.

✓ 교토의정서 '연장'문제는 일본 입장에서는 이미 COP16에서 끝난 이야기이며 EU가 어떻게 할지에 대해선 EU 스스로가 판단할 문제이다.
✓ EU-ETS에 국제항공을 포함하는 문제는 법적 관점 및 교섭에 미치는 영향이라는 측면에서 미국, 중국, 인도 등과 마찬가지로 일본도 문제시하고 있으며 다시 생각해 보아야 할 문제이다.
✓ 또한 일본과 EU가 공동으로 목표로 하고 있는, 모든 주요국이 들어가는 신기후체제 구축을 향해서 협력해 나가고 싶다

(3) 국내 절차

COP가 가까워지면서 교섭의 주요 논점에 대한 일본 대표단의 대응에 대해서는 전년도와 마찬가지로 정부부서 내에서의 조정을 거쳐 최종적으로 11월 29일 화요일 각료위원회에서 확인되었다.

전술한 바와 같이 기후변화 각료급 준비회의 등의 기회를 통해서 신기후체제나 교토의정서 '연장'문제에 대한 대응, 개도국 지원 등 주요 논점에 대해서는 관계부서 간의 의사소통이 충분히 이루어져 있었기에 새로이 조정을 필요로 하는 것은 특별히 없었다. 다만 주의를 기울인 것은 3/11 때문에 국내에서 진행되고 있었던 혁신적 에너지환경전략의 책정절차와의 관계였다. 이 국내절차는 2012년까지 이어지는 것이기에 COP17에서의 교섭결과가 이 국내절차의 결과를 예

단하지 않도록 못 박아 둘 필요가 있었다.

또한 각료위원회에서는 국제교섭을 지원하기 위해서 기술, 시장, 자본을 총동원하여 실질적인 온난화대책에 임하는 일본의 이니셔티브로서 '세계저탄소성장비전-일본의 제언'(영어 타이틀은 'Japan's Vision and Actions toward Low Carbon Growth and Climate Resilient World')이 양해, 공표되었다. 2012년까지의 개도국 지원 약속을 착실히 이행하고 있다는 것과 2013년 이후의 일본의 방침, 비전을 밝힌 것이다.

4. COP17

COP15, COP16과는 달리 COP17 때에 필자는 현지에 가지 않았다. 국내에 남아 현지로부터 보고나 내외신의 보도를 검색하면서 내

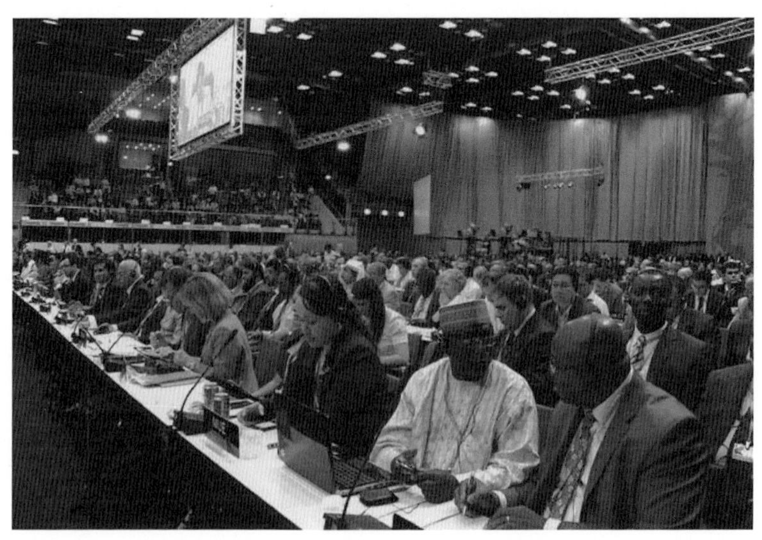

COP17 전체회의 (UN 홈페이지에서)

부적인 업무를 처리하고 있었다. 따라서 이제부터 서술할 내용은 교섭현장이 아니라 도쿄 쪽에서 바라본 현장의 양상이다.

(1) 첫째 주 (2011년 11월 28일~12월 3일)

첫째 주 초반에 예상외로 돋보인 것이 캐나다였다. 캐나다 국내 TV에서 캐나다 정부가 연내에 교토의정서에서 탈퇴할 방침이라고 보도하였으며 COP에 들어가기 전 켄트(Peter Kent) 환경장관도 이를 명시적으로 부정하지 않았다. 이 때문에 COP 현장에서 소동이 있었고 환경 NGO가 매일 발행하는 예의 '오늘의 화석상' 이벤트에서는 연일 캐나다가 수여자로 꼽히기에 이르렀다(참고로 COP17에서 일본도 '화석상'을 받았는데 첫째 주에는 조용했고, 둘째 주 목요일이 되어서야 러시아, 캐나다와 함께 1회 수여받았을 뿐이었다. 교토의정서 '연장'문제에 대한 입장은 처음부터 전혀 변함이 없었음에도 불구하고 말이다).

한편 EU는 코니 헤데고(Connie Hedegaard) 유럽위원이 현지에 도착하기 전에 브뤼셀에서 회견을 열고 일본, 러시아, 캐나다가 들어가지 않더라도 EU는 교토의정서 '연장'에 응하겠다는 의향을 비쳤다. 그리고 한 발짝 나아가 중국과 인도 등 신흥개도국이나 미국을 지명하면서 새로운 법적 체제 구축에 참여할 것을 강력하게 주장하였다. 이에 대하여 중국이나 인도는 'EU가 결승점을 바꾸려고 한다', '선진국과 개도국 부담을 맞바꾸려고 한다'며 반발하고 있었다.

가장 치열한 주제인 법적 체제에 대해서 관계 각료들이 현지에 들어서기도 전에 본국 차원에서 정보를 발신하는 것은 이례적이었다.

이번에는 캐나다가 악역을 맡고 유럽과 중국, 인도가 언론을 통해 이에 응수하였다. 이러한 상황은 회장의 교섭관계자나 언론, NGO에게도 고스란히 전달되었다. 교토의정서 문제에 대한 일본 대표단의 발언이 첫날부터 생각지도 못한 주목을 받아 예상보다 이른 시점부터 대응에 시달려야만 했던 COP16 때와는 크게 다른 부분이었고, 일본에 있어서는 비교적 조용한 첫 주였다.

이러한 중에 호리에 지구환경대사 이하 일본 대표단 선발대는 도쿄에서의 각료위원회에서 확인된 '세계저탄소성장비전'의 내용을 어필하면서 교토의정서 '연장'문제에 대해서는 종전의 입장을 유지하면서 신기후체제 구축에는 적극적인 태도로 교섭에 임했다. 일본이 신기후체제를 논의하기 위한 새로운 작업반 설치를 처음으로 주창한 것도 이즈음부터였다.

(2) 둘째 주 (2011년 12월 5~11일)

첫째 주 주말부터 각국의 각료급들이 하나둘씩 현지에 도착했다. 일본에서도 호소노 고시(細野豪志) 환경장관, 나카노 조(中野譲) 외무장관정무관, 키타가미 게이로(北神圭朗) 경제산업장관정무관, 나카노 히로코(仲野博子) 농수산장관정무관이 차례로 현지에 도착했다. 히라마츠 외무성 심의관은 한발 먼저 첫째 주 후반에 현지에 도착해 있었다.

중국이 첫째 주 주말부터 계속 언론발표를 하며 교섭을 위해 움직이기 시작했다. 셰전화(解振華) 수석대표와 쑤웨이(蘇偉) 차석대표가 차례로 '2020년 이후에는 중국도 법적 의무를 질 용의가 있다'는 뉘앙스를 언론에 흘리기 시작한 것이다. 중국의 이러한 발언에 EU는 반색을 하였고, 인도는 곤혹스러워했으며 일본과 미국은 회의적이었고, 언론들은 뛸 듯이 기뻐했다.

어찌 되었든 일본의 호소노 환경장관을 필두로 각국의 각료급이 현지에 도착한 뒤에도 최대의 초점은 역시 법적 체제를 둘러싼 문제(신기후체제검토를 위한 절차를 결정하는 것과 이와 관련한 교토의정서 '연장'문제의 처리)에 골몰해 있었고, 이는 첫째 주부터 마지막까지 변함이 없었다.

이러한 상황하에서 일본이 취할 수 있는 대응은 매우 명확했다. 즉, 지킬 것은 지키는(교토의정서 '연장' 반대를 확정) 태도를 견지하면서 가능한 한 공세를 취하는(신기후체제 구축을 위한 코스를 만드는) 것이다. 전자에 대해서는 일본의 입장이 COP16 이후로 교섭현장에서 기정사실로 받아들여지고 있었기에 이미 큰 문제가 되지는 않았다. 후자에 대해서는 일본이 다른 주요 플레이어(EU, 미국, 중국, 인도)들보다 자유로운 입장에 있었다. 일본이 각국의 입장을 고려하면서 신기후체제의 합의지점(landing zone)을 찾아 의장국인 남아프리카에 제시할 수 있는 입장에 선 것도 자연스러운 움직임이었다.

교섭현장에서는 '논 페이퍼(non-paper)'라는 각국 대표단의 솔직한 입장이나 아이디어를 적은 비공식적인 문서가 빈번하게 교환된다. 일본 대표단도 교섭타진을 위해 각종 아이디어를 기록하여 논 페이퍼를 작성하고 의장국인 남아프리카나 주요 각국에 적극적으로 전달하였다. 이 중 몇몇은 남아프리카가 의장제안으로서 제시한 문서에도 포함되었다.

신기후체제를 둘러싼 협의는 남아프리카의 마샤바네 외무장관이 주최한 인다바(INDABA)라고 불리는 회의에서 주야를 불문하고 지속적으로 개최되었다. 인다바란 현지의 줄루어로 중요한 것을 결정하는 회의를 말하는 것이다. 우리말로 풀어 보면 모두가 둘러앉아 무릎을 맞대고 이야기하는 회의라는 느낌이랄까. 현지 시간 9일 금요일 오전에는 현지의 호소노 환경장관이 노다 총리장관에게 교섭경과에 대한 전화보고를 하였다. 전날부터 본격화된 철야 인다바 회의가 끝난 직후였다. 의장국이 전면에 나섰다는 것은 교섭절차의 최종 단계에 이르렀음을 의미한다. 전년도의 COP16, 전전년도의 COP15에서의 경험에 비추어 보아도 현지 시간 10일 토요일 새벽에는 수렴될 것이라고 생각했었다.

하지만 마지막 날인 9일 금요일이 지나고 10일 토요일 오후가 되어서도 교섭은 수렴되지 못했다. (난항을 겪었던) 코펜하겐 COP15에서도 토요일 오전에는 모든 절차가 끝났었는데 그와 비교해 보아도 상당히 늦은 것이다. 예상외의 상황전개 때문에 끝을 보지 못하고 귀국해야만 하는 각국 교섭관계자들이 속출하였다. 일본의 호소노 환경장관도 본국에서의 공무를 수행하기 위해 히라마츠 심의관 이하 교섭진들에게 권한을 위임하고 현지를 떠났다. 결국 교섭은 11일 일요일 이른 아침까지 이어졌다. 약 30시간이나 연장된 것은 COP 역사상 최초였다. 필자는 도쿄의 빈자리를 메꾸기 위해서 토요일 오전에도 사무실에 출근했었는데 결국 그대로 하룻밤을 사무실에서 지새우는 꼴이 되고 말았다.

교섭의 최종 단계인 현지 시간 11일 일요일 새벽에는 COP전체회의에서 의장국인 남아프리카가 제시한 최종 가안을 두고 EU의 코니 헤데고(Connie Hedegaard) 의원과 인도의 나타라잔(Natarajan) 환경장관이 첨예하게 대립하였고 그 후에는 각국 참가자가 회의장 내에 둥그렇게 원을 이루어 드래프팅 작업을 진행했다. 이 모습은 인터넷 방송을 통해서 도쿄에서도 볼 수 있었다. 일본에서는 이미 어둠이 걷

히고 있는 시간. 직장에서 고스란히 하룻밤을 지새운 필자는 컴퓨터 화면으로 이 모습을 지켜보고 있었다.

EU와 인도를 중심으로 회의장 내에서 각국의 교섭담당자가 동그랗게 모여 앉은 마지막 장면은 국내외의 언론에서도 널리 보도되었다. 그중에는 이 장면을 두고 "교토의정서 '연장'에 반대한 일본은 교섭력을 잃었고 존재감마저 사라졌다"고 선전한 곳도 있었는데 필자는 전혀 다른 감회에 젖어 있었다. 다자외교의 최종 단계에서 의장텍스트에 이런저런 주문을 하는 나라는 교섭 자체를 망가뜨리려는 목적이든가 그때까지도 자국의 입장을 충분히 반영하지 못해 코너에 몰려 있든가 둘 중 하나이다. EU나 인도는 교섭을 망가뜨리려는 쪽은 아니었으므로 그때까지의 교섭과정에서 자국의 입장을 의장텍스트에 충분히 반영시킬 수 없었기 때문에 그 자리에서 불만을 토로하지 않을 수 없는 상황에 몰려 있었다. 공개석상에서 강한 발언을 하는 것은 언론을 이용한 자국 내 보도용 퍼포먼스라는 면도 있을 것이다. 이번 회의에서는 일본이 그러한 입장에 몰리지 않아서 다행이라고 말이다.

5. COP17의 결과 (더반합의)

(1) 성과의 개요

COP17의 주요한 성과문서(더반합의)는 다음의 4개이다(도표 3-4).

① 신기후체제 구축(모든 국가에 적용되는 법적 문서 작성)에 관한 COP결정

② 교토의정서의 '연장'(2차 공약기간 설정)을 위한 CMP결정

③ 녹색기후기금의 기본설계에 관한 COP결정

④ 기금 이외의 칸쿤합의 이행(완화, MRV, 기술메커니즘의 설치 등)에 관한 COP결정

이 중에서 ①, ②가 신기후체제와 교토의정서가 상호 연관된 형태로 논의되었다. 법적 체제에 관한 성과문서였으므로 언론의 관심도 가장 뜨거웠던 것이다.

한편 ③과 ④는 어느 것이나 칸쿤합의 이행에 관한 것이다. 전자는 이행위원회에서 작성된 녹색기후기금 기본설계 문서를 지지하기 위해 약간의 절차사항(잠정사무국의 설치 등)에 대해서 결정한 것이다. 후자에는 칸쿤합의에 기초하여 협약작업반(AWF-LCA)에서 작성된 문서를 기초로 선진국과 개도국의 MRV가이드라인, 기술메커니즘의

도표 3-4. 더반합의 개요

① 모든 나라에 적용되는 법적 문서 작성을 위한 길 마련
▶ 법적 문서를 작성하기 위한 새로운 절차인 '더반 플랫폼 특별작업반'을 설치. 의정서, 법적 문서 또는 법적 효력을 갖는 성과문서를 COP21에서 채택하고 2020년부터 발효시켜 이행해 나가기 위해서 이 작업반에서는 가능한 한 빨리, 늦어도 2015년 중에 작업을 마칠 것을 결정
② 교토의정서 2차 공약기간을 향한 합의
▶ 2차 공약기간의 설정을 향한 합의를 채택. 일본은 2차 공약기간에 참가하지 않을 것을 선언했고, 이러한 입장을 반영한 성과문서를 채택
③ 녹색기후기금
▶ 녹색기후기금의 기본설계에 합의
④ 칸쿤합의의 이행을 위한 일련의 결정
▶ 감축목표・행동추진을 위한 체제, MRV(측정・검증・보고)의 구조에 대한 가이드라인, 적응위원회의 활동내용, 역량강화 포럼을 여는 것 등을 시작으로 자본, 기술, 시장메커니즘 등의 개별논점에 대하여 합의

출처: 외무성 자료.

설치, 적응위원회의 설치 등이 포함되어 있었으며 4개의 성과문서 중에서 가장 분량이 많았다.

(2) 각국에 있어서의 의미

COP 전에 주요 각국이 상정하고 있었을 더반의 성과를 상기 4개의 성과문서와 관련지어 보면 다음과 같이 나타낼 수 있을 것이다.

- 미국: ③, ④만으로 충분하다. ③, ④의 조화가 중요할 뿐, ①에는 신중한 태도, ②에는 관심 없음.
- 개도국 전반: ③, ④는 당연한 것으로 이것만으로는 불충분하다. ②가 필수불가결함.
- 취약국: ③, ④, ②에 더하여 ①도 목표로 해야 함.
- 중국・인도: ③, ④, ②는 중요시하지만 ①에는 신중한 태도
- EU: ③, ④가 중요. ②에는 개방적이지만, 이를 위해서는 ①이 필수불가결함.
- 일본・러시아・캐나다: ③, ④가 중요. ①도 목표로 해야 함. ②에서 의무를 지는 것은 안 됨.

4개의 성과문서가 각기 미묘하게 입장이 상이한 각국의 균형을 맞추어 성립했음을 알 수 있다.

(3) 일본에 있어서의 의미

일본에 있어 COP17의 성과는 어떤 의미를 가지는가. 일본이 목표로 해 왔던 더반의 성과로서 그때까지 기회가 닿는 대로 주장해 왔던

점(칸쿤합의의 착실한 이행, 신기후체제의 구축을 향한 길 마련, 각국의 계속적인 배출감축 이행)을 이 4개의 문서에 끼워 맞춰 보면 결과적으로 거의 만점을 받았다는 것을 알 수 있다. 즉,

✓ 칸쿤합의의 착실한 이행은 ③내지는 ④에,

✓ 신기후체제 구축을 향하는 길은 ①에,

✓ 각국의 계속적인 배출감축 이행은 ① 및 ④에

각각 포함되어 있다.

또한 교토의정서의 '연장'에는 참여하지 않겠다는 전년도 이후의 일본의 일관된 입장도 ②에 적절한 형태로 반영되어 있다. 전체적으로 공격할 곳은 치고 들어가고 지킬 것은 확실히 지켰다는 평가를 내릴 수 있다.

COP17 종료 직후에도 노다 총리장관으로부터 다음과 같은 발언이 있었다.

> "COP17에서 채택된 일련의 결정을 환영한다. 이번 회의에서는 일본의 주장이 반영되어 모든 국가가 참여하는 새로운 법적 체제의 구축을 향하는 길이 명확히 제시되는 등으로 커다란 성과를 얻을 수 있었다.
>
> 교섭에 있어서 일본은 동일본대지진이라는 국난(國難)에도 불구하고 기후변화문제에 임하는 태도에는 변함이 없다는 것을 밝혔고 새로운 체제구축을 위한 작업반 설치를 제안하는 등으로 논의에 적극적으로 공헌했음과 동시에 일본의 독자적인 이니셔티브로서 '세계저탄소성장비전' 등에 대한 구체적인 제안을 하였다.
>
> 이후로도 지구온난화 문제 해결을 위해서 최대한의 노력을 해나가고 싶다."

더반합의 성립으로 참가자들의 박수를 받는 의장 마사바네 남아프리카 외무장관(중앙)(Countesy of IISD / Earth Negotiations Bulletin)

6. 소감

COP16이 끝난 뒤 필자는 일본이 교토의정서 '연장' 반대라는 입장을 관철하여 기후변화교섭에 있어서의 '203고지'를 확보했으며 COP17이 과연 '동해 해전'에까지 이르게 될는지는 모르지만 COP16에서 구축한 교두보를 유지하면서 여러 가지 작업을 해 나가야 한다고 생각했다.

실제로 전술한 바와 같이 여러 가지 작업을 해 왔다. 이는 3/11 이후로 국내대책이 답보를 거듭하고 있는 중에서도 국제교섭에서 공격 태세를 유지하기 위해서 필요한 것이었다. '연합함대'의 엔진이 고장나도 '무기 없는 전쟁'은 우리들이 전열을 가다듬을 때까지 기다려 주지 않기 때문이다.

하지만 COP17이 시작된 이후에도 '발틱함대'는 결국 오지 않았다. 교토의정서 '연장'문제로 일본이 표적이 되는 일은 없었다. 도리어 신기후체제 구축을 둘러싸고 신흥국을 중심으로 각국 간에 있었던 첨예한 대립이 국제적인 주목을 받게 되었다. 코펜하겐 COP15 때처럼 국제교섭의 초점이 교토의정서에서 신기후체제 쪽으로 또다시 옮겨간 것이다.

사실 이러한 흐름은 일본이 의도했던 바이다. 일본이 일관하여 주장해 온 것처럼 모든 주요국가가 참여하는 공평하고 실효적인 국제체제 구축을 향한 발판(더반 플랫폼)이 만들어졌다. 그리고 일본은 교토의정서 '연장'에 참여하지 않겠다는 입장을 최소한의 외교적 비용으로 확보했다. 개도국지원이나 MRV(측정, 보고, 검증) 등 칸쿤합의의 착실한 이행에 대해서도 진전이 있었다. 3/11 후쿠시마 원전사고 후 에너지정책과 표리일체를 이루는 지구온난화대책이 답보를 거듭하고 있어 일본으로서는 적극적인 공세를 취할 수 없었던 가운데, 바랄 수 있는 최대한의 성과를 얻었다고 할 수 있다.

그렇지만 이러한 흐름에 맥이 풀리는 듯한 느낌이 전혀 없지는 않다. COP16까지의 노력 그리고 2011년 내내 진행해 온 여러 가지 시도들이 결실을 맺었다는 것은 두말하면 잔소리지만 일본 이외의 요인에 의한 것도 많았고 운이 좋았던 것도 있었기 때문이다.

어느 쪽이든 간에 성공의 단꿈에 취해 있을 여유는 없었다. 다음 포석을 끊임없이 마련해 나갈 필요가 있었다. 종래의 발상에 안도해서는 안 되는 것이다. '승리했을 때에 자기를 통제하는 사람이 두 번 승리하는 것'이다.

앞으로 국제교섭은 어떻게 흘러갈 것인가. 검토가 필요하다고 생각되는 주요 논점에 대하여 제6장 이후에서 살펴보도록 하겠다.

보론: 도하 COP18에 대한 소고

2012년 12월 9일, 카타르의 도하에서 COP18이 치러졌다.

전년도에 있었던 남아프리카 더반에서의 COP17 때와 마찬가지로 30시간의 교섭연장 끝에 일단 합의문서 '도하 기후게이트웨이(Doha Climate Gateway)'가 정리되었다. COP17에서 다루어진 것이 '더반 플랫폼(Durban Platform)'이었으므로 1년에 걸쳐 '플랫폼'이 '게이트웨이'로 바뀐 것이다. 말의 뉘앙스로만 보자면 오십보백보인 듯한, 지지부진할 뿐 여간해서는 진전이 없는 교섭이라는 감이 없지는 않다. 하지만 주요 각국이 정치적 교체기에 있었으며 교섭 전체의 모멘텀이 결코 높지 않았던 중에 현실적으로 가능한 최대의 성과가 얻어진 것이라 생각된다. 일본에서는 중의원 해산・총선거라는 국내의 정치적 상황과 COP 기간이 겹치는 등 국제교섭에 임하는 입장에서는 그 이상 어려울 수 없는 상황이었는데, 일본이 지금까지 목표로 해 왔던 거의 모든 목표를 달성할 수 있었다고도 할 수 있을 것이다.

필자 자신은 이미 기후변화교섭에서 나와 있는 상태여서 도하 COP18의 현장에는 가지 않았기에 현장에서의 자세한 흐름은 모른다. 다음의 몇 가지 의견들은 기후변화교섭을 준비하고 있었던 2012년 여름까지의 경험과 COP18의 성과문서, 관련 보도, 일본대표단 관계자와의 교신 등을 통해서 받은 인상이다.

- 총론

한마디로 말해 예상할 수 있었던 범위 내에서, 일본이 받아들일 수

있는 범위 내로 수렴되었다고 할 수 있다. 즉,

1) 신기후체제를 위한 시간표를 되도록 구체화한다.
2) 교토의정서 '연장'문제를 일본의 입장을 확정하는 형태로 처리한다.
3) 개도국지원을 계속하겠다는 태도를 보여준다.
4) 일본이 제안하는 양자 간 오프셋 크레디트제도에 대한 국제적 이해와 지지를 넓힌다.

라는, 일본이 지금까지 목표로 해 온 것들 모두를 대략 달성했다고 볼 수 있다. 외교교섭인 이상 100점 만점이라는 것은 있을 수 없으므로 이들 목표에 대해서도 더 좋은 결과를 낼 수 없었던 것은 아니다. 하지만 2013년 이후의 일본의 발판을 확보하고 다음으로 연결 지을 수 있는 모양새를 만들어 낼 수 있었던 것이 아닐까 하고 생각한다.

최근 수년간의 기후변화교섭을 골프에 비유하자면 도중 몇 번인가 러프에 붙잡혀 무너질 것 같은 속에서도 가까스로 페어웨이를 걸었고, 견실하게 파(par)를 지켜 왔다고나 할까. 정말 중요한 것은 드라이버샷의 거리감이 아니라 바람이나 코스를 읽어 임기응변에 대처하면서 라운드 전체를 조망하여 스코어를 지켜 낸 것이라고 할 수 있다.

- 신기후체제를 향한 시간표

신기후체제의 검토를 위해서 COP17 결정으로 설치된 더반 플랫폼 특별작업반(ADP: Ad-hoc Working Group on the Durban Platform for Enhanced Action)에서 2013년 이후의 일정표가 다음과 같이 결정되었다.

1) 2013년에는 ADP를 2회 개최하며 4월과 9월에 추가회의의 가능성을 검토할 것.
2) 2014년, 2015년에도 적어도 2회의 회의를 개최할 것.
3) 2015년 5월까지 교섭 텍스트를 준비하기 위해 2014년 말의 COP20을 위한 문언검토를 계속할 것.

신기후체제의 내용에 대한 것보다는 회의 방법 자체가 결정의 중심이 된 감이 있다. 주요국들이 정치적 교체기간에 있었기에 2015년까지 결정해야 할 내용을 지금 당장 포함시키는 것은 어려울 것이라는 것은 당초부터 예상할 수 있었다. 신기후체제와 이번에 '연장'된 교토의정서는 2020년까지 병존하게 된다. 따라서 지금까지 교토의정서 '연장'을 지렛대 삼아 신기후체제의 내용 굳히기를 시도했던 EU 등의 전술도 완전히 실패했다고는 할 수 없는 상태였다. 이제 지렛대가 없어졌으니 2015년까지의 교섭의 모멘텀을 어떻게 살려 나가느냐는 것이 이후의 과제였다.

오바마 정권 2기를 맞이하는 미국과 2015년의 COP21에서 의장국을 맡은 유럽의 동향이 열쇠가 될 것이다.

오바마 대통령은 2기에 들어 첫 일반교두연설에서 기후변화문제에 돌입할 의욕을 재차 밝혔다. 새로이 국무장관에 지명된 케리는 COP15에도 참가하였고, 상원에서 국내배출권거래법안을 추진하는 등 기후변화 분야에 오랜 기간 적극적으로 참여해 왔다. 그리고 2014년의 중간선거도 미국의 교섭태도에 영향을 줄 것이다.[3] 오바마 정

3) 2014년 11월 치러진 중간선거에서 공화당이 민주당을 누르고 상하 양원을 장악하여 '여소야대' 정국이 조성되었다. 선거 이전에 상원 의회는 전체 100석 중 민주당이 55석, 공화당이 45석을 차지하고 있었으나 공화당의 압승으로 민주당은 45석을 얻는 데 그쳤기 때문이다. 이 때문에 오바마 대통령이 추진하던 '기후변화법안' 등의 관련 정책도 난관에 봉착하게 된다.

권이 기후변화교섭에서 어떠한 흔적을 남길 수 있을지에 주목을 해야 할 것이다.

또한 코펜하겐 COP15 이후 6년 만에 다시 의장직에 앉게 된 유럽으로서는 그 입지를 최대한 살려 신기후체제 합의에 못을 박으려고 할 것이라 생각된다. 지금까지는 프랑스가 COP21 의장국을 신청한 것 같다. 또한 2015년 G8 정상회의의 의장국은 독일이다. 2015년의 기후변화교섭에서는 유럽이 프・독을 앞세워 공세를 취할 것이다.

- 교토의정서 '연장'의 문제

COP18(엄밀히는 CMP8)에서 교토의정서 2차 공약기간을 설정하는 의정서 개정안이 마침내 채택되었다. 2005년에 의정서가 발효된 이래 7년이 넘도록 미뤄 온 안건이었다. COP17까지의 교섭에서 일본, 러시아, 캐나다의 불참은 확정되었고 예상했던 대로 이것이 새삼스레 주목을 받을 일은 없었다. 지금까지 태도가 모호했던 호주와 뉴질랜드의 대응이 나뉘게 되었는데, 호주는 1990년 대비 −0.5%라고 하는, 야심 차다고는 하기 힘든 수치목표였지만 2차 공약기간에 참가하기로 했다. 한편 뉴질랜드는 참가하지 않는 쪽으로 돌아섰다. 이 때문에 COP18에서 환경NGO들은 뉴질랜드와 캐나다에 '초(超)화석상(colossal fossil)'을 수여했다.

2차 공약기간은 2020년까지 8년간이며, 2014년까지는 각국이 보다 야심 찬 목표를 설정하도록 검토하는 기회를 주었다. 8년을 주장하던 EU와 현재의 보잘것없는 수치목표를 장기간 고착화하지 않으려 5년을 주장하고 있었던 소도서국(AOSIS) 등의 타협의 산물이다.

일본과 관련해서는 2차 공약기간 참가와 CDM에 대한 접근 부분이 주요 쟁점이 되었다. 결국 2차 공약기간에 참가하지 않는 나라도 CDM프로젝트에 참가하여 크레디트를 원시 취득하는 것(크레디트 발행 후에 자국의 등록부에 전송하는 것)이 가능하다는 것이 확인되었다. 다만 2차 공약기간에 참가하지 않는 나라는 CDM크레디트를 이전하거나 획득하는 것(원시취득이 아니라 배출권거래를 통해서 취득하는 것)은 인정받지 못하게 되었다. 원래 CDM크레디트 취득에는 '국부유출'이라는 비난이 계속 있어 왔으므로 참가 프로젝트에서 얻어진 것 이외에는 크레디트 취득이 제한되는 것이 일본에 있어 반드시 나쁜 것만은 아니다. 그러나 일본에서 한몫 잡으려고 했던 각국 CDM 관계자들에게는 뼈아픈 이야기였을 것이다. EU도 지금까지 CDM 대상국·분야를 모색하기 위해서 발 빠르게 움직여 왔다. 좋고 나쁘고를 떠나서 이번 결정은 제도로서의 CDM의 축소경향을 보다 더 촉진하게 될 것이며 결과적으로 일본이 제안했던 양자 간 오프셋 크레디트제도와 같은 보다 분권적인 거버넌스 시장메커니즘을 촉진할 가능성도 있다.

이상과 같이 신기후체제를 향한 ADP 절차가 본궤도에 오르고 교토의정서 '연장'문제도 결론이 난 상황에서 지금까지 2 track으로 UN 교섭을 담당해 온 두 개의 작업반(AWG-LCA 및 AWG-KP)은 종료되었다. 비대해지기 쉬운 UN조직에서 이러한 교섭절차의 합리화를 이뤄 낸 것은 하나의 성과라고 볼 수 있을 것이다.

- 개도국지원

COP15의 코펜하겐합의에서 규정한 단기재원(2010~12년까지 선진국이 300억 달러 출자)이 2012년으로 종료되므로 2013 이후 2020년[장기자금 1,000억 달러(민관합동)의 목표연도]까지의 지원을 어느 정도 구체화할 수 있을 것인지가 초점이 되었다.

개도국이 많은 관심을 갖는 주제이기도 하고 필자가 교섭에 참가하고 있었던 2012년 여름에는 실무급 회의에서도 상당한 시간이 할애되었는데 COP에서도 마찬가지였던 모양이다. 결국 여러 가지 요소(장기자금 이행계획 연장이나 고위급 회담개최, 녹색기후기금 유치국가 승인 등)가 성과문서에 포함되긴 했지만 신규자금의 약속을 명기하는 것은 회피하였다. 선진국의 경제・재정상황이나 교섭전반의 진전 상황에 비추어 보면 신규약속을 할 수 있는 상황이 아니었으므로 이 또한 예상대로의 결론이다.

일본은 2013년까지의 단기재원의 실적을 보여 주면서 리우+20에서 발표한 녹색미래이니셔티브 등 2013년 이후의 끊임없는 지원에 대해서도 구체적인 형태로 제시를 해 나갔다. 개도국지원은 교섭 전체로 보면 일부분에 불과하지만 해야 할 것은 하고 있다는 자세를 보여 주는 것은 개도국과의 실리적인 관계는 물론이고 일본이 주장하는 바의 일관성, 신뢰성이라는 점에서 교섭 자체에도 힘을 실어 주었다고 생각된다.

또한 녹색기후기금의 유치국가에 대해서, 유럽 등의 복수의 후보국 중에서 한국으로 결정된 것은 개도국지원에 대한 새로운 경향으로서 주목해야 할 점이다. 한국은 기후변화교섭에서는 여전히 개도국으로 분류되지만 OECD·DAC의 회원국이며, 신흥기여자로서의 모습도 함께 가지고 있다. 글로벌한 자금 관련 국제기관이 유럽이나 미국이 아니라 수요가 가장 많을 것으로 보이는 아시아에 설치된다는 점에 의의가 있다. 일본의 민관도 새로운 흐름에 어떻게 참여할 것인가에 대해서 많은 연구가 필요할 것이다.

- 양자 간 오프셋 크레디트제도

COP18에서 있었던 몽골 및 방글라데시와의 각료급 양자회담에서 2013년의 가능한 한 빠른 시기에 지금까지의 실무 차원에서만 협의를 해 왔던 양자 간 오프셋 크레디트제도를 개시하도록 협의하였다. 또한 UN교섭과 관련하여 크레디트의 국제이동에 관한 이중계상(double-count) 방지수단이나 보고양식에 대해서 보다 깊은 검토를 하게 되었다.

지금까지의 '양자 간 제도를 할 것인가, 말 것인가'라는 가부논의에서 기술적 검토의 단계로 한 발짝 전진한 것으로 평가할 수 있다. 2013년 이후로도 가능한 한 많은 나라와 구체적인 협력을 해 나가면서 UN에서의 룰메이킹에도 참여해 나가는 것이 중요하다.

COP18의 결과를 반영하여 기후변화교섭에 대한 각국의 입장을 정리하면 도표 3-5와 같이 될 것이다.

✓ 교토의정서 2차 공약기간을 둘러싸고 선진국의 입장은 미국·캐나다(교토의정서 탈퇴), 일본·러시아·뉴질랜드(교토의정서 내에 있으나 2차 공약기간에는 불참), EU·호주·노르웨이 등(교토의정서 2차 공약기간에 참가)으로 나뉘었다. 한편 교토의

정서 2차 공약기간 설정이 이번에 정식으로 결정되었는데 이에 대한 각국의 입장 차이를 보여 주는 가로 좌표는 의미를 잃게 되었다.

도표 3-5. 각국의 기후변화교섭의 태도 (COP 이후)

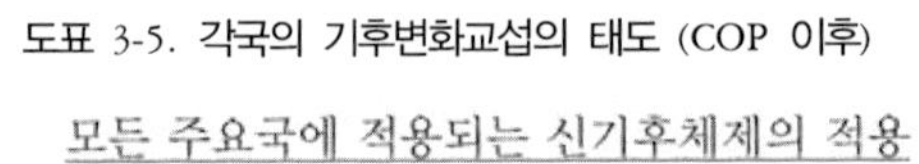

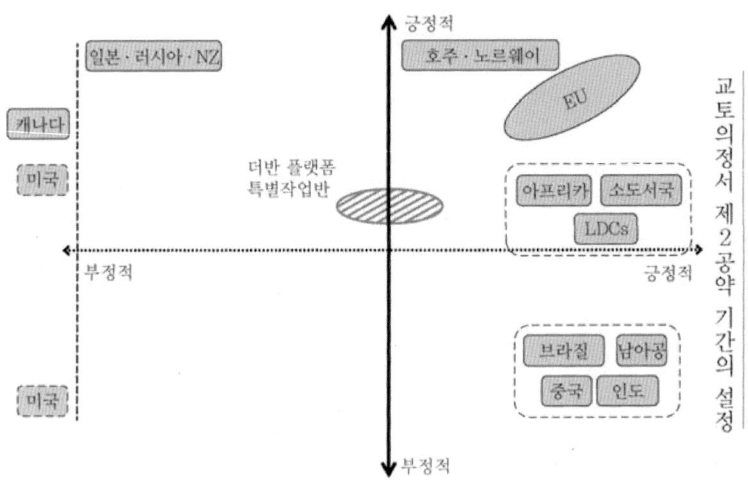

2013년 이후는 모든 국가가 포함되는 신기후체제의 구축이라는 세로 좌표에 대한 교섭이 중심이 된다. 열쇠가 되는 것은 미국과 중국·인도를 필두로 하는 신흥개도국이며 이들 국가를 위쪽으로 끌어 올릴 수 있을 것인가가 신기후체제 구축의 성패를 좌우하게 될 것이다.

여기서 주의해야 할 것은 교토의정서 '연장'문제를 대체하는 새로운 축이 만들어지고 신기후체제 교섭 시에 또다시 '선진국 대 개도국'이라는 양자대립의 도식에 빠지지 않도록 하는 것이다. 이와 관련하여 COP18에서 채택된 신기후체제 구축 시간표에 관한 성과문서에서 이후의 검토 시에 고려해야 할 하나의 요소로서 '협약의 제 원칙의 적용(application of the principle of the Convention)'을 들고 있다는 점에 특히 주의해야 할 것이다.

여기서 말하는 '협약의 제 원칙'이란 제1장에서 말한 '공동의 그러나 차별화된 책임(common but differentiated responsibilities)'이나 '형평성(equity)' 등의 기후변화협약에 명기되어 있는 원칙을 말하는 것으로 해석된다. 이 '협약의 제 원칙'을 두고 신흥국의 대두 등 과거 20년의 국제사회의 변화에 맞추어 다가올 장래를 예측하는 형태로 적용할 것인지, 아니면 1990년대 초기 국제사회의 모습 그대로 선진국과 개도국을 양분하는 구조로 적용할 것인지(후자라면 교토의정서를 그대로 답습할 우려가 있다)가 이후의 신기후체제 교섭에서의 주목할 점이라고 할 수 있을 것이다.

<칼럼 3> 각국 기후변화교섭관의 이모저모

기후변화교섭에는 각국 대표단에서 다양한 참가자들이 모여든다. 제4장에서 각국 대표단의 주요 인물들을 소개했는데, 여기에서는 필자가 특히 개인적으로 인상 깊게 보았던 3명의 교섭관을 소개하고자 한다.

● 알폰소 디알바 특사 (멕시코)

제2장에서 말한 바와 같이 COP16의 의장국이었던 멕시코의 수석교섭관이다. 칸쿤합의의 제1공로자라고 할 수 있을 것이다.

겉모습은 잡지 『레옹』에 나올 법한 데킬라가 어울리는 라틴계 인물이다. 그래서인지는 몰라도 이 사람은 여하튼 꼼꼼했다. 전년도의 COP15에서 의장국 덴마크가 비밀주의라고 비판을 받았던 것을 타산지석 삼아 'inclusiveness'와 'transparency'를 명제로 두고 여러 나라, 교섭그룹과의 진지한 대화를 해 나갔고 COP16의 최종 단계까지 윤활유로서의 역할에 충실했다.

알폰소 디알바 특사(멕시코)
(Countesy of IISD / Earth Negotiations Bulletin)

필자 스스로도 2010년 1월에 도쿄에서 처음 만난 이후 COP16에 이르기까지 멕시코시티, 워싱턴, 로마, 본, 뉴욕 등 여러 기후변화국제회의장에서 이 사람과 얼굴을 맞대고 이야기할 수밖에 없었다. 아마도 모든 주요 국가의 교섭그룹과도 같은 대화를 나누었을 것이다.

COP16 최종 단계, 이틀 반을 남기고 마침내 멕시코가 의장국으로서 움직이기 시작했고 마지막 날의 저녁 무렵에 의장국제안이 제출되었을 때 볼리비아 이외의 모든 나라가 기립박수로 이를 받아들인 것도 그때까지의 이 사람이 해 왔던 끈질긴 대화의 산물이라고 생각된다.

경력상으로는 환경・기후변화가 전문가가 아니다. UN에서의 외교경험이 길었던 외교관이다. 그만큼 기후변화교섭에서는 교섭내용 이상으로 절차가 중요하다고 생각했던 것이리라. 현재는 멕시코의 UN상주대표이다.

● 안드레 칼바르호 외무부 환경정책・개발과장 (브라질)

상사인 안드레 국장과 이름이 똑같기 때문에 구별을 위해서 일본 대표단 사이에서는 '작은 안드레'라고 불리곤 했었다. 보통은 미소를 거두지 않는 온화한 사람이지만, 교섭단계에 들어서면 사람이 확 바뀐다.

안드레 칼바르호 외무부환경정책・개발과장(브라질)
(Countesy of IISD / Earth Negotiations Bulletin)

우리식으로 말하자면 '공무원의 귀감' 같은 사람이다. 문서의 문언교섭 시에는 일점일획까지도 꼼꼼하게 체크하여 논리정연하고 유창한 영어로 주장을 펼친다. 다른 많은 교섭관들처럼 감정적인 어조로 인상적인 키워드를 나열하는 것뿐이라면 적당히 쉬어가며 들어도 괜찮지만, 이렇게 논리로 무장하고 나오는 사람은 적으로 돌리기가 두려워진다.

그의 발언이 필자의 주의를 끌게 된 것은 UN회의석상이 아니라 2010년 8월의 본 UN작업반 모임기간을 틈타 일본과 파푸아뉴기니가 공동주최한 산림보전 관련 회의에서였다. 논의 중이었던 문서는 자발적인 국제협력에 대한 이후 2~3년의 작업계획이며, UN교섭이 아니었을 뿐 아니라 이른바 법적 문서도 아니었다. 문언교섭이라고는 해도 어느 정도 눈치껏 조정하면 될 것이라고 생각했었는데 여러 가지 사정으로 의견이 분열되었고 연일 한밤중까지 협의를 해야 하는 상황이 되고 말았다. 많은 참가자들이 감성적인 발언을 했었는데, 논리정연함이 단연 돋보였던 것이 바로 이 '작은 안드레' 씨였다.

이후 다른 UN회의에 출석했던 동료들로부터도 논리로 무장한 그의 발언들은 일품이었다는 소식을 전해 들었다. 브라질의 매우 우수한 외교관이다.

● 페데리카 비에타 교섭관 [파푸아뉴기니(이탈리아)]

기후변화교섭이 낳은 인물이라고 할 수도 있을 것 같다. 파푸아뉴기니(PNG) 정부대표단에 몸담고 있었던 수수한 외모의 이탈리아 여성이다. 2010년 5월 산림보전을 위한 국제협력체제로서 REDD+파트너십이 만들어졌을 때 일본과 PNG가 공동의장이 되었다. 당시

PNG 측의 중심인물이 바로 그녀였다.

다른 분야에서도 마찬가지지만 산림보전 분야에서도 개도국을 동일하게 취급할 수는 없었다. 인도네시아나 브라질 등 거버넌스가 비교적 확실하게 갖춰져 있어 국제지원을 많이 받을 수 있을 것 같은 나라들과 거버넌스가 불충분하여 지원을 얻기 힘은 나라들로 입장이 나뉘는 것이다. PNG는 후자에 속했다. 그녀가 PNG의 대표로서 REDD+파트너십의 공동의장을 맡고 있었을 때에는 의사진행방식이 상당히 강제적이어서 유럽・미국 선진국들뿐만 아니라 브라질 등의 신흥국들과도 마찰을 빚게 되었다. 함께 공동의장을 맡고 있었던 일본도 비난의 화살을 피할 수 없었기에 필자가 그녀와 심도 있는 대화를 할 필요성을 느꼈던 것이다.

페데리카 비에타
교섭관[파푸아뉴기니(이탈리아)]
(Countesy of IISD / Earth Negotiations Bulletin)

그녀의 경력은 흥미롭다. 본인에 따르자면 북이탈리아 출신으로 대학 졸업 후에 미국의 콜롬비아 대학원으로 유학하여 뉴욕의 투자은행에서 수년간 근무한 뒤 열대우림보전활동을 하는 NGO(Coalition for Reafforest Nations)에 참가하였는데 그 인연으로 PNG로 소속을 옮겼지만 보통 때는 뉴욕에 거점을 두고 NGO활동을 계속하고 있으며, UN회의 때에는 PNG의 정부대표단 멤버로서 교섭에 참가하고 있다.

전형적인 '외국인 용병교섭관'이라고 말해 버릴 수도 있겠지만 뉴욕에서 일반적인 비즈니스 세계에 머무를 수도 있었는데 일부러 열대우림보전활동에 몸을 던졌다는 것이 흥미를 끌었다. 또한 그녀와 그 동료들이 치러 낸 2010년 9월의 뉴욕에서의 소마레 PNG수상 주최 열대우림보전이벤트에는 레오나르도 디카프리오를 시작으로 각국의 각계각층의 저명한 인물들이 참가하여 깊은 인상을 남겼다. 다양한 국적의 사람들이 개발, 환경, 금융 등 분야를 넘어 서로 연결되는 뉴욕이기에 가능한 것이었겠지만 그녀는 그중에서도 전형적인 인물인 것이다. 어느 쪽이든 인상에 남는 교섭관 중의 하나였음에는 틀림이 없다.

이상 소개했던 3명은 모두 미국・유럽이나 동아시아와 비교하면 일본의 언론에서는 크게 다루어지지 않는 지역 출신이다. 그러나 당연한 말이지만 일본에 보도되지 않는 지역이라고 해서 세계적으로도 존재감이 없는 것은 아니다. 나라의 크고 작음을 불문하고 정말 우수한 사람들이 세계를 무대로 활동하고 있다. 이는 환경・기후변화에 국한하는 것이 아니라 다른 분야에서도 마찬가지일 것이다.

세계화가 진행되고 있는 이 지구에서는 일본은 미국이나 유럽, 중국, 인도는 물론이고 세계적인 국가들과 어깨를 나란히 해야 한다. 정부뿐만 아니라 기업, 언론, NGO도 마찬가지이다. 그곳에서는 국력뿐만 아니라 인재를 키우는 능력도 시험대에 오르게 된다. 이는 외교 당국은 물론, 일본 전체의 과제라고 할 수 있을 것이다.

제4장

기후변화교섭의 뒷모습

들어가며

지금까지 시간 순으로 기후변화교섭의 흐름과 일본의 대응에 대해서 알아보았다. 이번 장에서는 기후변화교섭의 현장을 다른 관점에서 소개해 보고자 한다. UN의 기후변화교섭은 여간해서는 외부에서 파악하기가 쉽지 않다.

우선, COP(콥)이라는 말의 어감 자체가 익숙하지 않다.

COP이란 'Conference of the Parties(당사국총회)'의 약칭이며 기후변화와 생물다양성 등의 환경 관련 협약의 전 당사국대표가 참가하는 의사결정을 위한 회의를 말한다. UN기후변화협약의 COP는 1995년에 제1회가 개최된 이래 해마다 개최되고 있다. 세계 각 지역에서 돌아가며 개최한다. 일본에 가장 많이 알려진 것은 교토의정서가 채택된 1997년의 COP3일 것이다(참고로 나고야의정서가 채택된 2010년의 COP10은 생물다양성협약의 당사국총회이다).

매년 11월 말이 되면 이 COP에 수많은 사람들이 모이고 약 2주간에 걸쳐 각종 회의・이벤트가 열린다. 최종 단계에서는 각료급(코펜하겐 COP15에서는 정상급까지도)도 참여하여 성과문서의 표현을 두고 철야교섭을 벌인다. 피로에 찌들어 회의장 내의 책상에 엎드리고 있는 각국 대표의 모습이나 마지막 순간에 성과문서가 채택되어 모두가 끌어안고 기뻐하는 광경을 방송으로 접한 분들도 많을 것이다.

그러나 이 광경은 기후변화교섭의 빙산의 일각에 불과하다. 여기에 이르기 위한 1년에 걸친 기나긴 교섭절차가 있기 때문이다. 각국은 매년 COP가 끝나면 저마다 여러 정보를 수집하고 분석하면서 다음 COP를 향한 교섭전략을 세운다. 정식 COP까지 얼마나 많은 작업을 해 둘 수 있는가가 관건이기 때문이다. 한편 아무리 공들여 사전준비를 하여도 COP에서는 갖가지 예기치 못한 일들이 발생하기 쉬워 임기응변식 대응도 빼놓을 수 없다. 특히 마지막 수일 간은 방송을 통해서 접할 수 있는 일견 화려해 보이는 국제회의나 각종 이벤트 무대 뒤에서 각국 교섭단의 진검승부가 최종 단계까지 끊임없이 펼쳐지게 된다.

분위기가 삼엄한 진검승부일수록 카메라가 비추지 못하는 곳에서 이루어진다. 마지막으로 의장이 성과문서 채택을 선언하고 의사봉을 두들기기까지 마음을 놓을 수 없는 것이다.

기후변화교섭에는 실로 여러 관계자가 참여한다. 정부대표단, 각종 회의관계자, 연구기관, NGO, 민간 부문, 언론관계자 등 그 총수는 수만 명에 이르기도 한다. 핵심적인 역할을 하는 것이 각국 정부대표단인데, 각국의 성향을 볼 수 있어 매우 흥미롭다. '무기 없는 전쟁'인 만큼 각국에서 역전의 용사들을 파견하기 때문이다. 그중에는 '용병'으로서 각국 대표단을 오가는 대단한 사람들도 있다.

이전에 일본의 인기영화에서 '사건은 회의실에서 일어나는 것이 아니라 현장에서 발생하는 거야!'라는 명대사가 있었다. UN교섭에서는 '회의실'이 곧 '현장'이며, 그곳에서 여러 가지 사건도 일어나고 드라마도 생겨난다. 본고에서 조금이라도 교섭현장의 분위기를 전달할 수 있기를 바란다.

1. 기후변화교섭 1년의 흐름

기후변화교섭은 매년 11월 말부터 2주에 걸쳐 개최되는 당사국총회(COP)를 중심으로 진행된다. 연간 대략의 흐름은 다음과 같다. 우선은 COP부터 시작해 보도록 하겠다.

(1) COP 첫째 주 (11월 말~12월 1주)

COP는 통상 11월 마지막 주 월요일에 시작된다. 주말 동안 각국 대표단이 현지에 도착하여 선진국, 개도국들이 저마다 교섭그룹 간에 회의를 하고 월요일부터는 UN공식회의에 임하는 것이 통례이다.

첫째 주는 실무 차원의 회의이기에 6월의 본 중간회의(후술) 등 그때까지의 작업반회의와 크게 다를 바 없이 진행되며 보통은 담담하게 진행된다. 그러나 간혹 깜짝쇼가 벌어지기도 한다.

COP15의 깜짝쇼는 제1장에서 말한 것과 같이 영국의 가디언지에 덴마크의 의장국제안이라는 것이 게재된 것이다. 이 보도 때문에 의장국인 덴마크가 소수국 간의 비밀회의로 성과문서를 만들려고 했다며 개도국들이 크게 반발했고 며칠간 회의가 얼어붙기도 했었다.

COP16의 깜짝쇼는 제2장에서 소개했던 것처럼 첫날 교토의정서 '연장'문제에 대한 일본 대표단의 발언이었다. '어떠한 상황에서도 2차 공약기간의 수치목표를 기재할 수 없다'는 일본의 발언은 기본적으로 종래부터 표명해 왔던 입장을 확인한 것에 불과했지만 COP 첫날이었던 것 때문인지 일본이 산통을 깨려고 한다며 다들 깜짝 놀라는 분위기였다.

사실 이 발언 자체는 예상치도 못한 것이었다. 전체회의에서는 대개 교섭그룹의 의장국이 대표하여 연설을 할 뿐 개별국가들이 독자적으로 발언하지는 않는다. 일본의 경우 일본이 소속되어 있는 Umbrella Group의 의장인 호주가 발언을 하고, 일본이 개별적으로 발언하는 것은 예정에 없던 일이었다. 하지만 이때는 통례를 어기고 몇몇 개도국들이 교토의정서를 '연장'해야 한다는 개별 발언을 연발했다. 다자간교섭에서는 침묵은 동의(Slience means consent)로 받아들여지는 일이 종종 발생한다. 이 때문에 일본 대표단도 급히 입장을 밝혀야 했던 것이다.

COP17의 깜짝쇼는 제3장에서 소개한 것처럼 캐나다의 교토의정서 '탈퇴'의 선언이었다. 캐나다에서 발신된 이 소식이 회의 현장에도 전달되자 환경 NGO의 '화석상' 이벤트에서는 연일 캐나다가 선정되는 등 첫째 주의 화제는 캐나다가 독점하게 되었다.

(2) COP 둘째 주(12월 2주)

첫째 주의 마지막 날인 일요일에는 UN 공식 일정이 없기에 현지 대표단들에게는 망중한을 즐길 수 있는 시기이다. 하지만 휴식시간은 거의 없다. 이 시기부터 각국 각료급 대표단이 순차적으로 현지에 도착하기 때문에 선발대는 첫째 주의 교섭상황을 정리하여 자국의 각료가 도착하자마자 교섭현황을 브리핑하면서 두 번째 주를 준비하게 된다.

두 번째 주 월요일부터 드디어 후반전에 들어가게 된다. 각료급회담(high-level segment)이라 불리는 각료급 세션의 공식일정은 화요일 오후 무렵부터 시작된다. 의장국의 정상과 반기문 UN사무총장이 출석하는 개회식을 시작으로 각국 각료가 자국의 입장을 대변하는 연설이 순차적으로 이루어진다. 그러나 실제 교섭은 설전이 벌어지는 이 국제회의장 밖에서 이루어진다.

두 번째 주 중반이 되면 COP의 성공에 전력을 다하고 있을 의장국이 교섭의 타개를 시도하게 된다. 의장국이 등장하는 이 타이밍이 중요하다. 너무 빠르면 COP15에서 덴마크가 비난의 표적이 된 것처럼 당사국주도(party driven) 절차를 무시했다면서 급진적인 국가들의 비판이 쏟아지게 된다. 먼저 교섭이 교착상태에 빠져 한정된 시간이 다할 무렵이 되고 의장국의 조정을 요청하는 분위기가 형성될 필요가 있는 것이다.

의장국의 대응은 교섭의 진행방식에 따르기도 하지만 당시 의장국의 스타일에 따라 달라진다.

COP16의 의장국이었던 멕시코는 1년 내내 비공식회의를 끊임없이 개최하고 각국의 입장을 듣는 것에 집중하였는데 이는 COP의 두 번째 주까지 변함이 없었다. 두 번째 주가 되어 주요 주제별로 퍼실리테이터를 지명하여 관계국 간 논의를 진행시키고 그 주 중반인 수요일이 되어서야 주제별 성과문서의 문언교섭절차를 주도하기 시작했다.

이후 마지막 날인 금요일까지 수면 밑에서는 개별조정이 진행되고, 금요일 저녁 무렵의 전체회의가 되어서야 처음으로 성과문서안 전체를 의장제안으로서 정식으로 발표했다. 수면 위로 올라온 단계에서는 이미 사실상 합의가 이루어져 있었다. 멕시코의 끈질긴 사전교섭에 의한 것이다(참고로 이것은 COP16 1개월 전에 나고야에서 개최된 생물다양성협약 COP10 때에 의장국 일본이 했던 것과 비슷하다. 이때 일본은 각국의 의견을 계속적으로 수렴하였고 마지막의 마지막

이 되어서야 절묘한 타이밍에 모두가 납득할 수 있을 만한 경계선에 서 있는 나고야의정서조문을 의장제안이라는 형태로 발표했고, 동의를 얻어 낼 수 있었다).

COP17의 의장국이었던 남아프리카는 상당히 다른 방식을 취했다. 전년도의 멕시코처럼 비공식회의를 반복하여 섬세하게 각국의 의견을 수렴하는 방식이 아니었다. COP 때 의장국이 주최하는 비공식회의(INDABA)를 여러 형태로 진행했는데 가장 관심도가 높았던 장래의 법적 체제에 대해서는 의장 마샤바네 외무장관이 직접 주관하였다. 이 절차가 본격화된 것이 두 번째 주의 목요일(마지막 날의 바로 전날)이었다. 그러나 의장국의 제안에 각국이 저마다 한마디씩 하기 시작하면서 초안이 엎어지고 뒤집어지는 상황이 발생했다.

마지막 날을 30시간이나 넘긴 일요일 새벽의 전체회의에서도 새로운 체제의 법적 성격에 대한 문언을 두고 EU나 인도 등 주요국 간에 대립이 계속되던 상황이었다. 통상 이 타이밍에는 모두 의장제안에 지지를 표명하고 소수의 의견은 적당히 무시해 가며 결정에 이르는 것이 통례임에도 불구하고 말이다. 하지만 남아프리카의 대단한 점은 이에 기죽지 않고 최종결정이 내려지기까지 수십 시간이라도 연장할 수 있다는 기세로 임했다는 점이다. 현지의 대표단관계자 중에는 '정리될 때까지 남아프리카에서 출국 못 하게 하는 거 아닐까?'라는 생각을 하기도 했던 모양이다. 남아프리카 정부관계자 중에는 만델라 전 대통령을 시작으로 아파르트헤이트(Apartheid) 때 투옥되었던 사람들도 적지 않다. 남아프리카 방문 시에 의견교환을 했었던 전직 각료들 중에는 '구속되었던(detained)' 경력을 당당하게 밝히는 전직 정치운동가도 있었다. 아무리 시간이 걸려도 회의를 마무리 짓고야 말겠다는 불굴의 자세는 역시 불굴(Invictus)의 국가이기 때문일까.

COP17 최종 단계에서 성과문서의 문언을 두고 협의를 하는 각국 교섭단
(Courtesy of IISD / Earth Negotiations Bulletin)

(3) COP 종료

두 번째 주 후반의 고비를 넘어 몇십 시간이나 계속되는 회의를 거쳐 주요 관계국들이 성과문서안에 합의한다 해도 그것으로 끝난 것이 아니다. 이 문서가 모든 당사국이 참가하는 COP 전체회의에 상정되고 의장이 문서의 내용에 대해서 한 문장씩 동의를 구하여(제1장에서 말한 바와 같이 채택절차가 확립되어 있지 않기 때문에 동의 이외의 선택지가 없다) 의사봉을 두들겨 정식결정으로 채택해야 한다.

COP15에서는 코펜하겐합의가 주요국 회의에서 합의된 후 COP 전체회의에 상정되었다. 이 단계에서 볼리비아, 베네수엘라, 니카라과, 수단 등의 소수의 국가가 반론을 제기하면서 의견이 분열되었고 코펜하겐합의는 COP결정이 되지 못하고 동 합의에 '유의'할 것을 결정하는 것에 그치는 애매한 모양새가 되어 버리기도 하였다. 그것도 마지막 날인 금요일에서 일자가 바뀌어 토요일 정오 즈음에 일어난 일이다.

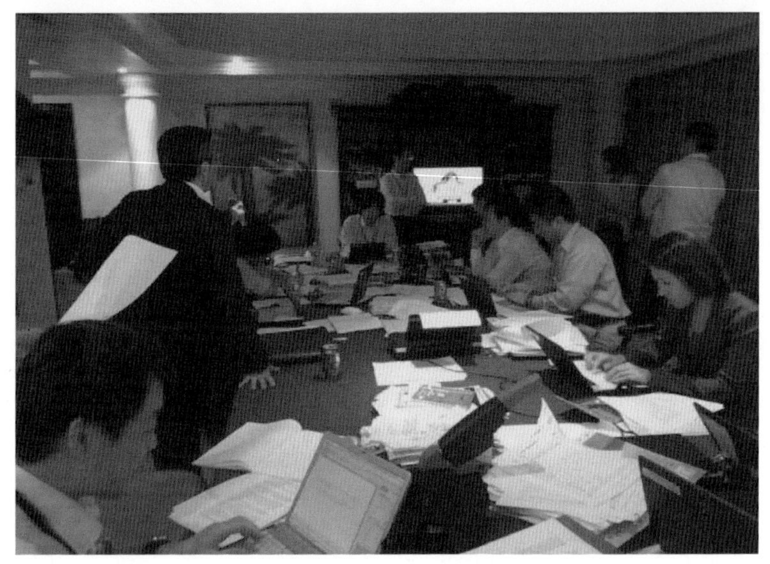

칸쿤 COP16의 일본정부대표단 작업실 (일본정부대표단 관계자 촬영)

이듬해인 COP16에서는 의장국인 멕시코의 집요한 사전교섭으로 마지막 날 저녁 무렵에 거의 모든 당사국이 기립박수로 의장을 맞이했기 때문에 수월하게 채택될 것이라고 생각되었다. 하지만 그럼에도 불구하고 볼리비아가 유일하게 계속 이의를 제기하는 바람에 결국 모든 문서가 채택된 것은 토요일 오전 3시경이었다. COP17에서는 마지막 날인 금요일로부터 30시간 뒤, UN과 회의시설 측과의 계약도 끝나 철수작업이 진행되는 가운데 일요일 새벽이 되어서야 모든 절차를 마칠 수 있었다.

COP가 종료되는 순간, 각국 교섭책임자는 굉장한 피로감을 느끼면서도 묘한 만족감을 느끼게 되고 회의장이나 각국 대표단의 작업실에는 독특한 분위기가 감돌게 된다.

본국 정부에 보고를 마치고 현지에서 마지막 기자회견을 열고 작업실 정리를 하는 등 모든 작업을 끝내고 각국 대표단들이 저마다 귀국길에 오르면서 크리스마스 휴가나 연말연시 휴가에 들어가게 된다. 그리고 그간의 피로함을 달래면서 내년의 교섭전략을 짜는 것이다.

(4) 교섭의 서막: 도쿄회의 (3월)

COP가 끝나고 해가 바뀌면 다음 기후변화교섭의 1년의 주기는 일본에서 시작된다. 매년 3월 초순에 도쿄에서 '일본・브라질 공동주관 기후변화 비공식회의'가 열리는데 일본과 브라질의 공동주최로 약 30개국의 주요국 관계자가 참가하는 이 회의에서 그 해의 국제교섭이 사실상 시작되는 것이다. 이 회의는 2003년부터 매년 열리고 있으며 2012년 3월에는 제10회 회의가 개최되었다. 연초부터 1, 2월 동안은 저마다 작년의 COP 결과를 고려하여 주요논점에 대한 의견서(submission)를 작성하고 이를 UN사무국에 보내는 한편 서로 정보교환을 하면서 다음 COP를 향한 교섭전략을 짠다. 그 과정에서 주요 관계국 교섭책임자들이 한곳에 모여 주요 논점에 대한 솔직한 의견을 교환하기도 하고 개별적인 양자회의를 적극적으로 진행하여 정보를 수집하기도 하면서 다음 단계를 향한 실마리를 얻는 것이 이 도쿄회의인 것이다.

일본도 이 회의의 의장국이라는 입장을 최대한 활용하여 주요 각국의 교섭방향을 가늠하여 이후의 교섭전략에 반영하고 있다. 연말에 COP를 치르게 될 의장국의 교섭책임자도 그 스스로의 전략을 만들기 위해서 이 도쿄회의에 참가한다. 2010년 제8회 회의에서는 COP16 의장국인 멕시코에서, 2011년 제9회 회의에서는 COP17 의장국인 남아프리카에서 교섭 관련 주요 인물들이 일본을 방문했었다. 2012년의 제10회 회의에서는 COP18 의장국이었던 카타르에서 의장을 맡은 아티야(Abdullah bin Hamad Al-Attiyah) 행정감독청장관(수상급)이 방한했었다. 의장국의 주요 인물과 일본이 신뢰관계를 구축하는 자리가 되는 것도 이 도쿄회의의 중요한 역할이다.

정부 간 회의와 함께 2011년부터는 지식인들을 포함하는 부대행사도 개최하고 있다. 2011년에는 일본국제문제연구소의 주최로, 2012년에는 지구환경전략연구기관(IGES)과 일본국제문제연구소의 공동주최로 공개 심포지엄이 개최되었고 각국의 정부관계자나 지식층 간에 패널토론이 이루어지기도 하였다.

(5) 교섭중반: UN교섭 (4~8월)

4월경에 수일간 실무 차원의 작업반회의가 개최되면서 그 해의 정식 UN교섭이 시작된다. 교섭은 협약사무국이 있는 본이나 UN기관의 회의시설이 있는 곳(방콕 등)에서 열리기도 한다. 연말에 있을 COP까지의 절차를 논의하는 것뿐이지만 본론으로 들어가기도 전에 절차론에서 의견이 분열되는 경우도 종종 발생한다. 이러한 상황을 '어젠다 파이트'라고 한다.

2013년 3월에 개최된 도쿄회의 (일본정부대표단 관계자 촬영)

1년 교섭과정의 중간시점에 해당하는 6월에는 협약사무국이 있는 본에서 중간회의가 개최된다. 기후변화협약의 상설기관인 부속기구(SB: Subsidiary Bodies)회의 외에 한시적으로 설치된 작업반회의도 개최된다. COP18까지는 교토의정서의 다음 공약기간까지의 수치목표에 대해서 검토하기 위해서 2005년에 설치된 의정서작업반(AWG-KP)과 2007년 COP13에서 설치된 협약작업반(AWG-LCA)도 개최되었다.

COP17에서는 더반 플랫폼 특별작업반회의(ADP) 설치가 합의되어 2012년의 본 중간회의에서 새로이 설치되었다.

본 중간회의는 통상 약 2주 정도 개최된다. 장소는 대형 회의장을 구비한 마리티움 호텔이다. 수용인원 수백 명 규모에서 수십 명의 규모까지의 크고 작은 회의시설을 갖추고 있어 자그마한 도시인 본에는 어울리지 않을 정도의 규모이다. 이곳에서 세계각지에서 모여든 각국 대표단이 합숙 회의를 하는 것이다.

첫날에는 각 작업반의 전체회의(plenary session)가 개최된다. 의장의 진행으로 유럽연합(EU), 아프리카연합(AU), 소도서국연합(AOSIS), 유럽 이외의 선진국 모임인 Umbrella Group, 개도국 전체의 모임인 G77+중국 등의 여러 교섭그룹이 각각의 기본적인 입장을 밝히기 위한 발표를 한다. 개별국가가 연설을 하기도 한다. 마치 대학교 강당 같은 느낌의 대회의실에서 강의라도 듣는 것처럼 각국 대표단이 한자리에 앉아 연사를 비추고 있는 정면의 스크린을 보면서 발표에 귀를 기울인다. 연설내용의 많은 부분이 각 그룹의 기본적인 입장에 대한 설명이며 대체로 새로울 것은 없다. 하지만 때로 각 그룹의 교섭태도의 미묘한 변화를 느낄 수 있는 미묘한 메시지가 등장하기도 한다. 전체회의의 마지막에 의장이 향후 2주 동안의 대략적인 논의의 진행방식을 설명하고 해산한다.

첫날 전체회의가 끝나면 두 번째 날부터는 크고 작은 여러 가지 회의가 동시다발적으로 아침부터 밤까지 연일 이어진다. UN의 공식회의 외에도 그에서 파생된 접촉그룹(Contact Group)이라고 불리는 비공식적인 회의, 자국이 속하는 교섭그룹회의(일본의 경우에는 Umbrella Group이라고 불리는 EU 이외의 선진국그룹), 각종 워크숍이나 부대행사 등 여러 가지가 있다. 또한 교섭전반의 흐름에 대한 중요 정보를 교환하는 각국 교섭단과의 개별적인 회담도 빼놓을 수 없다. 협의의 진행상황에 따라 일정은 빈번하게 바뀌게 된다.

일본 정부가 이들 회의에 뒤처지지 않고 통일적으로 대응하기 위해서는 팀워크가 불가결하다. 일본정부대표단은 약 60여 명 정도로 각 부서에서 차출되며 외무성의 담당심의관급들의 지휘로 환경성,

경제산업성, 재무성, 농림수산성, 국토교통성, 문부과학성 등의 각 부서 및 관계기관으로 이루어진다. 각자 담당 분야에 따라 각기 회의에 참석한다. 기간 중에는 매일 아침 8시에 대표단 전원회의를 하면서 전날 각 회의의 개요나 당일의 일정에 대한 최신정보를 보고하고 정보를 교환한다. 그 후에 각자가 담당하고 있는 회의에 참석하기 위해서 흩어지는 것이다. 회의에서 회의로 쉴 새 없이 옮겨 다니게 되는 일도 흔하다. 점심시간도 중요한 정보교환의 기회이다. 공식일정이 끝나는 저녁 무렵이 되면 현지에 나와 있는 자국 언론에 브리핑을 하기 위해서 이곳저곳에서 리셉션이 열리고 식사를 겸한 양자회의에 출석하여 다시 정보교환을 한다.

마지막 날에는 다시 UN작업반의 전체회의(plenary)가 열리고 첫날과 마찬가지로 각 교섭그룹에 의한 총괄 연설이 순차적으로 이루어진다. 본회의에 대한 평가와 이후의 절차에 대한 각 그룹의 발언 후에 지금까지의 작업을 총괄하는 문서가 작성되기도 하지만 열성을 다해 만드는 것은 아니다. 이 시점에서는 단지 중간점검이 이루어질 뿐이며 논의를 수렴시켜야 하는 상황은 전혀 아니기에 내실 있는 합의 문서를 만들 필요가 없기 때문이다.

6월의 중간회의의 이후에도 필요에 따라 추가회의가 개최된다. 통상 8월의 여름휴가 시즌에 UN회의 일정을 잡는 일은 없는데, 기후변화교섭만큼은 예외이다. 8월 중순임에도 불구하고 수일에서 1주일 정도 회의가 개최되고 통상적인 교섭이 이루어지는 일이 흔히 발생한다. 이것이 과연 생산적인지에 대한 논의는 접어 두고서라도 한 여름에 지루한 논박을 계속하는 각국 교섭관들의 노력이 놀라울 따름이다.

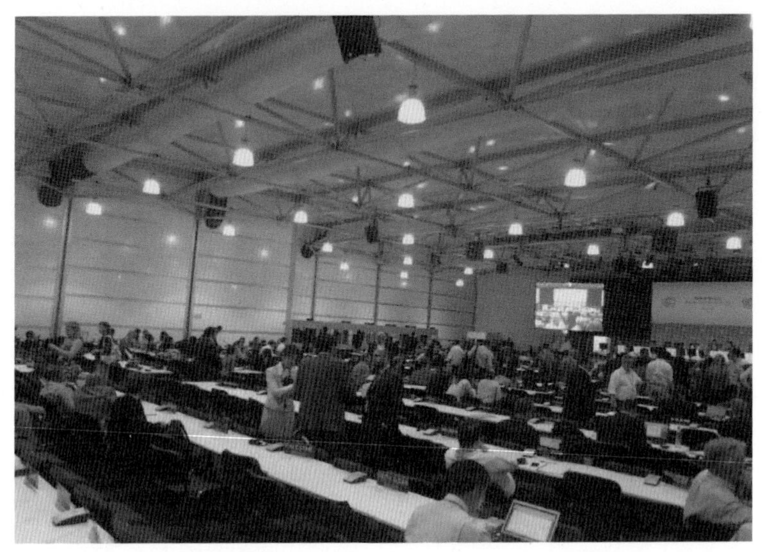

2012년 5월의 본 중간회의의 규모 (일본대표단 관계자 촬영)

(6) 교섭중반: UN 이외의 회의 (4~8월)

UN회의를 전후하여 소수 국가들만 모여 보다 실질적인 논의를 하기 위한 회의도 개최된다.

대표적인 것은 미국이 주도하는 에너지와 기후에 관한 주요경제국포럼(MEF: Major Economies Forum)이다. 원래 부시 정권 후기에 만들어진 주요경제국회의(MEM: Major Economies Meeting)에서 비롯된 것인데, 2009년에 발족한 오바마 정권이 미국의 기후변화교섭 복귀 의도를 밝히면서 보다 큰 중요성을 가지게 되었다. 참가국은 G8 국가 외에도 중국, 인도, 브라질, 남아프리카 등의 신흥국가가 포함되어 약 20개국 정도이며 세계 전체 온실가스 배출량의 80% 이상을 차지한다. 이들 국가에서 각료급 내지는 고위실무진이 참가한다. 의장은

G8의 미국 셰르파[4]를 겸하고 있는 프로만(Michael Froman) 대통령차석 보좌관이 맡고 있다. 일본에서는 외무성의 지구규모과제심의관이 수석 대표를 맡고 있으며 환경성, 경제산업성의 심의관급이 이를 보좌하는 체제로 임하고 있다. 약 하루 반 정도의 일정으로 연말의 COP를 목표로 주요 주제에 대한 협의를 한다. 참가국 수가 약 20개국으로 한정되어 있기에 'ㅁ'자 형태로 착석하여 쌍방향 논의가 이루어지며 주제에 따라서는 상당히 격렬한 토론이 벌어지기도 한다. UN작업반회의와는 달리 많은 국가에서 각료급이 참여하기 때문에 교섭상의 미사여구에 그치지 않고 각국의 내부사정도 고려한 보다 실질적인 논의가 이루어진다.

G8 정상회의도 기후변화교섭을 이끄는 데 있어 중요한 역할을 담당해 왔다. 특히 2012년 이후의 신기후체제 교섭에 논의의 초점이 맞추어지기 시작한 2005년 이후의 글렌이글스(Gleneagles) 정상회의, 2007년의 하일리겐담(Heiligendamm) 정상회의, 2008년의 홋카이도 도야코(北海道 洞爺湖) 정상회의에서는 기후변화를 주요 의제로 삼았다. 이들 일련의 G8 정상회의는 '2050년까지 세계적으로 50% 감소, 선진국에서 80% 감소, 2°C 이하'라는 목표를 선진국 간의 공통인식으로 만들었고 개도국 지원을 강화하는 등으로 중요한 역할을 담당해 왔다. 이 과정에서 일본도 제1차 아베신조 내각에서 'Cool Earth 50', 후쿠다 야스오 내각에서 'Cool Earth Partnership'이라는 이니셔티브를 소개했었다.

이 외에도 COP16 전에 멕시코가 열의를 다했던 것처럼 COP 의장국이 주도하는 비공식회의가 개최되기도 한다.

---

4) 셰르파(Sherpa)란 히말라야 산속에 살고 있는 한 종족으로 히말라야 등산대의 짐을 나르고 길을 안내하는 인부로서 유명하다. 이것을 빗대어 G8에서 각국의 대표자를 보좌하는 역할을 하는 이를 표현하고 있는 듯하다(역자 주).

(7) UN총회 (9월)

8월의 여름휴가 시즌이 끝나고 9월이 되면 COP까지 남은 기간은 겨우 3개월 남짓이다. COP에서 어떠한 성과를 노려야 할 것이며 이를 위해서는 어떤 수순을 마련해야 할지에 대해서 각국의 정상급, 각료급에 교섭의 관여를 촉구하는 움직임이 의장국이나 UN을 중심으로 본격화된다.

특히 매년 9월 하순에 개최되는 UN총회 첫째 주의 일반토론연설에는 세계 각국의 정상급들이 뉴욕에 집결하기 때문에 많은 문제들에 대한 국제적 관심도를 높이는 절호의 기회가 되므로 이런저런 회의와 이벤트가 개최되는데 기후변화문제도 예외가 아니다. 최근에는 COP15 전인 2009년 9월에 반기문 UN사무총장 주최로 기후변화문제에 대한 정상급회의가 개최되었고 신정권 발족 직후였던 일본에서도 하토야마 총리가 출석했다. 2010년 9월에는 COP16 의장국이었던 멕시코가 주최하는 각료급회의가 개최되었고 일본에서는 마에하라 외무장관이 참가하였다.

(8) 교섭종반: 기후변화 각료급 준비회의 등 (10~11월)

10월에 들어서면 COP를 향한 준비도 절정에 이르게 된다. COP 전의 마지막 UN작업반회의가 열리는 것도 이 시기이다.

또한 주요 플레이어인 EU는 매년 10월 중순에 환경장관회의를 열고 COP에 대한 EU 교섭방침의 대략을 정하는 것이 통례이다. 2010년의 COP16 전에는 종래의 방침에서 교토의정서를 조건부 '용인'하는 자세로 전환하였는데 이것이 일본에서도 크게 보도되었다.

COP 1개월 전인 10월 하순에는 의장국 주최로 각료급 사전회의(pre-COP)가 개최된다. 회의자체는 하루 반 정도의 일정이지만 의장국의 준비 상태나 각국 각료들의 대응 방향을 엿볼 수 있는 좋은 기회이다.

또한 COP 직전의 11월 중순에 개최되는 주요경제국포럼(MEF)도 COP 주요 논점에 대한 각국의 입장을 파악하는 매우 중요한 기회가 된다. COP16에서 최대 쟁점이 되었던 각국의 배출감축목표를 어떻게 할 것인가를 두고서는, 직전의 이 MEF에서 실질적인 교섭이 시작되었다.

11월이 다가오면 일본 정부도 그때까지의 교섭상황과 주요논점을 정리하고 COP를 향한 교섭포지션을 굳히는 작업에 들어간다. COP 현장에서 오가게 될 이야기들을 상정하고 임기응변에 대응할 수 있도록 일정한 유연성을 마련해 두어야 하는데, 일본이 목표로 해야 할 성과, 일본이 공세를 취해야 할 부분, 반드시 방어해야 할 부분 등을 명확하게 하여 대표단이 다각도에서 충분한 의사통일을 해 두어야 현지에서의 신속한 대응이 가능해진다.

이러한 절차를 거쳐 각국 대표단들은 COP에 임하게 되는 것이다.

2. Who's Who in climate change negotiation: 기후변화 교섭의 플레이어들

UN의 기후변화교섭장에는 각양각색의 플레이어들이 등장한다. 특히 정식 COP에는 수만 명의 사람들이 회의장에 모여든다. 교토의정서가 채택되었던 COP3 당시에는 수천 명 정도의 규모에 불과했지만 코펜하겐의 COP15에서는 4만 명 규모로 불어났다. 당사국 정부대표단 외에 NGO, 언론, 민간기업, 연구자, 의회관계자 등 여러 그룹이 모여들어 정부 간 교섭을 지켜보며 여러 가지 활동을 벌인다.

다음에서는 기후변화교섭장에 등장하는 주요 플레이어의 면면을 소개하도록 하겠다.

(1) 시민단체(NGO)

다른 분야의 국제교섭에 비해서 환경, 특히 기후변화교섭의 현장에서는 NGO의 존재감이 크다.

기후변화교섭의 국제회의는 COP(Conference of the Parties)라는 이름처럼 어디까지나 Party(당사국)들의 회의이며, 교섭의 주체는 각 당

COP17 회의장 내에서 교섭의 진전을 촉구하며 항의하는 NGO 관계자(Courtesy of IISD / Earth Negotiations Bulletin)

사국의 정부대표단이다. 그러나 일정한 기준을 만족하는 NGO는 개별적인 ID를 발행받아 비공식 세션에서 열리는 많은 회의를 방청할 수 있으며 전체회의에서의 발언도 인정된다.

UN교섭 기간 중에는 장기간 교섭을 지켜봐 왔던 NGO 관계자가 매일 발행하는 뉴스레터가 교섭의 전체상을 가늠하기 위한 유익한 정보원이 된다. 그 정보력, 발언력은 대단한 부분이 있다.

인적으로도 정부대표단과 NGO 사이에 명확한 경계선이 있는 것은 아니며, 오랜 기간 NGO에서 활동했던 인물이 교섭관을 담당하고 있는 나라도 적지 않다. 일본도 2009년의 COP15부터 일정한 조건하에 NGO 관계자가 다른 경제단체 관계자와 함께 정부대표단에 참여하게 되었고 긴밀한 의사소통을 교환하게 되었다.

NGO는 문자대로 '비정부조직'이므로 여러 형태가 있다. 환경문제 전반에서 활동하는 단체, 기후변화문제에 특화된 활동을 하는 단체, 산림보전이나 에너지 등 특정 분야에 관심이 있는 단체 등이다. 다음은 COP의 현장에서 자주 마주치는 NGO이다.

✓ CAN(Climate Action Network)

✓ WWF

✓ Conservation International

✓ Union of Concerned Scientists

✓ World Resources Institute

(2) 미디어, 경제계, 각국 회의관계자 등

NGO 이외에도 기후변화교섭의 현장에는 여러 플레이어가 있다.

꽃 중의 꽃은 세계 각국에서 취재차 모여드는 언론인데, 각국 정부 대표단이나 NGO도 언론에 자신들의 입장이나 활동을 홍보하기에 여념이 없으며, 연일 각국 대표단 기자회견이나 NGO 이벤트 등이 곳곳에서 진행된다. 일본에서도 신문, 텔레비전 등 여러 매체의 언론 관계자가 현지를 방문하여 회의 상황을 발신하는데 기자가 친환경계인지 친경제계인지에 따라 보도의 분위기가 많이 달라진다.

교섭결과의 경제적 영향에 관심을 가지는 경제단체나 각국 의회관계자들도 현지에 방문하여 독자적인 이벤트를 하면서 교섭의 행방을 지켜본다. 민간기업 관계자는 전통적으로 에너지, 전력, 철강관계가 많았는데 탄소시장이 확대되면서 금융 관계자도 늘어나고 있는 것 같다.

흥미로운 것은 세계적인 유명인의 존재이다. COP15에서는 캘리포니아 주지사였던 아놀드 슈왈제네거가, COP16에서는 인도네시아의 산림보전과 관련하여 조지 소로스 씨가 회의장에 왔었다. 2010년의 UN총회 때 파푸아뉴기니가 주최한 열대우림보전 이벤트에는 레오나르도 디카프리오가 출석했는데 필자도 악수를 나눌 기회가 있었다. 당시의 파푸아뉴기니 대표단에 속했던 열대우림 관련 NGO의 기획이었는데, 그러한 인맥에는 때로 놀라움을 금할 수가 없다.

(3) 각국 정부대표단

COP가 '당사국총회'인 이상 기후변화교섭의 메인 플레이어는 물론 각 당사국 정부의 대표단이다. 하지만 그 체제나 교섭스타일은 각국에 따라 다르다.

일본의 경우, 기후변화교섭 전반에 대한 교섭전략과 방침은 주요 3성(외무성, 환경성, 경제산업성)에서 정리하고, 자금 부분은 재무성, 산림보전은 임야청, 국제해운·항공은 국토교통성 등으로 개별 논제별로 다른 관련 부서가 관여하는 형태로 대응하고 있다.

COP까지의 실무진의 교섭에는 관계부처에서 정부대표단을 조직하여 대응한다. 단장은 회의의 종류에 따라 외무성의 지구환경담당대사, 지구규모과제심의관 또는 담당심의관급이 맡고 있다.

각국 각료급이 참가하는 COP 둘째 주 이후에는 환경장관이 대표단장을 맡고 이외에 외무성, 경제성, 농수성의 부대사, 정무관급의 정무진이 추가되는 한편 그때까지의 교섭경위를 아는 실무진이 보좌하는 체제로 바뀐다.

다음은 COP15에서 COP17에 이르기까지의 주요 관계자이다(직위는 모두 당시의 것이다).

✓ 하토야마 유키오(鳩山由紀夫) 총리장관: 2009년의 UN총회 때 기후변화 정상회의, COP15 정상회의에 참가
✓ 오자와 사키히토(小沢鋭仁) 환경장관: COP15 대표단장
✓ 마쓰모토 류(松本龍) 환경장관: COP16 대표단장
✓ 호소노 코시(細野豪志) 환경장관: COP17 대표단장
✓ 스기야마 신스케(杉山晋輔) 외무성 지구규모과제심의관: COP15-16의 실무책임자
✓ 히라마츠 켄지(平松賢司) 외무성 지구규모과제심의관: COP17의 실무책임자

각국 교섭단의 진용과 그 주요 인물은 국가별로 소개하겠다(직위는 어느 것이나 당시의 것).

(가) 미국

초대형 국가이며 이전에는 세계 1위의, 지금은 2위의 CO_2 배출국(에너지기원 CO_2 기준으로 전 세계의 18%)이라는 점에서 그 존재감이 크다.

미국 대표단은 국무성의 기후변화담당특사를 중심으로 팀이 구성된다. 개별 주제에서는 자금 분야에는 재무성, 에너지 분야에는 에너지성 등 각 부처가 팀으로 참여한다. 또한 미국이 주최하는 MEF에서는 백악관 관계자도 관여한다. 교섭관계자의 출신배경으로는 법률가, 학자, 환경에너지 NGO 등 다양하며 시니어레벨은 정권이 교체되면서 대개 교체되는데 현재의 교섭팀은 클린턴 정권 시대, 교토의정서가 채택되었던 COP3 때의 교섭에 관여했던 인물이 많다.

○ 토드 스턴(Todd Stern): 기후변화담당특사, 법률가. 클린턴 정권 하에서 COP3 때 기후변화교섭에 관여하였다. 오바마 대통령, 클린턴 국무장관이 직접 참석했었던 COP15를 제외하고, COP16, COP17에서 미국 대표단장을 맡았다.

○ 조나단 퍼싱(Jonathan Pershing): 기후변화담당차석특사, 지질학자. UN작업반 등 실무진교섭 시 미국 대표단장을 담당하며 미국 대표단 실무진의 대표적인 얼굴이라고 할 수 있는데, 큰 키에 턱수염을 기른 독특한 풍모가 인상적이다. 보통은 상냥한 미국인이지만 교섭석상에서 기관총처럼 뿜어져 나오는 언변에는 박력이 넘친다.

○ 수잔 비니아스(Susan Biniaz): 국무성 법률고문. 오랜 기간 기후변화교섭에 관여하고 있는 걸어 다니는 백과사전 같은 존재이다. COP17 후의 유럽, 미국 언론의 보도에 의하면 당시 마지막까지 의견이 분분했던 신기후체제의 법적 성격에 대한 문언교섭에서 EU와 인도 모두가 합의할 수 있는 표현(agreed outcome with legal force)을 내놓은 사람이 그녀라고 한다.

○ 마이클 프로먼(Michael Froman): 대통령 차석보좌관. G8 정상회의에서는 미국의 셰르파를 담당. 보통은 기후변화교섭에는 나오지 않지만 주요경제국포럼(MEF)을 개최할 때 의장으로서 참가하여 미국 대표인 스턴 특사와 역할을 분담하고 있다.

(나) 중국

현재 세계 최대의 CO_2 배출국(세계 전체의 24%)이며 그 존재감이 매우 크다. 코펜하겐 COP15에서는 '코펜하겐합의'의 문언교섭을 두고 미국, 유럽과 격렬하게 대립하였고, 교섭을 망치려는 듯한 부정적인 이미지가 강했다. 그 때문인지 칸쿤 COP16에서는 매우 조용했다. 하지만 더반 COP17에서는 적극적인 언론공세를 펼쳤고 멋진 파빌리온을 만들기도 하였으며 기자회견에 적극적으로 응하는 모습을 보여줬다.

중국 대표단은 5개년 계획의 책정·이행을 필두로 하는 경제정책의 사령탑인 국가발전개혁위원회가 중심이 되고 여기에 환경보호부나 외교부 출신 사람들이 모이는 형태로 팀이 이루어져 있다.

○ 셰전화(解振華): 중국국가발전개혁위원회 부주임(각료급). UN의 회의에서는 중국 정부대표단장을 맡고 있으며 MEF의 단골이기도 하다. 국제교섭뿐만 아니라 중국 국내에서의 중기목표인 제12차 5개년 계획의 이행도 담당하고 있다. 전임 환경보호부장(환경장관에 상당)이며 중국·일본 따오기번식협력사업으로 일본과의 인연도 깊다. 영어를 못하는지 언제나 통역을 데리고 다닌다. 보통은 담담한 어조지만 여차하면 박력이 넘치는 중국어로 중국의 입장을 맹렬히 주장한다.

○ 수웨이(蘇偉): 중국국가발전개혁위원회 기후변화사장(국장급). 외교부 출신의 국제전문가이며 영어에 능하다. 일본 등 선진국의 입장과는 다른, 중국만의 독자적인 논리에 기초하여 주장을 하는데 교섭상대로서는 쉽지 않은 상대이다.

(다) 인도

세계 제3의 배출국(세계 전체의 약 5.5%)이며, 중국과 함께 개도국 중에서는 상당한 존재감을 가진다. 중국 대표단이 조직적으로 대응하는 것에 반해 인도의 경우는 대표의 성격에 보다 좌우되는 면이 많다. 라메시(Ramesh) 전임 장관 때에는 개도국이라는 입장을 견지하면서도 미국과 개도국 간을 중개하는 듯한 역할을 했는데, 나타라잔(Natarajan) 현(現) 대사로 바뀌고 나서는 보다 전통적인 개도국의 입장으로 돌아간 것처럼 보인다.

인도의 대표단은 환경산림장관 이하 환경산림부 관계자에 더하여 국제회의에서 최종적으로 합의되는 문서의 문언교섭 시에는 외무성도 깊이 관여하고 있다.

○ 라메시(Ramesh): 전임 환경산림장관. 칸쿤 COP16까지 인도 대표단장을 맡았고 MEF의 단골이기도 하다. 개도국 대표로서의 입장을 유지하면서도 그 독특한 인품과 유연한 발상으로 COP16에서 선진국과 개도국 쌍방의 MRV 가이드라인에 대한 건설적 제안을 하는 등, 교섭진전에 공헌하여 선진국과 개도국 쌍방에 좋은 연결고리를 만들었다. 일본과의 관계도 양호하며 교토의정서 문제나 양자협력 시에도 현실적인 태도를 보여 줬다. 2011년 여름에 농업개발장관으로 이임되었다.

○ 나타라잔(Natarajan): 환경산림장관(라메시 장관의 후임). COP17이 실질적인 첫 무대였기에 그 수완은 미지수다. 그러나 신기후체제의 법적 성격을 둘러싼 협의의 최종 단계에서 EU의 코니 헤데고(Connie Hedegaard) 위원과 격렬한 응수를 주고받은 모습에서 만만치 않은 교섭상대로서의 일면을 보여 주었다.

○ 마우스카르(Jayant Moreshver Mauskar): 전직 환경산림성특별차관으로 베테랑 교섭관. 신기후체제 논의를 위해 새로 설치된 더반플랫폼특별작업반의 공동의장을 맡고 있다.

(라) EU, 유럽 국가들

유럽은 환경교섭을 오랜 기간 주도해 왔다는 자부심으로 COP교섭 시에도 선진국 간 협의뿐만 아니라 개도국과의 협의, NGO, 언론플레이 등에도 열심이다.

① EU

COP 현장에서는 반년마다 교체되는 EU 의장국의 담당각료와 브뤼셀의 유럽위원회 담당위원이 EU를 대표하는 복잡한 체제이다. COP17 당시의 의장국은 폴란드였으며 석탄사용비율이 높았던 폴란드의 대응은 평소 EU의 그것에 비해 후퇴하는 듯하였고, 유럽의 대표로서 불충분하다는 비판보도가 나오기도 하였다. 의장국을 지원하는 브뤼셀 유럽위원회 기후행동총국이 가입국 간의 복잡한 이해관계를 조정하는 역할을 담당한다. COP 직전의 10월 유럽환경장관회의에서는 COP에 임하는 EU의 대처방안에 관한 문서가 양해, 공표되는데 그 문언에서 EU 내부의 미묘한 역학을 읽어 낼 수 있다.

○ 코니 헤데고: 기후행동담당 유럽위원. 덴마크 출신으로 코펜하겐 COP15에서는 덴마크의 환경장관이었고 COP 의장을 맡았다. 그 후 기후행동담당 유럽위원이 되었다. COP17에서는 그의 공격적인 교섭스타일 때문에 'Connie the Barbarian'이라는 별명을 얻었다.

○ 아르투르 룽게 메츠거: 기후행동총국 국제기후전략담당 국장.

② 독일

UN기후변화협약 사무국이 본에 있으며 베를린에서 개최되었던 COP1에서는 의장국을 맡아 교토의정서 채택을 결정했던 베를린 맨데이트 채택을 달성해 낸 독일은 유럽 내에서도 기후변화문제에 가장 열심인 국가 중의 하나이다. 3/11 후쿠시마 원전사고 후에는 원자력발전을 동결하겠다는 선택을 하였다.

○ 앙겔라 메르켈: 수상. 환경부 장관직에 있을 때 COP1 의장을 맡아 베를린 맨데이트 채택에 공헌했다. 의장을 맡았던 G8 하일리겐담 정상회의에서도 기후변화문제를 주요 의제로 삼아 '2050년까지 전 세계 50%, 선진국 80% 감축' 목표를(미국을 제외한) G8의 공통인식으로 만들기 위해 전력을 다했다.

○ 칼 스텐 자하: 환경부 국장. COP나 MEF 등 거의 모든 기후변화교섭에 나오는 독일 실무진의 얼굴이다.

③ 영국

영국도 기후변화문제에 정성을 다하는 나라 중의 하나이다. 블레어 정권 때에 글렌이글스 G8 정상회의에서 기후변화문제를 주요 의제로 삼았고, 브라운 정권 시대에는 반기문 UN사무총장이 설치한 개도국지원 자금문제를 다루는 고문그룹의 공동의장에 브라운 수상이 직접 취임하는 등 많은 관심을 보였다. 여기에는 탄소시장 관련 거래 확대에 이해관계가 있는 시티 금융업계의 영향이라거나 또는 런던에 본부를 둔 환경 NGO의 영향이라는 등의 여러 가지 견해가 있다. 보수당·자유민주당이 연립한 카메론 정권이 되어서는 적극적인 자유민주당과 비교적 신중한 보수당 간에 미묘한 태도 차이가 있는 것처럼 보이기도 하였다.

원자력 발전에 대해서는 안전성 확보를 전제로 재생가능에너지나 CCS와 함께 유망한 저탄소기술로 받아들이고 있는데, 이 점에서는 독일과는 다르다.

○ 에드 미리반드(Edward Samuel Miliband): 브라운 정권의 기후변화에너지 장관. 코펜하겐 COP15에서의 주요 플레이어의 한 명이며 최종 단계의 전체회의에서 일부의 개도국이 이의를 제기할 때 코펜하겐합의를 정식 COP결정으로 채택하도록 촉구하였다. 브라운 수상 퇴진 후에는 야당인 노동당 당수에 취임했다.

○ 크리스 휸: 기후변화에너지장관(카메론 정권 발족 후), 자유민주당 출신의 전직 저널리스트로 COP16에서는 교토의정서 '연장'문제를 두고 일본의 입장을 강하게 비판하면서 일본의 스기야마 외무성지구규모과제심의관과 격렬한 논쟁을 벌였다.

○ 피터 베츠: 기후변화에너지부국장. 이 분야에서의 경험이 풍부한 실무 차원의 주요 인물 중의 하나이다.

④ **프랑스**

독일, 영국에 이어 여러 가지 형태로 기후변화문제에 대하여 적극적으로 의견을 내놓고 있으며 노르웨이와 연대하여 열대우림보전에 관한 국제연대(REDD+파트너십)를 제창하거나 케냐와 함께 아프리카에서의 재생가능에너지 보급촉진에 관한 국제협력(발리・나이로비・이니셔티브)을 주장하기도 한다. 교토의정서 '연장'문제에 대해서는 다른 나라의 입장과 관계없이 유럽은 무조건적으로 '연장'에 찬성해야 한다는 입장이다.

(마) 기타 신흥개도국

중국, 인도 이외의 신흥개도국의 존재감도 증가하고 있으며 대부분의 국가가 G20의 참가국과 중첩되어 있다.

① **멕시코**

COP16 의장국. UN이 주도하는 다자주의에 대한 신뢰를 재건하기 위해 전년도의 코펜하겐 COP15의 교훈을 거울삼아 2010년 1년 내내 각기 다른 상황에 놓인 나라들과 끈질기게 협의를 계속하여 칸쿤합의를 성공으로 이끌었다. 중남미에는 쿠바, 베네수엘라, 볼리비아 등 선진국에 대한 급진적인 비판을 펼치는 나라들이 많은데 이러한 국가들 모두와 물밑협의를 거쳤고 최종 단계에서는 볼리비아 이외의 국가들을 칸쿤합의에 동의하도록 할 수 있었다.

COP 의장은 통상 의장국의 환경장관이 맡는 경우가 많은데 멕시코에서는 외무장관이 의장을 맡았고 실무 차원에서도 멀티 UN교섭에 경험이 많은 외교관이 교섭을 진두지휘했다. 코펜하겐에서의 교훈으로 기후변화문제가 환경문제인 동시에 각국의 이해가 복잡하게 얽혀있는 외교문제라는 것을 명확하게 인식하고 대응했던 첫 번째 국가라고 할 수 있을 것이다.

○ 펠리페 칼데론: 대통령. 코펜하겐의 COP15 현장에서는 차기 의장국 수장으로서 교섭의 마지막까지 지켜보고 있었다. 정상급 중 적극적으로 환경문제에 대한 의견을 개진하는 인물 중의 하나이다.

○ 에스피노사: 외무장관. 직업외교관 출신이며, 칼데론 대통령 지

명으로 COP16 의장을 맡았다. COP16이 개최되기까지 1년 내내 열정적으로 각국을 돌아다니며 합의형성에 노력했다.

○ 디알바: 외무부 기후변화특사. UN에서의 경력이 많은 베테랑 외교관으로 에스피노사 외무장관을 보좌하였다. 실무 차원에서 각국의 교섭책임자와 끈질긴 교섭을 하여 각국의 마지노선을 측정하는 한편 최대한 합의 가능한 문서로서 칸쿤합의가 작성되도록 하는 중심적 역할을 하였다. 일본 교섭팀과도 수없이 많은 협의를 하였다. COP16 이후 뉴욕의 UN대표부 상주대표가 되었다.

② 브라질

1992년의 리우 지구정상회의, 2012년의 리우+20을 주최한 국가로 환경문제에 관한 한, 개도국 중의 리더로서의 자부심이 강하다. 이 때문에 논리적으로는 선진국과는 상당히 다르지만 결과적으로는 공통되는 면도 있다. 아마존을 품고 있어 열대우림보전에도 큰 관심이 있다. 일본과 공동의장으로 매년 3월에 '기후변화문제 비공식회의'를 주최하고 있으므로 이 분야에서 일본과 관련이 많다.

브라질 대표단은 각료급에서는 환경장관이 담당하고 있지만 대사급의 고급실무 차원 밑으로는 외무성의 멀티교섭담당부국이 담당하고 있다.

○ 티 쉐일라: 환경장관.

○ 마샤드: 외무부 부차관. 국장 재직 시 기후변화교섭의 실무 차원의 수장을 맡고 있었다.

○ 라고: 외무부 국장. 마샤드의 후임으로 리우+20의 실무 차원의 책임자이기도 하다.

③ 남아프리카

COP17 의장국. 아프리카 유일의 대국이며 BASIC의 일원. 전년도 COP16 의장국인 멕시코가 1년 내내 주도적인 사전협의를 진행하였던 것에 비해 움직임이 느려서 그 지도력이 좀 위태로워 보이기도 했지만 COP의 최종 단계에서 하루 이상을 연장해 더반합의를 정리했던 끈질긴 인내는 경이로웠다.

매년 남아프리카의 대표단은 수자원・환경부가 중심이 된다. 하지만 COP17 때에는 멕시코의 예를 따라 외무장관이 COP 의장을 맡고 수자원・환경장관은 남아프리카의 대표단장을 담당하는 체제를 취했다.

○ 마샤바네: 외무장관. COP17 의장으로서 더반합의의 채택을 위해서 노력했다.

○ 디세코: 외부부 기후변화특사. 비엔나대표부에 근무하면서 다양한 UN외교의 경험을 쌓았던 것이 높은 평가를 받아 마샤바네 장관의 보좌역을 맡게 되었다.

○ 알프윌스: 수자원・환경부 부차관. 기후변화교섭 역사에 정통한 베테랑 교섭관으로, MEF의 단골이며 일본・브라질 공동주최 기후변화 비공식회의에도 매년 참여하여 얼굴을 맞댔다. 체격이 크며 하나로 묶어 뒤로 넘긴 긴 머리스타일이 특징이다.

④ **인도네시아**

COP13 의장국. 특히 열대우림 보전 분야에서의 존재감이 크다.

○ 라프맷 위트랄: 국가기후변화평의회 집행의장. 환경부장관으로서 COP13에서 의장을 맡았다. 2012년 4월의 제1회 동아시아 저탄소성장파트너십 대화에서는 겐바 고이치로(玄葉光一郎) 외무장관과 함께 공동의장을 지냈다.

○ 아그스 부르노모: 국가기후변화평의회 사무국장. 기후변화문제에서는 대통령보좌관도 겸임함.

⑤ **한국**

한국은 OECD 가입국이며 개발원조위원회(DAC) 멤버로서 원조국이 되었지만 UN기후변화협약상으로는 비부속서I국가, 즉 개도국 취급을 받고 있어 묘한 입장이 되었다.

이명박 정부하의 한국은 선진국과 개도국 간의 교두보 역할을 하며 녹색성장을 추진하는 활약상을 보여 주었다. 2012년의 COP18 의장국의 자리를 놓고 마지막까지 카타르와 경쟁하였고 녹색기후기금의 사무국 유치를 위한 노력을 하는 등 UN교섭에서도 적극적이다. 2010년부터 글로벌녹색성장연구소(Global Green Growth Institute)라는 조직을 설립하고 개도국의 녹색성장전략 수립을 국제적으로 지원하도록 적극적으로 호소하고 있다. 2012년에 이 연구소는 수십 개국으로 이루어지는 국제기관으로 변화되었다.

한국에서는 기후변화교섭을 각료급에서는 환경부장관, 실무 차원에서는 외교부의 기후변화대사가 책임자로서 대응하는 체제이다.

○ 한승수: 전직 국무총리, 외무부장관, 주미대사를 역임. UN총회 의장과 OECD 각료이사회장도 역임한 한국 정계의 핵심이다. 원래는 학자였고, 유창한 영어를 구사하여 국제회의에서의 발언권이 높다. OECD 각료이사회의장 재직 시에는 OECD 녹색성장전략 수립절차에 관여했다. 2010년부터 2012년 6월까지는 전술한 글로벌녹색성장연구소의 이사장직에 있으면서 대내외적으로 녹색성장 추진을 호소해 왔다.

○ 정래권: 전직 기후변화대사. 외교부에서 오랫동안 환경외교를 담당했던 베테랑 교섭관으로, 현재는 UN 아시아태평양위원회(ESCAP)의 환경개발국장으로서 아시아태평양 지역에서 그린로드맵 작성을 주도하고 있다. 에너지뿐만 아니라 교통정책이나 세제 등 여러 가지 공공정책을 동원하여 녹색성장을 촉진하도록 제창하고 있다.

⑥ 싱가포르

싱가포르는 OECD 가입국이지만 한국과 마찬가지로 UN체제상으로는 개도국 취급을 받고 있다. AOSIS(소도서국연합)의 일원이기도 하여 여러 얼굴을 가진 나라이다. 선진국·개도국 쌍방의 교섭 입장 차이를 노려 절묘한 타이밍에서 '사전결론'의 아이디어를 제시하는 기술이 좋다.

○ 바라 크리슈난: 환경부장관.

○ 가훌: 외무부 기후변화담당대사.

(바) 기타 선진국

① **호주**

호주는 자원이 많은 국가이며 지리적으로는 아시아태평양에 위치하지만 영국 등 유럽과 역사적 관련성이 있어 환경외교에서의 입장은 미묘하다. 탄소세 도입문제가 큰 요인이 되어 라드 정권에서 기라드 정권으로 교체되는 등 기후변화는 국내 정치상으로도 민감한 문제이다. 호주는 비EU의 선진국의 모임인 Umbrella Group의 의장국이며 뷰로회의(UN교섭에서의 간사회의와 비슷한 모임) 멤버로서 그룹 내의 조정이나 다른 그룹과의 정보교환에 적극적인 역할을 맡고 있다.

교토의정서 '연장'문제에 대해서는 지금까지 명확하게 입장을 밝히지 않았지만, 결국 COP18에서 EU 등과 나란히 2차 공약기간에 참가하였다.

○ 케빈 라드: 전직 수상. 전직 외무부장관.

○ 콘베: 기후변화장관.

○ 저스틴 리: 외무성 기후변화담당대사. 실무차원의 책임자.

② **뉴질랜드**

교섭에서는 호주와 거의 같은 입장을 취해 왔지만 교토의정서 '연장'문제에 대해서 2차 공약기간 불참을 선택하면서 호주와는 노선을 달리했다.

○ 팀 글로서: 기후변화장관. WTO 농업교섭에서 오랫동안 활약했던 인물이다.

○ 조 틴달: 기후변화담당대사.

③ 러시아

러시아는 기후변화교섭에서 일본과 마찬가지로 모든 주요국이 참가하는 법적 체제가 중요하며 일부의 국가들만 의무를 지는 교토의정서의 '연장'에는 반대하는 입장이다. 러시아는 UN기후변화협약상 부속서I국(선진국) 취급을 받고 있으며 일본의 '-6%'에 상응하는 수치목표(90년 대비 -0%)도 있지만 동서냉전 종료 후 구소련이 해체되면서 야기된 경제침체로 다른 구(舊)동유럽 국가들과 마찬가지로 CO_2 배출량은 감소되어 있다. 따라서 일본처럼 해외에서 크레디트를 구입하지 않고서는 목표를 달성할 수 없는 상황에 있는 것은 아니다. 도리어 다른 나라에 매각할 수 있는 배출권이 남아 있는 상황이며 이를 '핫에어'라고 한다.

○ 페드리키: 대통령고문. COP나 MEF에서 수석대표를 맡고 있는 러시아의 대표적 인물이다.

④ 캐나다

캐나다는 COP17 기간 중에 교토의정서 탈퇴할 것이라는 소문이 돌았고 실제로 COP17 직후에 탈퇴를 표명했다. 통보로부터 1년 후인 2012년 말에 의정서 탈퇴가 발효되어 2차 공약기간뿐만 아니라 1차 공약기간의 의무도 없어졌다. 수년 전부터 캐나다는 해외 크레디트 구입도 하지 않고 있었기에 사실상 1차 공약기간의 준수도 포기하고 있었던 듯하다. 이 점에 있어 1차 공약기간의 의무이행을 위한 노력을 계속하고 있던 일본과는 다르다.

○ 켄트: 환경부장관. COP17 직전에 교토의정서 탈퇴를 시사하여 일약 유명인이 되었고, COP 종료 직후에 정식으로 탈퇴를 표명했다.

○ 선책: 기후변화대사.

⑤ 노르웨이

인구 약 500만의 작은 나라지만, 국제보건이나 클러스터폭탄금지조약 등 여러 글로벌 과제에서 적극적으로 활동하고 의견을 밝혀 왔으며 기후변화문제도 그 중 하나이다. 교섭태도는 EU에 가깝지만 일본이나 미국, 호주 등과 마찬가지로 비EU의 선진국의 모임인 Umbrella Group의 일원이다. 2010년에는 산림보전 분야의 국제연대의 체제인 REDD+파트너십을 설립하는 오슬로 회의를 주관하는 등 산림보전에 특히 심혈을 기울이고 있다. 산유국이기도 하므로 석유판매 수입에서 비롯된 윤택한 자금이 그와 같은 적극적인 외교자세를 지탱하고 있는 듯하다.

○ 스토르텐베르크: 수상.

○ 도브란드: 더반 플랫폼 특별작업반회의 공동의장.

(사) 취약개도국

도서국가나 아프리카, 저개발개도국(LDC) 등은 자국의 CO_2 배출이 많지 않음에도 불구하고 온난화의 악영향은 가장 많이 받는 나라들이다. 국가 수가 많아서 그들의 주장에 선진국, 신흥개도국들도 귀를 기울이지 않을 수 없다는 측면에서 강력한 발언권을 가진다.

① AOSIS (소도서국연합)

기후변화교섭에서 가장 존재감이 큰 나라는 기후변화의 악영향에 가장 취약한 세계의 도서국가들이다. 이들 국가는 소도서국연합(Alliance of Small Island States)이라고 불리는 교섭그룹을 만들었으며 COP17까지는 그레나다(카리브)가, 2012년부터는 나우르(남태평양)가 의장국을 맡고 있다. 대부분은 남태평양과 카리브 해의 도서국가지만 몰디브(남아시아)나 Cape Verde(아프리카), 싱가포르(동남아시아) 등 다른 지역의 도서국가들도 포함된다. UN교섭에는 대부분 뉴욕의 UN대표부에서 참가하고 있다.

다음의 3명은 AOSIS의 주요 인물인데 2012년 7월에 개최한 일본과 AOSIS와의 기후변화정책회담 시에도 방일하는 등 일본과의 관계도 깊다.

- 데시마 윌리엄스: 그레나다 UN대표부 상주대표. 2011년까지 AOSIS 의장국으로서 소도서국을 대표해서 발언해 왔다.

- 세르윈 하트: 바베이도스 UN대표부 참사관.

○ 키샨크 크마르싱기: 트리니다드 토바고 대표. 더반플랫폼특별작업반 부의장·차기의장. 이후 UN교섭의 주요 인물 중 하나이다.

② 아프리카 국가들

한마디로 아프리카라고 표현하지만 각국의 사정은 저마다 달라 한마디로 정의내리기가 어렵다. 하지만 아프리카연합(AU) 그룹은 54개 아프리카대륙의 국가·지역을 묶는 하나의 큰 교섭그룹이다.

같은 지역그룹 중에서도 EU와 비교했을 때 AU 내에서의 정책조정은 파악하기가 쉽지 않다. COP17까지의 체제에서 정상급의 조정국은 에티오피아, 각료급의 조정국에는 말리, 교섭관급의 조정국은 콩고 민주공화국이었다.

○ 메레스: 에티오피아 수상. 브라운 영국 수상(이후 스토르텐베르크 노르웨이 수상)과 함께 개도국지원의 재원에 대해서 검토하는 UN자문그룹의 공동의장을 지냈다. 2012년 8월 사망했다.

(아) 산유국

기후변화교섭에서 조금 특이한 입장에 선 것이 산유국이다. 화석연료인 석유·천연가스 수출로 나라를 유지하고 있는 그들 입장에서는 화석연료에 대한 의존을 줄이도록 촉진하는 기후변화교섭은 그야말로 '적'일 뿐이다. 그래서 그들은 갖은 이유를 들어 교섭을 지연시키고 있는 것 같기도 한데, 온난화대책이 산유국경제에 주는 악영향을 보상하는 '대응조치(response measure)'를 해달라는 독특한 주장을 하고 있다. 2010년의 어느 UN작업반회의에서는 그러한 교섭태도에

짜증이 난 국제NGO가 사우디아라비아의 이름판을 변기에 던져 넣는 사건이 있었고 큰 문제가 되기도 했다.

① **사우디아라비아**

○ 알 사반: 장기간의 기후변화교섭에 있어 산유국의 대표 인물.

② **카타르**

COP18 의장국. 산유국이 COP 의장 신청을 해서 많은 관심을 받았다. 같은 산유국이라도 사우디아라비아와 비교하면 카타르는 국제교섭 테이블에서의 존재감은 크지 않으며, 그 수완은 미지수이나 많은 국제회의를 주최했던 경험이 있어 결국 COP18도 무난히 치러 냈다.

○ 압둘라 알 아티야: 행정감독청 장관. COP18 의장. 천연가스의 대일 수출을 인연으로 일본과의 관계도 깊다.

(자) '외국인 용병교섭관'

기후변화교섭 현장의 각국 정부교섭단에는 그 나라에 살지 않을 뿐 아니라 국적마저도 다른 교섭관이 존재감을 드러내는 경우가 있다. 특히 취약개도국에서는 환경교섭에 능숙한 외국인이 본국 정부 지휘관의 신임을 얻어 이른바 '외국인 용병'으로서 그 나라의 교섭단을 이끄는 경우가 있는 것이다.

이를테면 남태평양의 도서국가인 투발루의 교섭단은 호주의 환경NGO 출신인 호주인이 교섭에 참가하고 있다.

또 파푸아뉴기니에서는 뉴욕에 거점을 둔 열대우림 관련 NGO에 소속된 이탈리아인이 파푸아뉴기니 정부대표단의 일원으로서 교섭에 참가하고 있었다. 일본과 파푸아뉴기니가 공동의장으로 REDD파트너십 각료급회의를 개최했을 때에는 이 외국인 용병과 함께 준비를 했었다.

외국인 용병이 반드시 선진국 출신인 것은 아니다. COP15에서 개도국 교섭그룹 'G77+중국'의 의장국은 수단이었는데, 정부대표단에서 G77+중국을 대표하여 코펜하겐합의를 반대하는 대연합을 만들어 낸 것도 필리핀 국적의 교섭관이었다. 이 교섭관은 그 이후 필리핀 정부대표단으로 돌아갔다.

(차) UN

UN에서 기후변화교섭은 COP 의장국과 본에 있는 UN기후변화협약 사무국이 2인 3각의 형태로 1년의 교섭절차를 주도한다. COP 의장국이 각국과의 교섭을 마무리하기 위해서는 매년 이루어지는 기후변화교섭 실무에 정통한 협약사무국 직원의 지원을 받을 필요가 있으며 COP 성공을 위해서는 양자의 긴밀한 연대가 반드시 필요하다.

또한 각국 정상들의 관여를 얻어 내기 위해서는 UN사무총장 이하 뉴욕의 UN본부 사무국의 역할도 크다.

○ 반기문: UN사무총장. COP15보다 앞선 2009년 9월에 기후변화에 관한 정상회의를 개최하고 코펜하겐에서의 교섭타결을 위하여 국가정상들의 관여를 이끌어 낼 수 있도록 전력을 다했다. 그 이후로도 기후변화대책을 위한 자금에 관한 자문위원회나 '세계지속가능성패널(Global Sustainability Panal)'을 설치하는

등 주도권을 발휘하고 있다.

○ 크리스티나 피게레스(Christiana Figueres): 코스타리카 출신으로 2010부터 UN기후변화협약 사무국장을 맡고 있다.

이상 길게 소개 했지만 이들은 기후변화교섭에 나오는 주요 관계국의 각료, 수석교섭관급의 일부에 지나지 않는다. 각국마다 그 아래에 개별 주제별 전문가를 교섭관으로 거느리고 있으며 그들이 교섭의 실무를 담당하고 있기 때문이다.

표 20

<칼럼 4> COP의 이모저모 '화석상' 이벤트

기후변화교섭장에서의 NGO의 활동으로 언론에 자주 거론되는, 이른바 '화석상' 이벤트에 대해서 소개하고자 한다.

이는 세계의 환경 NGO의 모임인 Climate Action Network가 1999년부터 기후변화교섭 기간 중에 이행하고 있는 이벤트이다. 매일 교섭 석상에서의 각국 정부대표단의 발언을 골라내어 NGO 관계자가 투표를 하고, 교섭에 소극적이라고 여겨지는 나라를 지명하여 '오늘의 화석상(Fossil of the day)'을 수여하는 퍼포먼스를 하는 것이다.

일본도 교토의정서 '연장'에 대한 입장이 '퇴보적'이라는 이유로 몇 번인가 '화석상'을 받았고 일본 언론에서도 이를 보도하였다. 하지만 현장에서는 매일, 여러 나라가 다양한 이유로 이에 선정되고 있다. 가령 COP17 기간 중의 '화석상' 수여국가 일람은 별표에 정리해 두었다. 교토의정서 탈퇴보도로 화제를 모았던 캐나다 외에도 미국, 유럽, 일부 개도국 등 많은 나라가 도마 위에 올랐다. 일본은 2주째에 교토의정서 '연장'에 대한 방침에 변함이 없다는 것 때문에 딱 한 번 '화석상'을 받았을 뿐이다.

이 이벤트는 기후변화교섭에 대한 관심을 부르는 점에서는 확실히 역할을 하고 있다. 하지만 그 선정과정에는 고개가 갸웃거려지는 면이 있다. 예를 들어 코펜하겐 COP15에서 중국의 부정적인 대응이 한창이었던 것은 주지의 사실인데 중국이 '화석상'을 받은 적이 없다는 것이다. 중국의 NGO가 반대했다는 설도 있다. 또한 교섭현장에서는 당연한 광경이 되고 있는 일부 개도국 교섭관에 의한 '교섭을 위한 교섭'이라고도 볼 수 있는 문제행동이 다루어진 적도 없다. 그러한 행동을 비판적으로 보도하는 언론도 없다. 이 때문에 일반 국민들이 기후변화교섭의 실태를 알기가 어려워지는 것이다.

이러한 종류의 이벤트는 다른 나라・조직에 금기시되지 않도록 받아들여져야 가치가 있다. 금기시되는 순간 매너리즘에 빠지게 되고 이벤트 자체가 화석화될 수밖에 없다. 언론보도도 마찬가지일 것이다.

환경문제에 대한 여론의 관심을 불러 일으키는 것에 있어 NGO, 언론이 맡고 있는 역할은 매우 크다. 앞으로도 금기 없는 활동을 바란다.

COP17 '오늘의 화석상' 수상국가

화석상이란
UN기후변화협약에서 국제교섭이 이루어질 때 교섭에 가장 소극적이었던 나라(상위 몇 개국)에게 700개 이상의 조직으로 이루어진 국제적인 NGO 네트워크인 CAN(기후행동네트워크)이 수여하는 '상.' 1999년의 제5회 당사국총회(COP5, 독일 본) 이래 계속적으로 수여되고 있으며 회의기간 중 매일 '오늘의 화석상(Fossil of the day)'을 발표한다.

[11월 28일]
1위 캐나다
2위 캐나다
3위 영국

[11월 29일]
1위 캐나다
2위 미국

[11월 30일]
1위 폴란드
2위 캐나다

[12월 1일]
없음.

[12월 2일]
1위 브라질
2위 뉴질랜드
3위 캐나다

[12월 3일]
1위 터키

[12월 4일]
일요일이라서 발표하지 않음.

[12월 5일]
1위 러시아, 뉴질랜드
2위 사우디아라비아
3위 미국

[12월 6일]
1위 캐나다

[12월 7일]
1위 미국
2위 미국

[12월 8일]
1위 미국
2위 일본, 캐나다, 러시아
3위 뉴질랜드

[12월 9일]
1위 뉴질랜드

[2011년 대 화석상]
캐나다, 미국

출처: CAN발표를 기초로 필자가 작성.

제5장

'악마는 사소한 곳에 깃든다': 기후변화교섭의 수사학

들어가며

- 1년의 기후변화교섭을 집대성하는 'COP 결정문'

1년간의 기후변화교섭 논의의 결과는 최종적으로 연말의 COP 결정문에 집약된다. 그때까지의 여러 국제회의로 만들어진 막대한 양의 문서는 기본적으로 중간적인 성과물에 지나지 않는다. 물론 G8정상회의에서 만들어진 정상(頂上)문서는 상당한 무게를 지니고 있지만 당사국이 G8에 한정되므로 중국・인도 등이 '우리나라와는 상관없는데?'라고 해 버리면 어쩔 수가 없다. 어디까지나 모든 당사국이 관여된 COP 결정문(교토의정서 당사국회의의 경우는 CMP 성과문서)이 가장 고차원적인 정통성을 갖게 된다. 게다가 COP는 계속적인 절차이다. 그 해의 COP 마지막 날 채택된 COP결정은 이듬해 교섭의 기초가 되므로 그 영향은 몇 년 동안이나 계속된다. 협약이나 의정서의 개정, 새로운 의정서의 채택이라는 룰메이킹으로 이어질 가능성도 있다.

따라서 COP 결정문을 둘러싼 교섭절차는 매우 치열하다. 특히 각국 각료급이 현지에 도착하는 COP의 두 번째 주 며칠 동안은 주요국 각료급도 참여하여 격렬한 협상을 펼친다. 마지막 날인 금요일에는 일자가 바뀌어도 격론이 계속되는 일이 다반사이다. 결정문의 문언에 대해서는 조문뿐만 아니라 각주에서 인용문서에 이르기까지 토씨 하나까지도, 문자 그대로 지극히 세세한 부분까지 자세한 검토가 이루어지는 것이다.

그렇게 최종적으로 만들어진 문서에는 각국의 상이한 입장이 미묘한 균형점을 이루며 무지갯빛으로 아로새겨지게 된다. 국내에서도 정부의 문서에는 각 관계 부처의 협의를 거친 무지갯빛 표현이 들어가서 '가스미가세키(霞が関) 관청문화'[1]라는 야유를 받기도 하지만, 기후변화교섭의 성과문서 상의 문언을 두고 벌이는 교섭의 격렬함은 국내협상에 비할 바 아니다. 각국의 교섭책임자 사이에서 한 치의 양보도 없는 협상을 거쳐 막대한 양의 'COP문학'이 탄생되는 것이다.

- 기후변화교섭의 하이라이트: Drafting Session

기술적인 부분이기는 하지만 구체적인 문서안을 기초로 결정문을 만드는 drafting session이라는 마지막 절차가 UN기후변화교섭의 핵심이라고 보아도 좋을 것이다.

우선 문서안이 테이블에 오르기 전부터 교섭은 시작된 상태이다. 의장이 문서안을 제시하는 입장이므로 여기에 각종 경로로 자국의 입장을 전달하여 논의의 토대가 될 의장제안 문서안에 자국의 입장을 많이 반영할수록 유리해진다.

실제로 교섭의 테이블에 문서안이 오르면 그 자구(字句), 표현을 보고 자국의 교섭 상황에 비추어 문제가 없는지를 한정된 시간에 재빨리 판단한다. 받아들이거나 받아들이기 곤란하다면 가능한 대체방안을 판단하는 것이다. '악마는 사소한 곳에 깃든다(The devil is in the details)'는 말처럼 어디에 함정이 있을지 모르기 때문에 사소한 것까지도 주의를 기울여야 할 필요가 있는 것이다. 그리고 자기 자리 앞

1) 관례를 지켜 개선하려고도 하지 않고 예산을 핑계로 정경이 유착하여 권한을 한손에 쥐려고 하는 중앙관청의 관료주의를 비유하는 말. 가스미가세키는 일본 외무성을 빗대는 말이기도 함.

에 놓인 'Japan'이라는 이름표를 세워 놓고 발언을 하되 자국의 입장을 논리적으로 주장해야 하는 것이다.

당연한 일이지만 저마다 자국의 입장에 따라 여러 가지 주장을 한다. 하나의 자구, 표현을 둘러싸고 몇 번이나 토론이 벌어지는 경우도 자주 있다. 복수의 표현이 옵션으로 병기되거나, 콘센서스를 얻을 수 없었던 표현을 괄호에 넣기도 하는데, 최종 단계에서처럼 많은 인원이 동시에 각자의 주장을 하기 시작하면 좀처럼 수렴이 되지 않는다. 이 때문에 의장국은 되도록 논의의 확대를 피하려고 한다. 주요 논점별로 나누어 소수의 관심국가들만을 모아 자구·표현을 어느 정도 잡아 놓고 마지막 단계에서 이를 하나로 만들거나 논의의 흐름을 반영하여 의장제안 2차안, 3차안을 내면서 수렴해가는 것이다. 전자가 COP16에서 멕시코가 했던 방식이고 후자가 COP17에서 남아프리카가 했던 방식인데 특별히 정해진 방법이 있는 것은 아니다. 어떤 방식이든지 간에 임기응변이 중요한 것이다. 그곳에는 사전에 준비된 연설만으로는 커버할 수 없는 진검승부의 세계가 있다. 그러한 논의를

칸쿤 COP16에서의 소수국회의 회의장(일본대표단 관계자 촬영)

따라갈 수 없으면 국제교섭의 장에는 명함을 내밀 수가 없다.

각국의 정상들이 모였던 코펜하겐 COP15에서는 코펜하겐합의문의 표현 중 개도국의 온난화대책에 대한 검증방법에 초점이 맞추어졌고, 결국 미국·중국 간의 협상으로 결정되었다. 교토의정서 '연장' 문제에 초점이 맞춰졌던 칸쿤 COP16에서는 신기후체제와 교토의정서의 양쪽에 선진국과 개도국의 온난화대책을 어떻게 녹여 낼 것인지가 논의의 대상이었고, 일본 대표단이 결정문의 표현에 가장 부심해야만 했던 것도 이 부분이었다. 더반 COP17에서는 신기후체제의 법적 성격에 대한 표현을 둘러싸고 EU와 인도가 마지막까지 다투었다.

이번 장에서는 COP15에서 COP17까지의 결정문에서 표적이 되었던 부분을 중심으로 기후변화교섭의 일부분을 소개하도록 하겠다.

1. COP15: 코펜하겐합의의 하이라이트

아시는 바와 같이 COP15의 최대 하이라이트는 코펜하겐합의(the Copenhagen Accord)의 작성이었다. 이 문서 자체는 COP15에서 정식 COP결정으로 채택되지 못했지만 이듬해인 COP16 칸쿤합의의 기초가 되었기에 그 후의 기후변화교섭의 방향을 결정짓는 중요 문서였다는 점에는 변함이 없다. 무엇보다 오바마 미국 대통령이나 원자바오(溫家寶) 중국 총리, 하토야마 총리를 시작으로 주요국의 정상들이 문자 그대로 밤을 지새워 가며 수십 시간에 걸쳐 조문교섭에 관여했다는 사실이 이 문서에 특별한 무게를 더하고 있다.

코펜하겐합의 자체는 전체 12개의 문단으로 이루어진 짧은 문서이다. 하지만 장기목표(1, 2문단), 적응(3문단), 선진국·개도국의 완화행동(4, 5문단), 산림보전(6문단), 시장체제(7문단), 자금(8~10문단), 기술(11문단), 장기목표의 검토(12문단) 등으로 이루어져 기후변화교섭의 주요 문제를 거의 망라하고 있다. 그 중에서도 근간이 되는 것은 선진국과 개도국의 배출감축목표, 완화행동을 다룬 4, 5문단이다.

(1) 선진국의 배출감축목표

선진국의 배출감축목표를 다루고 있는 4문단은 제1문에서 부속서I국가(선진국)가 2020년까지의 배출감축목표를 이행한다고 약속하고, 그 목표를 2010년 1월 31일까지 협약사무국에 제출하기로 한다. 여기까지는 교토의정서에 들어가지 않는 미국을 포함하여 모든 선진국이 동일하다. 중요한 것은 제2문이다.

제2문에서는 제1문을 받는 형태로 '이에 따라 교토의정서의 당사국인 부속서I국가는 교토의정서로 개시된 배출감축을 보다 강화한다'고 하였다. 선진국 중 교토의정서 당사국(즉, 미국이 제외된다)의 완화조치에 대해서는 교토의정서와 관련하여 기술되어 있는 것이다. 이와 관련된 교섭과정에서는 어떤 개도국이 '교토의정서에 의해서 개시된(initiated by the Kyoto Protocol)'이 아니라 '교토의정서 하에서('under the Kyoto Protocol')'로 바꿔야 한다는 의견이 있었다. 제1문과 함께 양쪽 의견을 비교하면 다음과 같이 된다.

제1안)

Annex I Parties commit to implement individually or jointly the quantified economy-wide emissions targets for 2020, to be submitted in the format given Appendix I by Annex I Parties to the secretariat by 31 January 2010 for compilation in an INF document.

Annex I Parties that are Party to the Kyoto Protocol will thereby further strengthen the emission reductions initiated by the Kyoto Protocol.

제2안)

Jointly the quantified economy-wide emissions targets for 2020. to be submitted in the format given Appendix I by Annex I Parties to the secretariat by 31 January 2010 for compilation in an INF document.

Annex I Parties that are Party to the Kyoto Protocol will thereby further strengthen the emission reductions under the Kyoto Protocol.

일견 큰 차이가 없는 것처럼 보일 수도 있지만 이 두 안은 매우 다르다. 제1안인 'initiated by the Kyoto Protocol'의 경우에는 교토의정서 1차 공약기간 종료 후인 2013년부터 2020년 사이에 미국 이외의 선진국의 배출감축이 교토의정서 하에서 이루어지는 것인지, 즉 교토의정서를 '연장'할 것인지 여부에 대해서는 여전이 모호한 상태이다. 그러나 제2안인 'under the Kyoto Protocol'의 경우에는 미국 이외의 선진국은 2013년 이후에도 교토의정서하에서 배출감축목표를 설정해야 한다. 즉, 교토의정서 '연장'을 강하게 시사하는 것이 된다. 이는 일본으로서는 받아들일 수 없는 표현인 것이다. 결과적으로는 선진국 대표로부터 당연히 제1안을 유지해야 한다는 반론이 있었고 제1안의 표현으로 결정되었다.

(2) 개도국의 완화행동

개도국의 완화행동을 규정한 제5문단은 더욱 복잡하다. 개도국이 이행하는 완화행동의 투명성을 어떻게 확보할 것인지가 포인트였는데 완화행동에 관한 목표제출(제1문), 국내적 측정・보고・검증(MRV)을 거칠 것(제5문), 국제적 지원을 받은 완화행동에 대해서는 국제적 MRV를 거칠 것(제9문)까지는 비교적 매끄럽게 진행되었다. 하지만 국제적 지원 여부를 불문하고 개도국의 완화행동 전체에 대해 어떤 국제적인 검증을 받아야 하는지(제6문)에 대해서는 마지막까지 의견이 나뉘었다.

제5문단의 관련 부분은 다음과 같다. 제6문(밑줄 부분)은 최종적으로 미국・중국 정상급까지 참여해서야 정리될 수 있었다.

Non-Annex I Parties to the Convention will implement mitigation actions, including those to be submitted to the secretariat by non-Annex I Parties in the format given in Appendix I by 31 January 2010. for compilation in an INF document, consistent with Article4.1 and Article4.7 and in the context of sustainable development.(제1문)

Mitigation actions taken by non-Annex I Parties will be subject to their domestic measurement, reporting and verification the result of which will be reported through their national communications every two years.(제5문)

<u>Non Annex I Parties will communicate information of their actions through National Communications, with provisions for international</u>

consultations and analysis under clearly defined guidelines that will ensure that national sovereignty is respected.(제6문)

'비부속서I국(개도국)은, 각국의 주권의 존중을 확보하는 명확히 정해진 지침하에서 국제적인 협의 및 분석을 얻기 위해 국가별 보고서를 통해서 자국의(완화) 행동의 이행에 관한 정보를 송부한다.'

These supported nationally appropriate mitigation actions will be subject to international measurement, reporting and verification in accordance with guidelines adopted by the Conference of the Partied.(제9문)

여기서 말하는 국가별 보고란 UN기후변화협약 제4조, 제12조에 규정된 것으로, 선진국·개도국 모두 내용·빈도는 다르지만 제출 의무가 있다. 따라서 개도국의 입장에서도 그러한 기존의 국가별 보고 제도의 범위 내에서 제출하는 정보의 내용을 충실히 해야 한다는 점에 대해서는 별다른 저항감은 없었다.

문제는 그것이 '국제적인 협의 및 분석(international consultations and analysis)'이라는 코펜하겐합의에서 새로이 포함된 개념에 걸려 있다는 점이다. 저마다 이것이 자국의 국내시책에 타국의 간섭을 받게 되거나 모종의 국제적 의무로 이어질 수도 있다는 우려 때문에 강하게 반발했던 것이다. 한편 선진국들은 자신들의 배출감축목표는 현행 기후변화협약이나 교토의정서에서 국제적인 검증을 받는데, 개도국이 제출한 정보는 아무런 국제적 검증을 받지 않는다는 것은 균형을 잃은 것이라며 반발하였고, 특히 선진국과 개도국 간의 균형을 확보하라는 의회의 격렬한 요구에 시달리고 있는 미국은 국제적인 검증절차를 넣는 것에 강한 집착을 보이고 있었다.

오랫동안 이러한 협의를 거친 결과가 with provisions 이하의 문구들이다. '국제적인 협의 및 분석'의 지침은 이후의 교섭에 맡겨지게 되었으며 나아가 '각국의 주권 존중을 확보'한다는 상당히 무거운 문구까지 등장하게 된 것이다. 미국과 중국 외 신흥국 간의 타협의 산물이다. 결국 이 '국제적인 협의 및 분석'에 대해서는 COP16에서 COP17로, 다시 더반합의에 이르러서야 일정한 절차가 정리되었다.

2. COP16: 칸쿤합의의 하이라이트

COP16에서는 전술한 코펜하겐합의에 기초하여 선진국, 개도국이 각자 협약사무국에 제출한 배출감축목표・완화행동의 수치목표가 교토의정서 '연장'문제와 엮여서 관심의 주요대상이 되었다.

전술한 바와 같이 코펜하겐합의 4, 5문단은 선진국, 개도국에 각자의 배출감축목표 또는 완화행동을 2010년 1월 31일까지 협약사무국에 제출하도록 요구하고 있다. 일본은 2010년 1월 26일 지구온난화 문제에 관한 각료위원회의 양해를 얻어 '전제조건부 −25%'라는 목표를 제출했다. 미국, EU, 중국, 인도 등도 각각 제출하였다(중국, 인도 등은 기한을 넘겨 제출). 선진국의 목표는 Appendix I에, 개도국의 목표는 Appendix Ⅱ에 각기 정리되었다. 그러나 코펜하겐합의 자체가 COP와의 관계에서는 어디까지나 '유의'되는 문서에 지나지 않기 때문에 그에 기초하여 제출된 수치목표도 그대로라면 어중간한 상태가 된다. 기후변화협약이나 교토의정서에서 어떤 지위를 차지하게 될지도 알 수 없다. COP16에서는 이들 목표를 UN의 정식 성과문서로 고정(anchor)시키는 것이 신기후체제로 발전시키기 위한 중요한 단계로서 다루어졌다.

(1) COP결정과 CMP결정

우선, 도대체 UN의 정식 성과문서(최종 문서)란 무언가를 다시 확인해 둘 필요가 있다. 우리가 통상 COP라고 부르는 회의에서는 엄밀히는 두 개의 회의가 진행된다. 하나는 UN기후변화협약 당사국총회(Conference of the Parties)이다. 이는 1995년 이래 매년 열리고 있으며 칸쿤에서 열린 COP는 제16회가 되므로 COP16이라고 불린다. 여기에서의 성과문서는 'COP결정'이라고 한다. 한편 이 당사국총회 시에는 교토의정서 당사국회의(Meeting of the Parties)도 개최된다. 통상 Conference of the Parties를 '당사국총회'라고 번역하는 것에 반해 Meeting of the Parties는 '당사국회의'라고 한다. 후자에는 교토의정서에 참여하지 않은 미국은 포함되지 않는다(의결권이 없는 관찰자로서 참가하는 것은 인정된다).

교토의정서 당사국회의는 약칭하여 'CMP', 그 성과문서는 'CMP결정'이라고 불린다[CMP라고 불리는 것은 교토의정서 당사국회의가 UN기후변화협약 당사국총회와 함께 개최되며 교토의정서상으로도 '당사국의 모임으로 개최되는 당사국회의(Conference of the Parties serving as the Meeting of the Parties)'라고 기록되어 있는 것에서 유래된다]. CMP는 2005년부터 매년 열리고 있으므로 칸쿤에서의 CMP는 제6회째, 즉 CMP6이 된다. 따라서 엄밀히는 칸쿤에서 열린

COP16 및 CMP6이며, '칸쿤합의(the Cancun Agreements)'라는 성과 문서는 COP16에서의 COP결정문서와 CMP6에서의 CMP결정문서의 집합체를 말한다.

칸쿤에서는 Appendix I과 Ⅱ의 목록에 있는 선진국의 배출감축목표 및 개도국의 완화행동을 COP결정문서와 CMP결정문서 중 어느 것에 포함시킬지 또는 양쪽에 어떻게 포함시킬 것인지가 교섭의 최대 관심사였다. 두 개의 목표를 두 개의 문서(COP결정, CMP결정)에 어떻게 포함시킬 것인가에 대해서는 여러 가지 조합이 있을 수 있지만, 결국 COP결정에 두 개의 목표(선진국 목표와 개도국 목표)를, CMP결정에 하나의 목표(선진국 목표)만을 포함시키게 되었다. 이는 도표 5-1에서 알 수 있다.

도표 5-1. COP결정/CMP결정과 선진국 목표/개도국 목표

	COP결정	CMP결정
선진국 목표 (Appendix I)	○	○
개도국 목표 (Appendix Ⅱ)	○	×

당시 선진국은 COP결정에 중점을 두고 모든 주요국이 들어가는 포괄적 체제로 이어 가는 것을 목표로 하고 있는 것에 반해, 개도국은 CMP결정에 중점을 두고 교토의정서 '연장'으로 가져가려 하고 있었으므로 양자의 타협의 산물이라고 볼 수 있다.

(2) 각국의 목표의 확정(anchor)

다음은 목표를 COP결정 및 CMP결정 속에 어떠한 표현으로 녹여낼 것인가 하는 것이 문제였다. 이에 대해서는 여러 가지 가능성이 있을 수 있었다.

첫 번째 선택지는 법적 구속력 있는 체제로 직접 연결하는 방법이다. 즉, 각국의 배출감축목표나 완화행동을 포함한 기후변화협약의 개정안 내지는 교토의정서의 개정안을 COP(교토의정서를 개정할 경우에는 CMP)에서 채택할 것을 결정(decide to adopt)하고, 당사국의 국내비준절차로 가져가는 것이다. 실제로 많은 개도국 최대의 주장은 (그들 스스로의 완화행동을 법적 의무로 만들 것이냐에 대한 것은 뒤로하고) 선진국의 배출감축목표를 법적 의무로 만들기 위해서 교토의정서 개정안(각국의 수치목표를 목록화한 부속서B를 개정)의 채택을 결정하자는 것이었다. 이 경우, 교토의정서 당사국이 아닌 미국을 어떻게 취급할 것인가 하는 문제가 남는데 '다른 선진국과 동등한 법적 의무를 져야 한다'는 일반론 이상의 구체적 대안은 없었다.

두 번째 선택지는 COP 및 CMP의 의사결정으로 이러한 각국의 배출감축목표나 완화행동을 이행해 나갈 것을 선언하는 방식이다. '당사국은 ~을 이행할 것을 결정한다(decides that parties will implement~)'는 식이다. 실현되지는 못했지만 전년도에 코펜하겐합의 내용 전체를 정치적으로도 구속력 있는 것(politically binding)으로 만들기 위해 COP15 최종 단계에서 이를 COP결정으로 채택하려고 했던 방법이 여기에 해당한다. 또한 '정치적 2차 공약기간(political 2nd commitment period)'이라고 불리는 CMP결정의 형태로 교토의정서 당사국에 의한

2차 공약기간 설정 의사를 표명하는 것도 이에 해당한다. 이러한 COP결정(내지는 CMP결정) 자체는 즉시 법적 의미를 갖게 되는 것은 아니다. 그러나 기후변화교섭은 지속적인 절차이며 어느 해의 COP에서 이러한 결정이 이루어지면 다음 해에는 이를 조금 더 진행시키게 된다. 장래의 교섭의 방향성을 좌우하게 되기 때문에 어떤 표현으로 COP결정(내지는 CMP결정)이 이루어지는 지가 중요한 것이다.

여러 가지 의견이 있었지만 결국 COP결정에서 선진국 및 개도국의 목표, CMP결정에서 선진국(을 포함한 미국)의 목표에 '유의한다(takes note of)'고 표현하는 것에 그치게 되었다. 전술한 두 선택지 중에서도 가장 약한 표현이 된 것이다. COP・CMP결정문서에서는 여러 가지 표현이 있을 수 있지만 가장 강력한 것은 '~을 결정한다(decides)'는 표현이다. 이 외에도 내용에 따라 '요청한다(calls upon)', '요구한다(requests)'라는 표현도 사용된다. 이들과 비교하면 '유의한다(takes note of)'는 상당히 약한 표현이다. 선진국이 지향하는 신기후체제와 개도국이 요구하는 교토의정서 '연장'의 균형에 대한 합의가 이루어지지 않았기에 가급적 이후의 방향성을 예단하지 않는 표현이 선택되었던 것이다.

최종적인 문안은 다음과 같다(자료 5-1은 최종일 이틀 전인 12월 8일 오후 이후부터 일본을 포함한 소수의 관심국가 모임에서 계속 논의되었고, 12월 9일이 지나고도 또 한 번 날짜가 바뀐 최종일인 10일 오전 3시경에 합의된 그대로의 문서이다. COP결정안과 CMP결정을 나란히 두고 양자의 균형을 잡기 위한 격렬한 논의가 있었던 것을 잘 알 수 있다).

(COP결정)

Takes note of quantified economy-wide emission reduction targets to be implemented by Parties included in Annex I to the Convention as communicated by them and contained in document FCCC/SB/2010/INF.X (문서X)

Takes note of nationally appropriate mitigation actions to be implemented by non-Annex I Parties as communicated by them and contained in document FCCC/AWGLCA/2010/INF.Y (문서Y)

(CMP결정)

Takes note of quantified economy-wide emission reduction targets to be implemented by Parties included in Annex 1 to the Convention as communicated by them and contained in document FCCC/SB/2010/INF.X (문서X)

여기에서 말하는 문서X, Y는 코펜하겐합의에서의 Appendix I, Ⅱ를 말한다. 선진국의 배출감축목표, 개도국의 완화행동이 UN의 정식 문서가 된 것이다. 문서 X에는 일본, 유럽, 미국을 포함한 선진국의 배출감축목표가 포함되어 있는데, 교토의정서의 당사국이 아닌 미국의 목표가 COP결정뿐만 아니라 CMP결정에서도 take note되어 있다는 것은 사실 엄밀히 보면 매우 이상한 것이다. 그러나 바로 그러한 이유 때문에 일부러 그렇게 한 것이다. 협의의 과정에서도 CMP결정에서는 미국의 목표를 제외하라는 제안이(미국 이외의 나라에서) 나온 적도 있다. 하지만 미국을 뺀 선진국의 숫자가 CMP결정으로 take note되면 이는 교토의정서 '연장'의 방향성을 예단하는 결과가 된다는 주장을 일본을 포함하는 몇몇 나라가 하였고 그 결과 COP결정과 CMP결정에서 take note되는 문서X가 대동소이한 형태로 만들어진 것이다.

이러한 생각은 문서 X, Y의 문서형식에도 나타나 있다. 문서 X, Y에서의 FCCC란 UN기후변화협약(Framework Convention of Climate Change), SB란 협약에 규정된 상설기관인 부속기구(Subsidiary Body). AWGLCA는 COP13에서 설치되었고 신기후체제에 대해서 논의해 온 협약작업반(Ad-hoc Working Group on Long-term Cooperative Action)을 말한다. 원래대로라면 지금까지의 교섭경위로 보아 CMP결정에서 take note하는 문서에 의정서작성반(Ad-hoc Working Group on Kyoto Protocol)을 나타내는 AWGKP의 기호를 붙이는 것도 이상하지 않다. 사실 미국을 뺀 나머지 숫자만으로 문서를 만들자는 제안도 있었다. 하지만 전술한 바와 같이 미국을 특별 취급할 수는 없었다. 그렇기 때문에 일본 등의 주장도 반영하는 의미에서 기후변화협약의 상설기관인 SB의 기호를 붙인 동일문서를 COP결정, CMP결정 양쪽에서 take note하는 형태로 마무리된 것이다.

여기에서 한발 더 나아가 미국·중국이 들어가지 않는 교토의정서 '연장'에 일본의 수치목표만 따로 사용되지 않도록 양쪽으로 손을 써 두었다. 미국이 들어 있다고는 하지만 전술한 CMP결정에서 take note되는 문서 X에는 일본의 수치목표('전제조건부 -25%')가 포함되어 있기 때문이다.

그 하나가 CMP결정의 각주이다. 교토의정서 '연장', 즉 2차 공약기간에 수치목표를 넣기 위해서는 해당 국가의 서면동의가 있어야 한다는 교토의정서 제21조 7항의 권리를 각주에 기재했다. 표현은 다음과 같다.

The content of the table in this information document is shown without prejudice to the position of the Parties or to the right of Parties under Article21, paragraph7 of the Kyoto Protocol.

또 하나는 일본의 입장을 대내외에 밝히는 문서를 발표했다.

상술한 바와 같이 성과문서상으로는 COP결정과 CMP결정의 양쪽에 일본의 수치목표가 take note되어 있다. 하지만 어디까지나 일본의 수치목표는 미국・중국 등 주요 배출국의 수치목표가 있는 COP결정에서만 의미가 있는 것이며 교토의정서의 CMP결정에서는 의미가 없다. 즉, 교토의정서 '연장'에 사용될 일은 없다. 현지대표단의 사카바 미츠오(坂場三男) COP16담당대사가 그러한 취지를 명기한 서류를 피게레스 협약사무국장에 제출하여 대내외적으로 확고하게 하였다(자료 5-2). 이는 교토의정서 '연장' 반대로 동일한 입장에 있는 러시아와 보폭을 맞춘 것이며 그 주요 부분은 다음과 같다.

The Government of Japan would like to make it abundantly clear that it has no intention to be under obligation of the second commitment period of the Kyoto Protocol after 2012. The target submitted by Japan in accordance with the Copenhagen Accord is only relevant in the negotiation of AWG-LCA not in the AWG-KP.

실무급의 서류인 이유는 문서내용이 기술적이라는 점과 수령인인 협약사무국장이 실무급이라는 것 때문이다. 하지만 이는 대표단장인 마쓰모토 환경장관에게도 양해를 얻어 발송했던 일본정부대표단의 공식 문서이다.

이러한 일련의 대응으로 일본정부대표단은 교토의정서 '연장'에는 찬성하지 않는다는 스스로의 입장을 견지하면서도 칸쿤합의 성립을 위한 최대한의 공헌을 한 것이다.

자료 5-1. 칸쿤합의 (관련 부분 발췌)

Evening language 9 December 02.53am

COP

Agrees that the AWG LCA shall aim to complete its work on an agreed outcome under the Bali Action Plan and have its results adopted by the COP as early as possible.
1bi: Takes note of quantified economy wide emission reduction targets to be implemented by Annex I Parties as communicated by them and contained in document FCCC/SB/2010.INF X;
1b2: Takes not of nationally appropriate mitigation actions to be implemented by non-Annex I Parties as communicated and contained in document FCCC/LCA/AWG/2010/INF Y;*

* Parties communications to the Secretariat that are included in the INF document are considered communications under the Convention.

CMP

Agrees that the AWG KP shall aim to complete its work and have its results adopted by the CMP of the KP as early as possible and in time to ensure that there is no gap between the first and second commitment periods.
Takes note of quantified economy wide emission reduction targets to be implemented by Annex I Parties as communicated by them and contained in document FCCC/SB/2010/INF X;*
Agrees that further work is needed to translate emission reduction targets to quantified economy wide limitation or reduction commitments.
* The content of the table in this INF document are shown without prejudice to the position of the Parties nor the right of Parties under article 21, paragraph 7 of the KP

자료 5-2. COP담당대사가 피게레스 협약사무국장 앞으로 보낸 2012년 12월 10일자 문서

Ministry of Foreign Affairs
Tokyo, Japan

10 December, 2010

Mrs. Cristiana Figueres
Executive Secretary of the UNFCCC

Dear Mrs. Figueres,

Japan confirms its readiness to achieve its target for emission reduction of GHG in 2020 in accordance with the Copenhagen Accord.

The submission of the target, dated 26th of January 2010, is premised on a new, fair and effective international framework.

The Government of Japan would like to make it abundantly clear that it does not have any intention to be under obligation of the second commitment period of the Kyoto Protocol after 2012. The target submitted by Japan in accordance with the Copenhagen Accord is only relevant in the negotiation of AWG-LCA not in the AWG-KP.

Sincerely yours,

Mitsuo Sakaba
Ambassador for
COP16 of the UNFCCC

3. COP17: 더반합의의 하이라이트

제3장에서 말한 대로 COP17의 초점은 법적 체제를 둘러싼 것이었다. 즉, 더반합의(the Durban Agreements)를 구성하는 네 개의 성과문서 중 다음 두 가지가 상호 관련된 형태로 논의되었다.

① 신기후체제(더반플랫폼)의 구축에 관한 COP결정

② 교토의정서의 2차 공약기간설정을 위한 CMP결정

(1) 신기후체제의 설정을 향한 절차

우선 신기후체제에 대해서는 협의의 장, 일정표, 법적 성격 등이 주요 논점이 되었고 제3장에서 소개한 바와 같이 지속적인 협의가 이루어졌다.

그 결과 모든 당사국에 적용되는(applicable to all Parties) 신기후체제 구축절차를 만들고, 이를 위한 새로운 특별작업반(더반플랫폼)을 설립하며, 신기후체제는 늦어도 2015년까지(no later than 2015) 수립하는 것으로 하여 COP21에서 채택하고 2020년부터(from 2020) 이행할 것 등이 결정되었다. 성과문서의 제2문단과 제4문단이 그 근간이 되었다(자료 5-3).

(2문단)

Also decides to launch a process to develop <u>a protocol, another legal instrument or an agreed outcome with legal force</u>, under the United Nations Framework Convention on Climate Change applicable to all

Parties, through a subsidiary body under the Convention hereby established and to be known as the Ad Hoc Working Group on the Durban Platform for Enhanced Action.

(4문단)

Decides that the Ad Hoe Working Group on the Durban Platform Enhanced Action shall complete its work as early as possible but no later than 2015 in order to adopt this protocol, another legal instrument or an agreed outcome with legal force at the twenty-first session of the Conference of the Parties and for it to come into effect and be implemented from 2020.

마지막까지 합의되지 못했던 것이 신기후체제의 법적 성격에 관한 표현(2문단 밑줄 부분)이다. 이 부분은 의장국 남아프리카가 제안한 것으로 웹으로 공표된 1차안에서는 legal framework라고만 적혀 있었다. 여러 가지 형태로 이해할 수 있는 폭넓은 표현이다.

이에 대하여 EU나 소도서국 등에서 표현이 너무 약하다는 의견이 있었고, 2차안에서는 a protocol or another legal instrument로 바뀌었다. 신기후체제의 법적 성격으로서 두 가지 옵션을 열거한 것이다. 참고로 이 표현은 교토의정서로 이어지는 법적 체제의 구축절차를 만들어 낸 1995년의 COP1에서 채택한 '베를린 맨데이트'와 동일한 표현이다. 그러나 '베를린 맨데이트'가 선진국들만을 대상으로 하고 있었던 것에 반해 이번에는 모든 당사국에 적용된다는 점이 다르다.

여기에 보다 폭넓은 가능성을 확보해 두어야 한다는 인도의 주장에 따라 세 번째 옵션으로서 legal outcome이 추가되었다. 그러나 이

세 번째 옵션도 표현이 약하다고 염려하는 EU와 이에 반발하는 인도 사이에 마찰이 발생하였다.

최종적으로는 마지막 단계에서 회의장 내의 각국 교섭관들이 머리를 맞대어 의논한 결과, 세 번째 옵션은 agreed outcome with legal force로 수정되었다. 일련의 교섭과정에서의 표현의 변화상을 정리해 보면, 다음과 같다.

legal framework

→ a protocol or another legal instrument

→ a protocol, another legal instrument or legal outcome

→ a protocol, another legal instrument or an agreed outcome with legal force

이 agreed outcome이라는 표현은 2007년의 COP13에서 채택된 '발리행동계획'에서 신기후체제의 구축을 기대하며 새로운 작업반(AWG-LCA)을 설치할 때 목표가 되는 최종 성과문서의 법적 성격에 대한 표현과 같다. agreed outcome의 뒤에 legal force가 붙은 것이 발리와 더반의 차이인데, 이것이 무엇을 의미하는지에 대한 통일된 인식은 없다. 무지갯빛 결말인 것이다.

(2) 교토의정서 '연장'을 향한 합의

다음은 교토의정서 '연장'문제이다.

COP17의 결과에 대해서 많은 언론이 "교토의정서 '연장' 결정"이라고 보도했지만 엄밀히는 교토의정서 '연장'(2차 공약기간 설정)을 '향한' 결정이며, '연장' 그 자체가 결정된 것은 아니다. 한 발짝 못 미치는 수준인 것이다. 교토의정서 '연장'을 위해서는 선진국들의 2차 공약기간 동안의 수치목표(QELRO: Quantified Emissions Limitaion or Reduction Objectives)를 기재한 부속서 B의 개정을 포함한 의정서개정안을 CMP에서 채택해야 하고 그 후에는 각국이 이를 비준하고 개정의정서가 발효되어야 한다. 이번의 CMP결정은 비준 가능한(ratifiable) 의정서 개정안 그 자체가 아니라 그에 이르기까지의 절차를 결정한 것 뿐이다(자료 5-4). 제5문단에서는 코펜하겐합의・칸쿤합의에 따라 선진국이 제출한 배출감축목표를 교토의정서용 수치목표(QELRO)로 전환(convert)하여 그 정보를 2012년 5월 1일까지 제출할 것을 요청(invite)하고 있다. 또한 별표에서 각국의 여러 수치목표(1차 공약기간 목표, 각국이 제출한 배출감축 목표)와 2차 공약기간 목표 항목(이 시점에서는 각국 모두 공란)이 정리되어 있다.

이 별표에서 일본・러시아・캐나다는 1차 공약기간 목표 외의 항목에 괄호가 쳐져 있고 별도취급을 받고 있다. 나아가 각주에 일본이 교토의정서의 2차 공약기간에서 의무를 질 의사가 없다는 뜻을 전달했다는 사실이 다음과 같이 명시되어 있다.

In a communication dated 10 December 2010, Japan indicated that it does not have any intention to be under obligation of the second commitment period of the Kyoto Protocol after 2012.

이는 전술한 바와 같이 COP16 마지막 날에 사무국장 앞으로 사카바(坂場) 대사가 보낸 문서를 말한다. COP16에서의 대응이 COP17의 협의의 기초가 되었다는 것을 알 수 있다.

나아가 COP17 일본정부대표단이었던 호리에 마사히코 지구환경문제담당대사도 COP16 때와 마찬가지로 일본의 입장을 밝히는 문서를 피게레스 사무국장 앞으로 발송하였다(자료 5-5). 동 문서에서는 이전 연도의 사카바 대사의 문서를 인용하면서 교토의정서 2차 공약기간에는 참가할 수 없다는 일본의 입장에 변함이 없다는 것과 교토의정서의 수치목표에 대한 정보제출을 요청하는 제5문단 규정이 일본에는 적용되지 않는 것으로 이해하겠다는 것을 명백히 하고 있다.

이상으로 이번의 더반합의에서 일본은 타국이 '연장'에 참가하는 것은 용인하겠으나 일본 자신은 들어가지 않겠다는 입장을 확실히 확보하였다. 전년도에서 이어지는 교섭경위를 받아들이면서도 아슬아슬하게 경계선에 서기로 한 결과이다.

자료 5-3. 더반합의 (신기후체제 설정 관련)

FCCC/CP/2011/9/Add.1

Decision 1/CP.17

Establishment of an Ad Hoc Working Group on the Durban Platform for Enhanced Action

The Conference of the Parties,

Recognizing that climate change represents an urgent and potentially irreversible threat to human societies and the planet and thus requires to be urgently addressed by all Parties, and acknowledging that the global nature of climate change calls for the widest possible cooperation by all countries and their participation in an effective and appropriate international response, with a view to accelerating the reduction of global greenhouse gas emissions,

Noting with grave concern the significant gap between the aggregate effect of Parties' mitigation pledges in terms of global annual emissions of greenhouse gases by 2020 and aggregate emission pathways consistent with having a likely chance of holding the increase in global average temperature below 2 °C or 1.5 °C above pre-industrial levels,

Recognizing that fulfilling the ultimate objective of the Convention will require strengthening of the multilateral, rules-based regime under the Convention,

Noting decision 1/CMP.7,

Also noting decision 2/CP.17,

1. *Decides* to extend the Ad Hoc Working Group on Long-term Cooperative Action under the Convention for one year in order for it to continue its work and reach the agreed outcome pursuant to decision 1/CP.13 (Bali Action Plan) through decisions adopted by the sixteenth, seventeenth and eighteenth sessions of the Conference of the Parties, at which time the Ad Hoc Working Group on Long-term Cooperative Action under the Convention shall be terminated;

2. *Also decides* to launch a process to develop a protocol, another legal instrument or an agreed outcome with legal force under the Convention applicable to all Parties, through a subsidiary body under the Convention hereby established and to be known as the Ad Hoc Working Group on the Durban Platform for Enhanced Action; **2문단**

3. *Further decides* that the Ad Hoc Working Group on the Durban Platform for Enhanced Action shall start its work as a matter of urgency in the first half of 2012 and shall report to future sessions of the Conference of the Parties on the progress of its work;

4. *Decides* that the Ad Hoc Working Group on the Durban Platform for Enhanced Action shall complete its work as early as possible but no later than 2015 in order to adopt this protocol, another legal instrument or an agreed outcome with legal force at the twenty-first session of the Conference of the Parties and for it to come into effect and be implemented from 2020; **4문단**

5. *Also decides* that the Ad Hoc Working Group on the Durban Platform for Enhanced Action shall plan its work in the first half of 2012, including, inter alia, on mitigation, adaptation, finance, technology development and transfer, transparency of action and support, and capacity-building, drawing upon submissions from Parties and relevant technical, social and economic information and expertise;

2

6. *Further decides* that the process shall raise the level of ambition and shall be informed, inter alia, by the Fifth Assessment Report of the Intergovernmental Panel on Climate Change, the outcomes of the 2013–2015 review and the work of the subsidiary bodies;

7. *Decides* to launch a workplan on enhancing mitigation ambition to identify and to explore options for a range of actions that can close the ambition gap with a view to ensuring the highest possible mitigation efforts by all Parties;

8. *Requests* Parties and observer organizations to submit by 28 February 2012 their views on options and ways for further increasing the level of ambition and decides to hold an in-session workshop at the first negotiating session in 2012 to consider options and ways for increasing ambition and possible further actions.

10th plenary meeting
11 December 2011

자료 5-4. 더반합의 (교토의정서 '연장' 관련)

FCCC/KP/CMP/2011/10/Add.1

Decision 1/CMP.7

Outcome of the work of the Ad Hoc Working Group on Further Commitments for Annex I Parties under the Kyoto Protocol at its sixteenth session

The Conference of the Parties serving as the meeting of the Parties to the Kyoto Protocol,

Recalling Article 3, paragraph 9, of the Kyoto Protocol,

Also recalling Article 20, paragraph 2, and Article 21, paragraph 7, of the Kyoto Protocol,

Further recalling decisions 1/CMP.1, 1/CMP.5 and 1/CMP.6,

Noting with appreciation the work of the Ad Hoc Working Group on Further Commitments for Annex I Parties under the Kyoto Protocol,

Noting also the importance of developing a comprehensive global response to the problem of climate change,

Recognizing the importance of ensuring the environmental integrity of the Kyoto Protocol,

Cognizant of decision 2/CP.17,

Emphasizing the role of the Kyoto Protocol in the mitigation effort by Parties included in Annex I, the importance of ensuring continuity in mitigation action by those Parties and the need to begin the second commitment period of the Kyoto Protocol without delay,

Aiming to ensure that aggregate emissions of greenhouse gases by Parties included in Annex I are reduced by at least 25–40 per cent below 1990 levels by 2020, noting in this regard the relevance of the review referred to in chapter V of decision 1/CP.16 to be concluded by 2015,

Taking note of the outcomes of the technical assessment of forest management reference levels referred to in decision 2/CMP.6, paragraph 5,

1. *Decides* that the second commitment period under the Kyoto Protocol shall begin on 1 January 2013 and end either on 31 December 2017 or 31 December 2020, to be decided by the Ad Hoc Working Group on Further Commitments for Annex I Parties under the Kyoto Protocol at its seventeenth session;

2. *Welcomes* the agreement achieved by the Ad Hoc Working Group on Further Commitments for Annex I Parties under the Kyoto Protocol on its work pursuant to decisions 1/CMP.1, 1/CMP.5 and 1/CMP.6 in the areas of land use, land-use change and forestry (decision 2/CMP.7), emissions trading and the project-based mechanisms (decision 3/CMP.7), greenhouse gases, sectors and source categories, common metrics to calculate the carbon dioxide equivalence of anthropogenic emissions by sources and removals by sinks, and other methodological issues (decision 4/CMP.7), and the consideration of information on potential environmental, economic and social consequences, including spillover effects, of tools, policies, measures and methodologies available to Annex I Parties (decision 5/CMP.7);

3. *Takes note* of the proposed amendments to the Kyoto Protocol developed by the Ad Hoc Working Group on Further Commitments for Annex I Parties under the Kyoto Protocol as contained in annexes 1, 2 and 3 to this decision;

2

4. *Also takes note* of the quantified economy-wide emission reduction targets to be implemented by Parties included in Annex I as communicated by them and presented in annex 1 to this decision and of the intention of these Parties to convert these targets to quantified emission limitation or reduction objectives (QELROs) for the second commitment period under the Kyoto Protocol;

5. *Invites* Parties included in Annex I listed in annex 1 to this decision to submit information on their QELROs for the second commitment period under the Kyoto Protocol by 1 May 2012 for consideration by the Ad Hoc Working Group on Further Commitments for Annex I Parties under the Kyoto Protocol at its seventeenth session; } 5문단

6. *Requests* the Ad Hoc Working Group on Further Commitments for Annex I Parties under the Kyoto Protocol to deliver the results of its work on QELROs to the Conference of the Parties serving as the meeting of the Parties to the Kyoto Protocol at its eighth session with a view to the Conference of the Parties serving as the meeting of the Parties to the Kyoto Protocol adopting these QELROs as amendments to Annex B of the Kyoto Protocol at that session, while ensuring coherence with the implementation of decision 2/CP.17;

7. *Also requests* the Ad Hoc Working Group on Further Commitments for Annex I Parties under the Kyoto Protocol to assess the implications of the carry-over of assigned amount units to the second commitment period on the scale of emission reductions to be achieved by Parties included in Annex I in aggregate for the second commitment period with a view to completing this work at its seventeenth session;

8. *Further requests* the Ad Hoc Working Group on Further Commitments for Annex I Parties under the Kyoto Protocol to recommend appropriate actions to be taken to address the implications referred to in paragraph 7 above and to forward these recommendations in time for consideration by the Conference of the Parties serving as the meeting of the Parties to the Kyoto Protocol at its eighth session;

9. *Requests* the Subsidiary Body for Scientific and Technological Advice to assess and address the implications of the implementation of decisions 2/CMP.7 to 5/CMP.7 referred to in paragraph 2 above on the previous decisions on methodological issues related to the Kyoto Protocol adopted by Conference of the Parties serving as the meeting of the Parties to the Kyoto Protocol including those relating to Articles 5, 7 and 8 of the Kyoto Protocol, with a view to preparing relevant draft decisions for consideration and adoption by the Conference of the Parties serving as the meeting of the Parties to the Kyoto Protocol at its eighth session, and noting that some issues may need to be addressed at subsequent sessions of the Conference of the Parties serving as the meeting of the Parties to the Kyoto Protocol;

10. *Requests* the Ad Hoc Working Group on Further Commitments for Annex I Parties under the Kyoto Protocol to aim to deliver the results of its work pursuant to decision 1/CMP.1 in time to complete its work by the eighth session of the Conference of the Parties serving as the meeting of the Parties to the Kyoto Protocol.

Annex 1

Proposed amendments to Annex B to the Kyoto Protocol

The following table shall replace the table in Annex B to the Protocol:

Annex B

1	2	3	4	5	6
Party	Quantified emission limitation or reduction commitment (2008–2012) (percentage of base year or period)	Quantified emission limitation or reduction commitment (2013–[2017] [2020]) (percentage of base year or period)	Reference year[1]	Quantified emission limitation or reduction commitment (2013–[2017] [2020]) (expressed as percentage of reference year)[1]	Pledges for the reduction of greenhouse gas emissions by 2020 (percentage of reference year)[2]
Australia[a]	108				
Austria	92	[b]	NA	NA	
Belarus[c,*]			1990		–5% to –10%
Belgium	92	[b]	NA	NA	
Bulgaria[*]	92	[b]	NA	NA	
Croatia[*]	95	[d]	1990		–5%
Cyprus[e]		[b]	NA	NA	
Czech Republic[*]	92	[b]	NA	NA	
Denmark	92	[b]	NA	NA	
Estonia[*]	92	[b]	NA	NA	
European Union[f,g]	92	[b]	NA	NA	–20% /–30%[h]
Finland	92	[b]	NA	NA	
France	92	[b]	NA	NA	
Germany	92	[b]	NA	NA	
Greece	92	[b]	NA	NA	
Hungary[*]	94	[b]	NA	NA	
Iceland	110	[i]	1990		–15% /–30%
Ireland	92	[b]	NA	NA	
Italy	92	[b]	NA	NA	
Kazakhstan[j,*]			1992		–15%
Latvia[*]	92	[b]	NA	NA	
Liechtenstein	92		1990		–20%/–30%
Lithuania[*]	92	[b]	NA	NA	
Luxembourg	92	[b]	NA	NA	

[1] A reference year may be used by a Party on an optional basis for its own purposes to express its QELRO as a percentage of emissions of that year, that is not internationally binding under the Kyoto Protocol, in addition to the listing of its QELRO in relation to the base year in the second and third columns of this table, which are internationally legally binding.

[2] Further information on these pledges can be found in document FCCC/SB/2011/INF.1/Rev.1.

1	2	3	4	5	6
Party	Quantified emission limitation or reduction commitment (2008–2012) (percentage of base year or period)	Quantified emission limitation or reduction commitment (2013–[2017] [2020]) (percentage of base year or period)	Reference year[1]	Quantified emission limitation or reduction commitment (2013–[2017] [2020]) (expressed as percentage of reference year)[1]	Pledges for the reduction of greenhouse gas emissions by 2020 (percentage of reference year)[2]
Malta[k]		[b]	NA	NA	
Monaco	92		1990		–30%
Netherlands	92	[b]	NA	NA	
New Zealand[l]	100				
Norway	101		1990		–30% to –40%[m]
Poland*	94	[b]	NA	NA	
Portugal	92	[b]	NA	NA	
Romania*	92	[b]	NA	NA	
Slovakia*	92	[b]	NA	NA	
Slovenia*	92	[b]	NA	NA	
Spain	92	[b]	NA	NA	
Sweden	92	[b]	NA	NA	
Switzerland	92		1990		–20% to –30%[n]
Ukraine*	100		1990		–20%
United Kingdom of Great Britain and Northern Ireland	92	[b]	NA	NA	
United States of America[o]					

Party	*Quantified emission limitation or reduction commitment (2008 - 2012) (percentage of base year or period)*
Canada[p]	94
Japan[q]	94
Russian Federation[r]*	100

일본, 캐나다, 러시아는 별도로 취급

Abbreviation: NA = not applicable.

* Countries that are undergoing the process of transition to a market economy.

5

Notes:

[a] *Australia is prepared to consider submitting information on its QELRO pursuant to decision 1/CMP.7, paragraph 5, following the necessary domestic processes and taking into account the decision on mitigation (2/CP.17), the 'indaba'/mandate outcome decision (1/CP.17) and decisions 2/CMP.7 (land use, land-use change and forestry), 3/CMP.7 (emissions trading and the project-based mechanisms), 4/CMP.7 (greenhouse gases, sectors and source categories, common metrics to calculate the carbon dioxide equivalence of anthropogenic emissions by sources and removals by sinks, and other methodological issues and 5/CMP.7 (consideration of information on potential environmental, economic and social consequences, including spillover effects, of tools, policies, measures and methodologies available to Annex I Parties).*

[b] *The QELROs for the European Union and its member States for a second commitment period under the Kyoto Protocol are based on the understanding that these will be fulfilled jointly with the European Union and its member States, in accordance with Article 4 of the Kyoto Protocol.*

[c] *Added to Annex B by an amendment adopted pursuant to decision 10/CMP.2. This amendment has not yet entered into force.*

[d] *Croatia's QELRO for a second commitment period under the Kyoto Protocol is based on the understanding that it will fulfil this QELRO jointly with the European Union and its member States, in accordance with Article 4 of the Kyoto Protocol. As a consequence, Croatia's accession to the European Union shall not affect its participation in such joint fulfilment agreement pursuant to Article 4 or its QELRO.*

[e] *At its seventeenth session, the Conference of the Parties decided to amend Annex I to the Convention by including the name of Cyprus (decision 10/CP.17). The amendment will enter into force on 1 January 2013 or a later date.*

[f] *Upon deposit of its instrument of approval to the Kyoto Protocol on 31 May 2002, the European Community had 15 member States.*

[g] *Upon deposit of its instrument of acceptance of the amendment to Annex B to the Kyoto Protocol on [date], the European Union had 27 member States.*

[h] *As part of a global and comprehensive agreement for the period beyond 2012, the European Union reiterates its conditional offer to move to a 30 per cent reduction by 2020 compared to 1990 levels, provided that other developed countries commit themselves to comparable emission reductions and developing countries contribute adequately according to their responsibilities and respective capabilities.*

[i] *Iceland's QELRO for a second commitment period under the Kyoto Protocol is based on the understanding that it will fulfil this QELRO jointly with the European Union and its member States, in accordance with Article 4 of the Kyoto Protocol. As a consequence, future accession by Iceland to the European Union shall not affect its participation in such joint fulfilment agreement pursuant to Article 4 or its QELRO.*

[j] *Kazakhstan has submitted a proposal to amend the Kyoto Protocol to include its name in Annex B with a quantified emission limitation and reduction commitment of 100 per cent for the first commitment period. This proposal is contained in document FCCC/KP/CMP/2010/4.*

[k] *At its fifteenth session, the Conference of the Parties decided to amend Annex I to the Convention by including the name of Malta (decision 3/CP.15). The amendment entered into force on 26 October 2010.*

[l] *New Zealand is prepared to consider submitting information on its QELRO, pursuant to decision 1/CMP.7, paragraph 5, following the necessary domestic processes and taking into account the decision on mitigation (2/CP.17), the 'indaba'/mandate outcome decision (1/CP.17) and decisions 2/CMP.7 (land use, land-use change and forestry), 3/CMP.7 (emissions trading and the project-based mechanisms), 4/CMP.7 (greenhouse gases, sectors and source categories, common metrics to calculate the carbon dioxide equivalence of anthropogenic emissions by sources and removals by sinks, and other methodological issues and 5/CMP.7 (consideration of information on potential environmental, economic and social consequences, including spillover effects, of tools, policies, measures and methodologies available to Annex I Parties).*

[m] *As part of a global and comprehensive agreement for the period beyond 2012 where major emitting Parties agree on emission reductions in line with the 2 °C target, Norway will move to a level of 40 per cent reduction for 2020 based on 1990 levels.*

[n] *Switzerland would consider a higher reduction target of 30 per cent by 2020 compared to 1990 levels under the condition that other developed countries commit themselves to comparable emission reductions and that economically more advanced developing countries contribute adequately according to their responsibilities and respective capabilities.*

[o] *Countries that have not ratified the Kyoto Protocol.*
[p] *On 8 June 2011, Canada indicated that it does not intend to participate in a second commitment period of the Kyoto Protocol.*
[q] *In a communication dated 10 December 2010, Japan indicated that it does not have any intention to be under obligation of the second commitment period of the Kyoto Protocol after 2012.*
[r] *In a communication dated 8 December 2010 that was received by the secretariat on 9 December 2010, the Russian Federation indicated that it does not intend to assume a quantitative emission limitation or reduction commitment for the second commitment period.*

COP16 때 제출된 사카바 대사의 서한을 가리킴

7

자료 5-5. 호리에 지구환경문제담당대사가 피게레스 협약사무국장에게 보낸 2011년 12월 22일자 문서

Ministry of Foreign Affairs
Tokyo, Japan

Ms. Christiana Figueres
Executive Secretary of the UNFCCC

Dear Ms. Figueres,

The Government of Japan would like to refer to the letter dated 10 December 2010 from my predecessor Ambassador Mitsuo Sakaba to you Madam Executive Secretary, and would like to confirm that there is no change of Japan's position regarding the second commitment period of the Kyoto Protocol after 2012.

The target submitted by Japan in accordance with Copenhagen Accord, and taken note of in the Cancun Agreements is premised on its ultimate goal, namely, the establishment of a new, fair and effective international framework, in which all countries participate and on the agreement of their ambitious targets, and is relevant only in the context of the future comprehensive framework.

The Annex 1 to the decision of CMP.7 "Outcome of the work of the Ad Hoc Working Group on Further Commitments for Annex I Parties under the Kyoto Protocol at its sixteenth session" clearly reflects Japan's above mentioned position, and Japan has no such intention as is taken note of in the paragraph 4, to convert its target to quantified emission limitation or reduction objective for the second commitment period under the Kyoto Protocol. We understand the paragraph 5 of this decision which invites Parties to submit information on their QELROs for the second commitment period under the Kyoto Protocol does not apply to Japan, but only applies to Parties that have such intention.

The Government of Japan would like to take this opportunity to make it clear that Japan will continue its best efforts to combat Climate Change both domestically and internationally.

Sincerely,

堀江正彦

Masahiko HORIE
Ambassador Extraordinary and Plenipotentiary
for Global Environmental Affairs
Ministry of Foreign Affairs of Japan

December 22, 2011

이상에서 소개한 것은 COP기후변화교섭상의 많은 논점 중에서도 법적 체제에 관한 것이었다. 이 외에도 개도국지원이나 각국의 온난화대책의 측정・보고・검증(MRV) 등 여러 논점이 있다. 한 개의 COP의 성과문서에 도대체 몇 마리의 악마가 숨어 있는 것인지 뚜껑을 열어 보지 않으면 알 수 없다. 일단 다 잡아 넣었다고 생각했는데 이듬해가 되면 또 슬그머니 고개를 내미는 녀석도 있다. 수사학이라는 악마와 얼마나 사이좋게 지낼 수 있을지, 기후변화교섭에서는 일본을 포함한 각국 대표단의 역량이 시험대에 오르게 되는 것이다.

<칼럼 5> 기후변화교섭 시뮬레이션

COP회장에서의 교섭과정을 대학교 세미나에서 시연해 보면 어떨까?

2012년도 후반에 필자는 도쿄 대학의 객원교수로 학부생・대학원생을 대상으로 일본외교세미나를 담당하고 있었는데 12월 중반에 했던 합숙세미나에서 모의 COP교섭을 시도해 보았다.

시나리오는 더반 COP17을 감안해서 교섭을 하는, 이른바 '모의 COP18'이었다. 참가학생은 약 30명으로 7개의 그룹(의장국, 일본, 미국, EU, 신흥개도국, 온건개도국, 취약개도국)으로 나누어 3개의 주요 논점(① 신기후체제 구축을 향한 로드맵, ② 교토의정서 '연장', ③ 개도국지원)에 대하여 다각도에서 토론을 하고 한 장의 'COP결정(영문)'으로 정리하도록 하였다.

사전에 실제 COP17 성과문서나 UN사무국에 제출된 각국 대표단의 의견서를 참고하면서 그룹별로 목표로 하는 성과문서 내용이나 교섭방향 등을 준비하도록 했다. 세미나 당일에는 COP현장에서처럼 전체회의에서 각 그룹별로 오프닝 스테이트먼트(영어)로 시작했고 개별 양자 간 협의나 기자회견, 주제별로 분반하여 회의를 진행하고 마지막에는 전체회의에서 성과문서를 채택하는 절차를 거쳤다.

당일의 시뮬레이션에는 도하 COP18에서 갓 귀국한 외무성의 젊은 직원들 몇 명(환경성, 경제산업성으로부터의 지원자를 포함)과 지구환경전략연구기관(IGES)의 연구원에게 각 그룹의 튜터를 맡겼다. 필자는 언론, NGO역할로 '여론'을 대표하여 기자회견에서 각 그룹에 갖은 질문공세를 퍼부었다.

이러한 일련의 절차에서 각 그룹의 퍼포먼스에 대한 평가는 3개의 기준(국익확보, 교섭타결에 대한 공헌도, 대외발언력)에 따라 필자와 튜터가 채점을 하고 결과는 저녁 식사 때 발표하기로 했다.

합숙세미나에서 기후변화교섭 시뮬레이션(필자 촬영)

전 과정에 한 나절, 약 6시간 정도가 걸리는 시뮬레이션이었는데 상당히 수준 높은 토의가 이루어졌다. 각 그룹이 상이한 입장에서 의견을 나누고 한 장의 성과문서로 정리하는 것만도 상당한 에너지를 필요로 한다는 것을 알게 되었고, 학생들도 실제 교섭을 유사 체험할 수 있었을 것이라 생각된다.

시뮬레이션에서는 '개도국'그룹이 연합을 이루어 개도국지원에 대한 구체적 수치목표를 명기하라며 '선진국'에 강요하기도 하였다. 이에 대하여 '선진국' 측은 '종래의 원조 수준보다는 높게 유지한다'는 비교적 무난한 표현으로 '개도국'연합의 와해를 시도했고 일부 '개도국'이 이에 응하는 바람에 실제 COP보다도 상식적인 형태로 마무리되었다. 또한 '여론'을 대표했던 필자는 '일본'이나 '미국'에 교토의정서 '연장'에 불참하는 이유를 질문하는 한편 '개도국' 측에도 이 문제에 대하여 '선진국'들을 더욱 압박하도록 유도했지만 개도국지원에 비하면 별로 관심이 없어 보였다. 많은 학생들이 일본인(한 명은 미국인 유학생)이었던 탓일까. 흥미로운 부분이었다.

학생들은 또 '기자회견'에서 필자가 쏘아 대는 질문공세에 답하면서 교섭에서 '여론'을 상대하는 것이 얼마나 어려운 지를 깨닫게 되었으리라. '여론'에는 '교토의정서를 '연장'해야 한다/'연장'해선 안 된다', '개도국 지원을 늘려야 한다/늘리면 안 된다'는 등 상반되는 것이 많다. 또한 교섭의 결과를 정리한 문서에 대해서는 100점 만점이 아니라도 국익을 충분히 확보했음을 설명하게 했다. 대내외의 이해관계자들을 이해시키는 능력도 교섭의 성패를 좌우하기 때문이다.

필자에게도 기후변화교섭이 현대의 다자간 외교의 전형이며 여러 가지 외교기술이 시험대에 오르게 됨을 새삼스레 실감하게 된 자리였다.

제6장

포스트 '리우・교토체제'를 향하여

들어가며

지금까지 외부에서는 잘 알 수 없는 기후변화교섭을 조금이라도 생생하게 이해할 수 있도록 COP교섭현장에서 오가는 논의와 일본의 대응에 초점을 두어 살펴보았다.

'무기 없는 전쟁'에 임하는 이상 이기는(적어도 지지 않는) 것이 중요하다. 이를 위한 여러 전술적인 행동에 대해서도 지금까지 살펴보았다. 하지만 그것이 끝이 아니다. 일부의 국가들이나 교섭관들이 그렇듯 교섭을 위한 교섭이어서는 안 되는 것이다. 교섭현장에서 전술을 구사하는 한편 '전후질서' 구축을 위한 전략을 모색하는 것은 일본과 같이 기술력, 자금력, 외교력을 겸비한 강대국의 책무라고도 볼 수 있다. 일본이 교토의정서 '연장'에 찬성했는지 반대했는지 라는 문제에만 신경을 쓰는 것이 현실인데 사실 이런 것은 겉으로만 그럴싸해 보일 뿐 전술적 차원의 명제에 지나지 않는다. 기후변화문제에 대처하기 위한 사실적이고 실효적인 국제질서의 구축이야말로 전략적 명제인 것이다. 바로 여기에 일본의 우수한 지적 자원이 활용되어야 한다.

이번 장에서는 21세기의 국제사회에서의 기후변화문제에 대처하기 위한 새로운 국제체제(신기후체제)의 구축에 대해서 논하고자 한다.

다만 이 문제는 매우 복잡한 것이기도 하다.

우선 기후변화문제가 단순한 환경문제가 아닌, 중요한 외교문제라는 것을 인식할 필요가 있다. '환경외교'가 '환경'문제인 이상으로 '외교'문제라는 것을 항상 염두에 둘 필요가 있다.

또한 실효성 있는 국제질서를 만들기 위해서는 강대국 간의 협조가 불가결하다. 지금까지의 신기후체제 구축에 관한 문제는 '미국 문제', '중국 · 인도 문제', '유럽 문제'의 측면을 모두 가지고 있으며 이들 문제점을 적절히 파악하는 것은 신기후체제를 설계하는 데에 있어 빼놓을 수 없는 것이다.

이러한 가운데 일본은 어떤 역할을 해야 하는가. 일본은 미국, 중국 · 인도, 유럽과는 달리 유연한 상황에 있다. 바람직한 신기후체제의 설계도를 제안할 수 있는 지식과 경험도 있다. 지금까지 일본 국내의 논의는 걸핏하면 현행 '리우 · 교토체제', 특히 교토의정서 '연장'을 받아들이느냐 마느냐에 대한 '환경파'와 '경제파'의 논쟁으로 쏠리기 십상이었다. 이러한 수동적인 발상에서 탈피하여 어떻게 해야 신기후체제를 둘러싼 국제적 논의에 능동적으로 관여할 수 있을 것인가가 일본의 진정한 과제가 될 것이다.

신기후체제를 설계하기 위해서는 대단한 상상력이 필요하다. 한 국가의 국경을 넘어선 지구전체의 문제는 인간의 생애를 훨씬 넘는 시간 축으로 생각해 나가야 하기 때문이다. 과학기술의 수준과 정치경제 현황 등의 현실에 비추어 꾸준히 한 발자국씩 나아가는 실제적인 접근도 필요하다. '리우 · 교토체제'의 문제점은 이미 밝혀졌으며 포스트 '리우 · 교토체제'가 완벽하다는 보증도 없다.

그러나 우리는 전진을 멈춰서는 안 된다. 일본이 어떠한 국제질서를 목표로 하고 그를 위해서 어떻게 공헌해 나갈 것인지 구체적인 모습을 제시하면서 국제적 논의에 임할 필요가 있는 것이다.

1. 외교의 주요 과제로서의 기후변화문제

최근의 기후변화교섭을 보면 각국의 환경전문가들의 모임을 넘어 정상들과 외교 당국의 관여가 증가하고 있다는 것을 알 수 있다. 글렌이글스(Glenegeles)와 하일리겐담(Heiligendamm), 홋카이도 도야코에서의 G8정상회의에서 기후변화문제가 주요 의제로 다루어지고, COP16에서는 멕시코의 외무장관이, COP17에서는 남아프리카의 외무장관이, COP18에서도 카타르의 수상급 장관이 의장을 맡았다는 것이 그 구체적인 예이다. 일본에서도 COP에 임할 때에는 환경장관이 정부대표단장을 맡는 한편 실무 차원에서는 외무성이 환경성, 경제성 등의 관계청장과 협의하면서 교섭방침을 정리하는 역할을 해 왔다는 것은 이미 언급한 바 있다.

우선 기후변화교섭이 왜 이렇게까지 중요한 외교문제로서 다루어지게 되었는지를 생각해 보고자 한다.

(1) 첫 번째 이유: '멀티 중의 멀티' 외교로서의 기후변화교섭

우선 기후변화교섭이 다자간 외교가 갖는 여러 면모를 많이 가지는 '멀티 중의 멀티' 외교라는 것을 들 수 있다.

외교교섭을 크게 둘로 나누어 보면 '양자간(bilateral)'과 '다자간(multilateral)'으로 나뉜다. 일본・미국, 일본・중국, 일본・한국 등 특정 상대국과 여러 현안에 대한 협의를 하는 것이 '양자간'이며, G8이나 APEC, WTO, 동아시아 정상회의(EAS) 등 복수의 국가들이 모이는 자리에서 거시경제나 무역, 환경 등의 글로벌한 문제에 대해서 협의를 하는 것이 '다자간'이다. 물론 양자간 협의에서 다자간 테마에 대해서 의논하기도 하고, 다자간 협의의 기회를 빌려 양자간 협의를 하는 등 양자는 긴밀하게 관련되어 있다.

여기서 말하는 '다자간' 외교 특유의 주요한 역할은 다음과 같다.

(가) 어젠다 설정 (Agenda setting)

'현재 이 세계의 중요한 과제는 무엇인가'를 제시하는 역할을 말한다. 매년 주요국의 정상이 모이는 G8정상회의가 그 전형이라고 할 수 있다. 거시경제나 개발, 환경, 지역정세 등 그 당시의 과제에 대한 주요국 정상의 발언은 국제적으로 주의를 환기하고 이들 과제에 대처하기 위한 대응에 박차를 가하는 역할을 한다.

(나) 룰메이킹 (Rule making)

복수의 국가에 적용되는 규칙을 만드는 역할이다. 국제무역에 대한 규칙을 정하는 WTO교섭이 대표적인 예이다. OECD에서 개발원조나 수출신용 등 여러 가지 분야의 선진국 간 신사협정 성격의 가이드라인을 만드는 것도 이에 해당한다.

(다) 운용상의 협력 (Operational coordination)

여러 분야에서 각국의 관계 당국 간에 운용상의 조정을 하는 역할이다. WHO나 IAEA, ILO 등의 국제기구에서의 협력은 이에 해당한다. 국제기구 이외에서도 ASEAN 지역포럼이 주도하는 방재협력이나 Proliferation Security Initiative에서의 핵확산방지협력 등 여러 가지가 있다.

(라) 자금동원 (Resource mobilization)

특정 지역・테마에 대한 자금동원을 촉진하는 역할이다. 아프가니스탄이나 파키스탄 등 특정 국가를 위한 지원 자금을 국제적으로 동원하는 지원국모임이나 자금원조와 같이 공적 채무의 면제를 합의하거나 결정하는 발리클럽이 이에 해당한다.

물론 어떤 체제가 여러 역할을 하기도 한다. 가령 북한의 미사일발사나 핵실험 등 특정국의 행동에 대하여 UN의 안전보장이사회가 비난결의를 하거나 의장성명을 내는 것은 전 세계에 문제의 중대성을 인식시키는 '어젠다 세팅'의 의미가 있고, 나아가 구속력 있는 제재를 결의하고 가입국에 그 이행을 촉구하는 것은 룰메이킹 또는 운용 면의 협력에 해당한다. 또한 G8정상회의는 어젠다 세팅뿐만 아니라 자금동원적인 역할도 해 왔다. 2000년의 큐슈 오키나와 정상회의에서 국제보건 분야에 대응하기 위한 오키나와 전염병대책 이니셔티브를 결정하고, 후에 3대 전염병에 대처하기 위한 세계기금의 설치로 이어진 것이 그 한 예이다.

기후변화교섭은 이상의 4개의 역할 모두를 포함하고 있다.

즉, '어젠다 세팅'이라는 측면에서는 매년 말에 열리는 COP가 세계 각국의 환경관계자들이 모여 온난화대책의 중요성을 호소하는 장소가 되었다. 최근의 G8정상회의에서도 기후변화는 주요의제가 되고 있다.

'룰메이킹'적인 측면에서도 UN뿐만 아니라 유럽배출권거래제도(EU-ETS)나 일본이 제안하는 양자간 오프셋 크레디트제도 등 세계적・

지역적·양자적 등 여러 차원의 룰메이킹이 기후변화교섭의 주요과제가 되고 있다.

'운용 협력'에 관해서 각국이 CO_2 배출량 감축노력의 투명성을 높이고 MRV(측정, 보고, 검증)로 상호 검증하려는 움직임이 거세지고 있다.

'자금동원'에서는 개도국지원이 당초부터 기후변화교섭상의 주요 테마였고 몇몇 기금이 UN의 체제 내외에 설치되어 있다. 양자간 협력이라는 면에서도 일본의 'Cool Earth Partnership'이나 '하토야마 이니셔티브'와 같이 기후변화대책은 개도국지원의 주요한 기둥이 되고 있다. COP17의 성과 중의 하나인 녹색기후기금 설치를 위한 움직임도 그렇지만 이러한 경향은 앞으로도 계속될 것이라고 생각된다.

(2) 두 번째 이유: 복수의 정책 분야에 걸친 교섭

두 번째로 기후변화교섭이 폭넓은 정책 분야를 대상으로 하게 되었다는 것을 들 수 있다.

UN기후변화협약이나 교토의정서가 성립된 1990년대에는 기후변화교섭의 초점이 일본·미국·유럽 등 주요 선진국의 배출량 감축이었다. 이는 그 자체만으로도 선진국의 경제정책 전반에 영향을 끼치는 것으로서 커다란 논란을 불러일으켰다. 하지만 그 이후의 흐름에 비하면 그나마 단순한 것이었다고 말할 수 있다.

2000년대에 들어 상황은 보다 복잡해졌다. 그 주요한 원인으로, 1) 중국을 필두로 하는 신흥국들의 배출량이 증가하여 이들 국가의 배출량 감축도 교섭 선상에 오르게 된 점, 2) 선진국·주요 개도국의 배출량 감축(완화)뿐만 아니라 아프리카·소도서국가 등의 취약국에 대한 적응지원을 중시해야 한다는 목소리가 높아진 점, 3) 교토의정서 하에서의 교토메커니즘이나 EU-ETS 도입으로 탄소시장이 새로이 주목을 받기 시작했다는 점 등을 들 수 있다. 환경·에너지뿐만 아니라 국제무역이나 개발원조, 금융 등의 정책 분야까지 아우르게 되어 교섭의 논점이나 각국의 입장이 복잡다단해졌다.

(3) 세 번째의 이유: 여러 이해관계자의 참가

세 번째로 교섭에 직접 관여하는 각국 정부뿐 아니라 민간기업, 연구자, NGO, 언론 등 각계각층의 이해관계자가 참가하고 그 수가 매년 늘어나고 있다는 것을 들 수 있다. IT기술의 보급이 이를 뒷받침하고 있다는 것은 말할 필요도 없다. 1997년의 COP3 때에는 일본에서도 휴대전화가 보편화되지 않았을 무렵인데 현재의 UN기후변화교섭에서는 얼마 전까지는 블랙베리가, 이제는 iPad가 필수아이템이다.

다른 분야의 국제회의도 매년 비대화되어 가는 경향이 있지만 UN기후변화교섭에서는 이러한 현상이 특히 현저하게 나타난다. 교토의정서가 채택된 COP3 때에는 회의참가자가 수천 명 정도라고 알려졌으며 그 정도의 규모로도 당시 화제가 되었는데, 2009년의 COP15에서는 약 4만 명으로 늘어났다. 교섭의 실질적인 플레이어가 선진국에서 개도국으로 확대되었고 교섭의 논점도 복수의 정책 분야를 아우르게 된 결과 여기에 이해관계를 갖게 된 관계자가 많아졌기 때문이라고 볼 수 있다. 또한 참가자의 규모가 증가하면서 언론의 관심도 높아졌으며 그 언론의 관심을 끌기 위한 NGO 등 이해관계자의 수도 늘어나는 'snowball effect'도 있었던 것이라고 생각된다.

(4) 네 번째 이유: 과학, 이데올로기의 역할

마지막으로 환경·기후변화교섭에서 특히 현저하게 드러나는 과학과 이데올로기가 담당하는 역할이다.

기후변화교섭의 현장에서는 각국 대표, 환경NGO 등의 발언에 science나 evidence라는 표현이 빈번하게 등장한다. 지구온난화에 의한 악영향은 여러 가지 증거(evidence)가 있으며 과학(science)적인 요청에 따라 각국은 각종 대책을 세워야 한다는 맥락에서 언급된다. 그들의 주장에 따르면 '과학적 근거'에 기초하고 있는 한 '정의'는 그들에게 있다는 것이다. 온난화 회의론은 물론, 경제·사회에 미치는 영향과의 균형을 생각하면서 온난화대책을 세워야 한다는 상식론까지도 과학의 요청에 복종하지 않는 안이한 타협으로 여기며 부정적으로 받아들여지기 일쑤이다.

과학과는 별개의 또 다른 '정의'로서 남북문제 이데올로기가 있다. 현재의 온난화문제의 책임은 산업혁명 이래 CO_2를 대량으로 배출해 온 선진국이 모두 책임져야 한다는 주장부터 형평성(equity)이나 역사적 책임(historical responsibility)에 이르기까지 과학의 논리와는 별개의 가치를 갖는 단어를 개도국이나 일부 NGO가 많이 사용한다. 선진국·개도국을 불문하고 저마다의 내부적 사정은 추상화 되어 버리고 선진국 대 개도국이라는 이원론(dichotomy)적 발상이 강한 이데올로기성을 가지고 교섭전반에 임하게 되었다.

(5) 정리

과학이든 남북문제의 이데올로기든지 '정의'를 전면에 내세우는 국제회의에서 각국의 '이해'를 조정하는 일은 매우 어렵다. 하물며 매년 늘어나는 각종 이해관계자들의 감시의 눈 아래서는 더더욱 그러하다. 또한 논점이 복잡다양하기 때문에 각국 모두 자국의 '이해'를 정확하게 인식하는 것조차 어려워지고 있다.

그러한 중에 '어젠다 세팅', '룰메이킹', '운용상의 협력', '자금동원'의 각 방면에서 교섭을 진전시키기 위해서는 '정의'를 운운하는 각국의 배경에 깔린 '이해'관계를 찾아내고, 이를 조정하는 한편 이러한 '이해'의 조정이 '정의'와 상반되지 않음을 여러 이해관계자에게 끈질기게 설득해 나갈 필요가 있다.

이는 쉬운 작업이 아니다. 각국의 외교력이 시험대에 오르게 된다. '환경외교'가 '환경'문제인 이상으로 '외교'문제가 되는 이유이다.

2. '리우・교토체제'의 한계: 주요국의 문제와 일본의 과제

20년 전 1992년의 리우 지구정상회의에서 채택된 UN기후변화협약. 그로부터 5년 뒤인 1997년의 COP3에서 채택된 교토의정서. 이 두 개의 협약이 기후변화문제를 규율하는 국제적 체제를 구성하고 있다.

일본에서는 자국에서 개최된 국제회의에서 채택된 교토의정서에만 주목하기 십상이다, COP17 때에는 교토의정서 하에서의 수치목표를 일본이 의무로 받아들일 것인지에 대한 부분을 보도할 때 일부 언론에서 '교토체제'라는 표현을 사용하기도 했다.

그러나 교토의정서는 어디까지나 UN기후변화협약을 기초로 하고 있다. 제1장에서 말한 바와 같이 선진국과 개도국의 구분과 '형평성', '공동의 그러나 차별화된 책임'이라는 기본원칙은 모두 UN기후변화협약에 규정되어 있는 것이다. 따라서 현재의 국제체제를 평가함에 있어서는 양자를 하나로 파악할 필요가 있다. 그러한 의미에서는 현행의 국제체제는 '리우・교토체제'라고 부르는 것이 맞을 것이다.

이 '리우・교토체제'가 커다란 전환점을 맞이하고 있다. 그 한계가 드러난 것이 코펜하겐에서 있었던 COP15에서의 일이다. COP16, COP17, COP18에서는 어떻게든 버텨왔지만 근본적인 한계가 극복된 것은 아니다. 최대의 문제는 '리우・교토체제'가 최근 20년간의 국제사회의 구조변화를 적절하게 반영하지 못하고 있다는 것, 특히 미국과 중국・인도로 대표되는 신흥국, 유럽이라는 주요 플레이어들을 하나로 묶기 어려워졌다는 것이다.

다음에서는 이 '리우・교토체제'의 한계를 '미국 문제', '중국・인도 문제', '유럽 문제'라는 각각의 측면에서 살펴보고 일본의 과제에 대해서 서술해 보고자 한다.

(1) '미국 문제' – 자국을 제약하는 국제체제에 대한 저항감

유일한 초강대국인 미국은 환경 분야에서 뿐만 아니라 자국 행동의 자유를 제약하는 국제체제에 참여하는 것에는, 적어도 그 이상의 혜택이 있지 않는 한 기본적으로 신중하다. 그러나 국내 정치상황에 따라 환경문제를 대하는 자세가 바뀌기도 한다.

'리우·교토체제'의 역사는 그러한 미국의 태도변화에 따른 농락의 역사라고 해도 과언이 아니다. 어느 때는 '리우·교토체제'의 추진을 위해서 적극적으로 움직이다가, 다음 순간에는 매우 냉담하게 반응하는 미국 정부의 교섭태도에 세계의 환경외교관계자들이 휘둘려 왔다. 이제부터 몇몇 중요 장면들을 살펴보도록 하겠다.

첫 번째는 1992년의 리우 지구정상회의에 참석했던 부시(아버지) 정권이 UN기후변화협약에 서명·체결한 것이다. 참고로 미국은 동일하게 서명을 위해서 개방되어 있었던 생물다양성협약에는 서명하지 않았으며 지금도 여전히 당사국이 아니다. 미국 관계자에 따르면 부시(아버지) 정권은 사실 양쪽 협약 모두 썩 내키지 않아 했으나 그 해 대통령선거에서 녹색표를 얻기 위해 미국의 입장에서 볼 때 보다 문제가 적어 보이는 UN기후변화협약에만 서명했다는 설이 있을 정도이다. 현재의 UN기후변화교섭에서 개도국 주장의 기반이 되고 있는 '형평성'이나 '공동의 그러나 차별화된 책임'원칙에 대해서도 미국은 선진국 중 가장 부정적인 입장을 취하고 있다. 그러나 이는 미국이 체결한 UN기후변화협약에 처음부터 명기되어 있었던 원칙이므로 미국의 대응이 뒤죽박죽인 듯한 인상을 지울 수 없다. 원안대로라면 동 협약이 그 후의 국제사회의 변화에 대응할 수 있도록 보다 유연한 구조로 설계하는 것도 가능했을 것이다. 반드시 미국 때문에 그런 것만은 아니지만 이 시기의 미국의 대응이 '리우·교토체제'의 이후의 방향성을 결정지운 것이라고 할 수 있다.

두 번째는 제1장에서도 말했던 것처럼 1997년에 채택된 교토의정서에 대한 대응 방식이다. 사실 이 점은 부시 정권이 2001년에 동 의정서 불참을 선언하면서 주목을 받았지만 사실 문제는 1997년 당시부터 있었다. 선진국만이 의무를 지는 국제약속은 거부한다는 버드

헤겔 결의로도 알 수 있는 미국 의회의 성향을 볼 때, 교토의정서가 미국 국내비준을 받는 것은 불가능할 것이라고 예상되는 가운데 고어 부통령이 이끄는 미국 대표단은 수치목표에 대한 타협을 시도하거나 교토체제에 대한 제안을 하는 등으로, 일본·유럽 등의 각국 관계자에게 '미국은 진정으로 교토의정서 채택을 원한다'는 인상을 강하게 심어 주었다. 미국이 이러한 움직임을 보이지 않았더라면 일본이 '-6%'에 합의하지도 않았으리라. 결국 미국의회의 승인은 내려지지 않았고 부시 정권이 되어 교토의정서 불참을 선언한 것이다. 이 점이 일본을 포함한 전 세계에 '미국이 뒤통수를 쳤다'는 인상을 주었던 것은 부정할 수 없을 것이다.

세 번째는 2009년의 오바마 정권발족 초기에 보였던 기후변화교섭에 대한 적극적인 태도와 그 후의 동요이다.

'미국이 기후변화교섭에 복귀했다'는 오바마 정권의 메시지와 주요경제국포럼(MEF)의 창설, 미 하원에서의 미국 내 배출권거래법안의 가결 등 정권 발족 1년 차에 보여준 구체적인 행동들은 국제사회에 이번에야말로 기후변화교섭이 큰 진전을 이루어 낼 것이라는 기대를 안겨 주기에 충분했다. COP15에서 의장국 덴마크가 참가수준을 정상급으로 끌어 올린 것도 교섭타결을 향하여 오바마 정권에 걸었던 기대에서였다. 확실히 오바마 정권은 COP15의 교섭타결을 위해서 전력을 다했다. '코펜하겐합의'가 우여곡절 끝에 세상의 빛을 보게 된 것은 각국의 이해를 조정하기 위해서 오바마 대통령이 직접 뛰어다니며 끈질기게 노력했던 것이 주효했다. 그러나 COP15의 모호한 결과는 다른 국내요인과 얽혀서 미국 내의 환경·기후변화정책의 행보를 둔화시켰다. 또한 이후의 국제교섭에서 미국정부대표단의 움직임은 COP15 이전에 비하면 활기를 잃은 것이었고 국제교섭 전체에 그림자를 드리우게 되었다.

(2) '중국 · 인도 문제' - 유럽 · 미국이 주도하는 기존 국제 체제에 대한 불신감

중국과 인도는 현재 각 세계 제1위, 제3위의 CO_2 배출국이며 최근 20년간 기후변화교섭의 자리에서 자신들의 존재감을 비약적으로 증대시켜 왔다. 이는 기후변화 분야에 한한 것은 아니며 WTO교섭이나 G20 등의 국제무역, 거시경제 분야에서도 마찬가지이다.

어떤 의미에서 보면 이는 자연스러운 것이라고 할 수 있다. 인류역사의 대부분의 시간 동안 중국과 인도는 2대 경제대국이자 인구대국이었다. 유럽 · 미국에 추월당한 것은 산업혁명 이후로 과거 250년 정도에 불과하다. 세계화가 진행되면서 기술이 보급되고 세계적으로 1인당 생산성으로 수렴되면서 자연스럽게 2대 인구대국인 중국 · 인도의 지위가 다시 올라갈 수밖에 없기 때문이다. 현재의 상황은 산업혁명 전의 상황으로 복귀하는 과정처럼 느껴지기도 한다.

중국 · 인도는 양쪽 모두 자국의 존재감이 증대되고 있음을 어느 정도 자각하고 있는 것 같지만 기후변화교섭 시의 입장은 아직도 명확히 파악하지 못하고 있는 것 같다. 양국은 오랫동안 개도국 세계의 리더라는 자리에 만족해 왔다. 'G77+중국'은 개도국 전체를 포섭하는 교섭그룹이므로 개도국들 속에 포함되어 선진국과 대치하는 형태가 중국에게는 가장 편안한 자리였으리라. 하지만 중국 · 인도 모두 다른 개도국 사이에 숨기에는 존재감이 너무 커져 버렸다. 코펜하겐 합의의 문언을 둘러싸고 미국과 대치했던 중국이 COP15의 주역이었다면 더반합의의 문언을 둘러싸고 EU와 격론을 벌인 인도는 COP17의 주역이었다. 어느 쪽 COP에서든 선진국뿐만 아니라 일부의 다른 개도국들까지 자신들을 비판하는 쪽으로 돌아섰던 것은 중국·인도 모두에게 당혹스러운 일이었을 것이다.

존재감이 커지고 있다고는 하나, 중국·인도는 빈곤퇴치·에너지 문제 등 여러 가지 국내문제를 안고 있다. 1인당 CO_2 배출로 치면 중국은 일본·유럽의 약 60~70%, 미국의 약 30%이며, 인도는 일본·유럽의 약 1/8, 미국의 약 1/15이다(도표 6-1). 지속적인 경제성장을 지상과제로 삼고 있는 두 국가에게는 국제교섭의 현재 상황이 자국의 경제성장을 제약하는(또는 그럴 것이라 생각되는) 국제체제를 받아들이도록 선진국들이 강요하고 있는 것처럼 느껴질 만도 하다.

도표 6-1. 1인당 CO_2 배출량(2009)

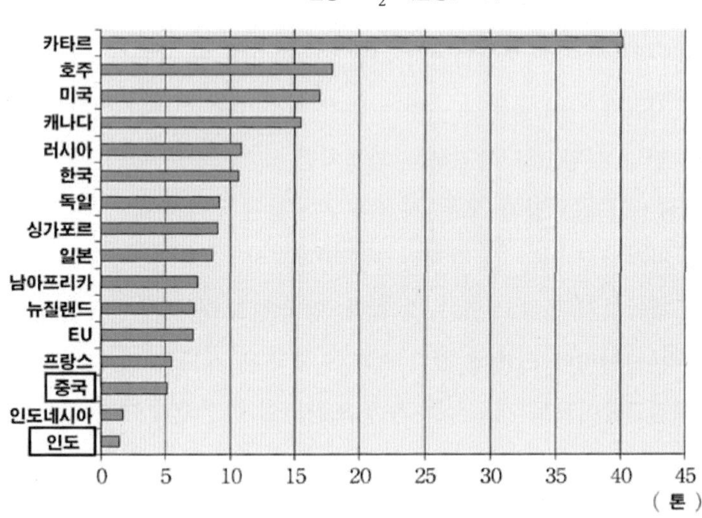

출처: CO_2 Emissions Fuel Combustion(IEA/2011).

항후 중국·인도가 그 존재감을 더해 가면 '중국·인도 문제'의 비중이 더욱 커질 가능성이 높다. 중국·인도의 우려와 관심사항을 고려하는 한편 어떻게 실효적인 국제체제를 구축해 나갈 것인지가 과제가 될 것이다.

(3) '유럽 문제' – 유럽 룰(rule)을 세계로 확대하려는 초조함

유럽은 오랫동안 환경외교 분야에서 세계를 리드해 왔다는 자부심을 가지고 있다. UN기후변화협약 사무국을 본에 유치하고 COP1에서 교토의정서 채택교섭개시를 결정한 '베를린 맨데이트' 채택을 주도해 온 독일이나 글렌이글스 G8정상회의에서 기후변화를 주요과제로 들었던 영국이 그 선두이다. EU 전역에 적용되는 EU-ETS의 도입 등 탄소시장의 구축에 가장 열심인 것도 EU이다. 또한 명칭에는 채택지인 일본의 도시명이 달려 있을지언정 교토의정서는 각국별 배출허용량을 할당하고 이를 엄격히 준수하도록 요구하는 방식으로, 각국의 금융·재정정책을 엄격하게 제약하여 단일통화로서의 유로를 지탱해 온 방법과 흡사한, 지극히 '유럽적'인 방식이다. 물론 미국이나 중국·인도처럼 유럽도 '문제'로 여긴다는 점에 위화감을 느끼는 이도 있을 것이다.

중국·인도가 지구촌에서 자신들의 존재감이 급작스레 증대되고 있는 것에 당황하고 있다면, 유럽은 스스로의 존재감이 축소되는 것을 두려워하는 것처럼 보인다. 코펜하겐합의의 조문이 이루어질 즈음, 즉 COP15의 최종 단계에서 미국·중국이 조정해 놓은 표현을 추인할 수밖에 없었던 기억은 의장국인 덴마크뿐만 아니라 유럽 전체의 굴욕으로 받아들여졌다. 따라서 2년 후인 COP17에서 EU의 코니 헤데고(Connie Hedegaard) 유럽위원(COP 당시의 덴마크 환경부 장관)이 혼신의 힘을 다하여 더반합의를 성공으로 이끌었던 것은 그 설욕전이었던 셈이다.

어쩌면 교토의정서를 '연장'하려는 목적으로 밀어붙였던 유럽의 헌신적인 전술이 공을 세운 것인지도 모른다. 물론 고대 로마사에서 말하는 '피로스의 승리(Pyrrhic victory)'[2)]로 끝날 가능성도 상당하다. 더반합의, 도하합의에서 계속되고 있는 신기후체제의 설계가 유럽이나 환경 NGO가 상상하는 것과 같이 현행 교토의정서와 동일한 엄격한 탑다운(Top down)방식이 될 것이라는 보장은 전혀 없기 때문이다. 유럽이 지금까지의 접근방식에 집착한다면 미국·중국·인도 어느 쪽도 참여하지 않는 체제가 구축될 것이고(그렇게 되면 일본도 참여할 이유가 없게 된다) 결국은 교토의정서의 전철을 되밟게 될 가능성도 있다.

신기후체제의 형태에 대한 유럽·비유럽 간의 입장 차이는 국제항공 분야에서도 확연히 나타나기 시작했다. EU는 유럽지침으로 2012년부터 EU-ETS의 적용대상에 국제항공을 포함시키기로 하였다(도표 6-2 참조). 이는 유럽 역내에서 이·착륙하는 각국 항공사에 과거의 운항실적을 기초로 약 80%의 CO_2 배출할당량을 무상으로 배분하고 이를 초과하여 배출하는 경우 역내시장에서 배출권을 조달하도록 의무화하는 것이다. 국제민간항공기구(ICAO)에서 진행하는 세계적인 배출량감축에 진전이 없다는 것이 이유였는데 EU의 조치가 일방적

2) 피로스의 승리: 기원전 279년에 Epirus의 왕 피로스(Pyrrhus)가 큰 희생을 치르고 로마군으로부터 얻은 승리를 빗댄 것으로 본문에서는 다른 선진국들이 교토의정서에 참여하지 않더라도 EU는 동 의정서 2차 공약기간 이행을 고려하겠다는 큰 희생을 치르는 것으로 더반합의를 성공으로 이끌어 냈던 것을 말한다(역자 주).

으로 이루어졌다는 것과 EU역외항공의 CO_2 배출도 규제대상으로 포함한다는 점에서 중국・미국・인도・러시아 등 주요 국가를 포함하는 비EU국가들의 강한 반발을 초래하였다. 일본도 EU의 일방적인 조치가 다자주의에 기초한 국제교섭에 악영향을 끼칠 것이라는 것과 EU 영역 내를 넘어선 범위에까지 동 제도를 적용하는 것은 국제법상으로도 문제가 될 수 있다는 이유로 반대하고 있다.

종래 많은 분야에서 룰메이킹의 주도권을 잡고 유럽의 규칙을 세계로 확산시켜 왔던 유럽의 입장에서는 이러한 정세는 다분히 뜻밖일 것이다. 그러나 세계의 중심이 서쪽에서 동쪽으로 이동하는 거대한 흐름 속에서 이러한 상황은 이후 점점 많아질 것이라는 것을 이제는 유럽도 인식해야만 할 것이다.

보론 (補論)

상술한 EU-ETS의 국제항공 분야 적용은 COP18 직전인 2012년 11월 12일에 유럽위원회에서 '2013년 가을의 ICAO총회 종료 시까지 EU와 제3국 간을 운항하는 항공기에 대해서는 '시계를 멈춘다(적용을 중지한다)'고 발표하였다. EU 역내를 이동하는 비행에 대해서는 항공회사의 국적을 불문하고 당초 계획대로 EU-ETS가 적용된다. 또한 ICAO총회에서 진전이 없을 경우에는 2013년 이후 자동적으로 현행 EU-ETS가 적용되게 된다.3)

EU로서는 COP18이 코앞에 닥친 상황에서 이 문제가 더 이상 정

3) 역자 주: 2014년 4월 16일 EU는 Regulation No. 421/2014를 채택하여 2016년 12월 31일까지 EEA 회원국의 공항 사이에서 출・도착하는 항공기에 한하여 배출권을 부과하도록 결정하였다. 그러나 EU는 2016년 ICAO 제39차 총회의 결의에 근거하여 EEA 밖의 범위에 대한 지침의 적용 여부를 결정하겠다고 밝혔다

치문제로 번져 기후변화교섭에 악영향을 미치는 것을 피하고 싶었던 것이라고 생각된다.

도표 6-2. 유럽배출권거래제도(EU-ETS)의 국제항공 분야 적용

경위와 개요

▶ 2008년 10월 24일, EU이사회는 EU-ETS에 국제항공 분야를 포함한다는 EU지침을 채택했다.

▶ 이에 따라 2012년 이후 EU 역내의 공항에서 이·착륙하는 항공회사(EU 이외의 항공회사 포함)에 배출상한을 설정하고 <u>이를 초과하는 온실가스를 배출하는 항공사는 역내의 배출권 거래시장 등에서 배출권을 구입해야 한다.</u>

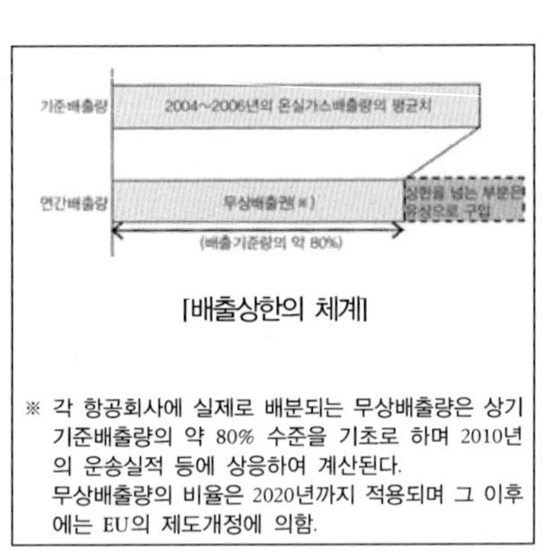

[배출상한의 체계]

※ 각 항공회사에 실제로 배분되는 무상배출량은 상기 기준배출량의 약 80% 수준을 기초로 하며 2010년의 운송실적 등에 상응하여 계산된다.
무상배출량의 비율은 2020년까지 적용되며 그 이후에는 EU의 제도개정에 의함.

[일정표]

2011년 12월: 항공회사에 2012년분 배출권을 할당

2012년 1월: EU-ETS가 국제항공 분야에 적용 개시됨.

2012년 1월 31일: 각 항공회사 EU-ETS 거래계좌 개설기한

2013년 4월: EU에 드나드는 항공회사는 2012년분 CO_2 배출실적을 제출해야 함. 그때까지 부족한 배출권을 조달해야 하며 남는 배출권은 매각가능.

(4) 정리

현행의 '리우·교토체제'의 한계는 국제교섭상의 주요 플레이어들인 미국·중국·인도·유럽이 모두들 자신의 문제를 충분히 소화해내지 못하고 있다는 점에 있다.

과연 미국이 정권교체 이후에도 온난화대책에 일관성을 유지할 수 있을 것이며, 세계를 휘두르는 것을 멈추고 보다 건설적으로 국제질서 구축에 참여할 수 있을 것인가.

중국·인도는 자신들의 존재감과 책임을 자각하고, 국제체제를 자신들의 경제성장을 제약하는 것이 아니라, 지속가능한 경제성장을 만들기 위한 기반으로 받아들이고 보다 건설적으로 교섭에 참여할 수 있을 것인가.

유럽이 유럽 중심적인 자기 이미지를 수정하여 다양한 참여자를 포함하는 국제체제의 가능성을 인정하고 그 안에서 자신들의 풍부한 경험을 살리는 형태로 건설적으로 교섭에 참가할 수 있을 것인가.

상기의 '미국 문제', '중국·인도 문제', '유럽 문제'는 각각의 국가·지역이 스스로 극복해야 할 문제임과 동시에 국제사회 전체가 참여해야 할 과제이기도 하다.

(5) 일본의 '과제'

그렇다면 일본은 어떨까.

① '일본 문제'는 없다.

다시 한 번 말하자면 '일본 문제'라는 것은 존재하지 않는다. 적어도 전술한 '미국 문제', '중국·인도 문제', '유럽 문제'와 같은 차원에서 일본이 세계적인 국제체제 구축에 걸림돌로 작용할 일은 기본적으로 없다. 미국, 중국·인도, 유럽이라는 모든 주요 참가자들이 합의할 수 있는 것이라면 일본도 받아들이는 데 문제가 없다.

가령 이후에 발생할 수 있는 시나리오의 하나로서 미국과 중국·인도가 어떠한 국제체제에 합의했다고 하자. 그러한 합의에 일본이 (미국과 동등한 책임을 지는 형태로) 참여하는 것은 아무런 문제가 없다. 그 다음으로 문제가 되는 것은 이 합의가 과연 유럽에 받아들여질 것인가 하는 점이다. 더반플랫폼을 설정한 COP17 이후의 교섭은 이러한 방향으로 진행될 가능성이 있다.

또 하나의 시나리오는 (가능성은 낮지만) 미국이 방향을 전환하여 교토의정서로 복귀하여 유럽과 손을 잡고 중국・인도에 어떠한 의무를 지도록 압력을 넣는 경우이다. 이 경우에도 일본이 미국・유럽과 동등한 의무를 지는 형태로 보폭을 맞추는 것은 문제가 없다. 그 후에는 중국・인도가 어떤 판단을 할 것인지가 문제될 뿐이다. COP15 이전, 즉 2009년 4월에 일본 정부가 바람직한 신기후체제로서 UN사무국에 제출했던 신(新)의정서안은 바로 이러한 형태였다.

일본의 입장은 상당히 유연하다. 일본이 받아들일 수 없는 것은 제3의 시나리오, 즉 미국・중국・인도 등의 주요 배출국이 의무를 지지 않는 상태에서 일본・유럽 등 일부 국가만이 의무를 지는 경우뿐이다. 이는 전술한 '미국 문제', '중국・인도 문제'를 생각하지 않고 '유럽 문제'를 조장하는 것에 다를 바 없다. 이것이 교토의정서 '연장'의 최대 문제점인 것이다. COP16에서 이 점에 대한 일본의 태도가 일약 주목을 모았지만 이는 '일본 문제'가 아니라 일본의 주장 때문에 '미국 문제', '중국・인도 문제', '유럽 문제'가 수면 위로 떠올랐던 것에 불과하다.

다카무라 유카리(高村ゆかり) 교수는 국제교섭상 기후변화 분야의 국제체제의 법적 형식에 대한 선택지로서 다음의 4가지를 들고 있다(도표 6-3~6-6). 전술한 제1시나리오는 옵션 D, 제2시나리오는 옵션 A, 제3시나리오는 옵션 B, C에 모두 해당된다.

도표 6-3. 옵션 A

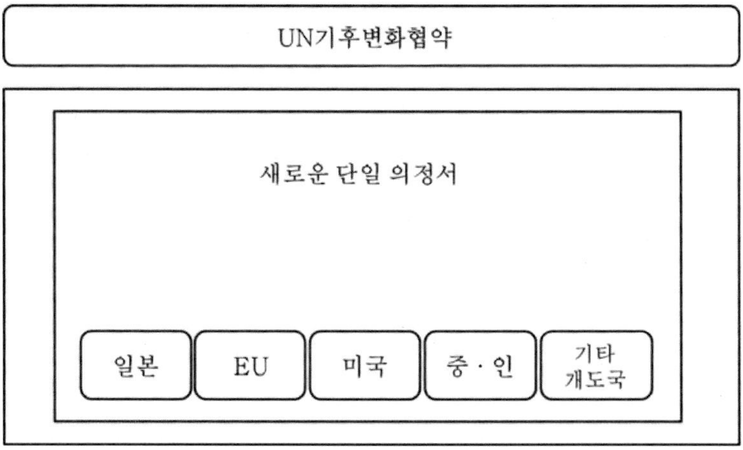

UN기후변화협약

새로운 단일 의정서

일본 | EU | 미국 | 중 · 인 | 기타 개도국

도표 6-4. 옵션 B

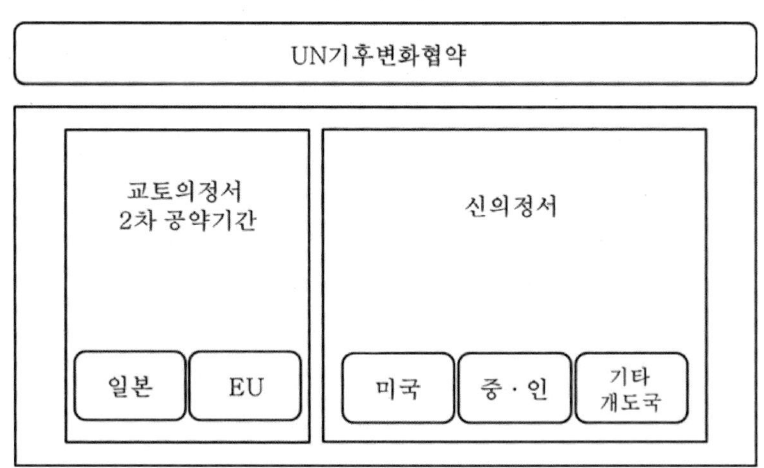

도표 6-5. 옵션 C

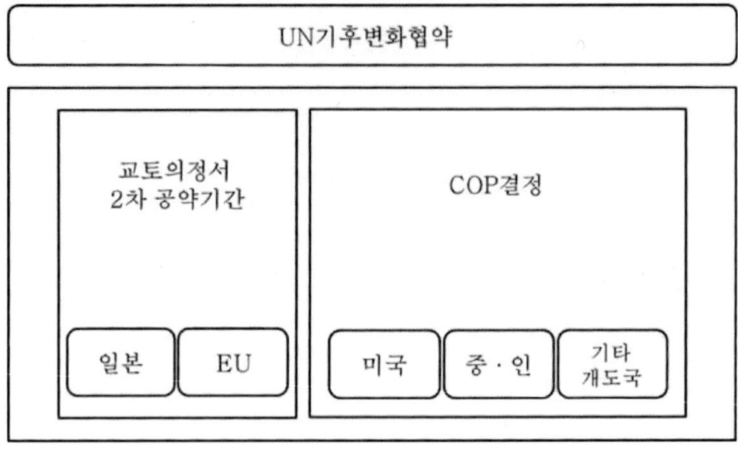

도표 6-6. 옵션 D

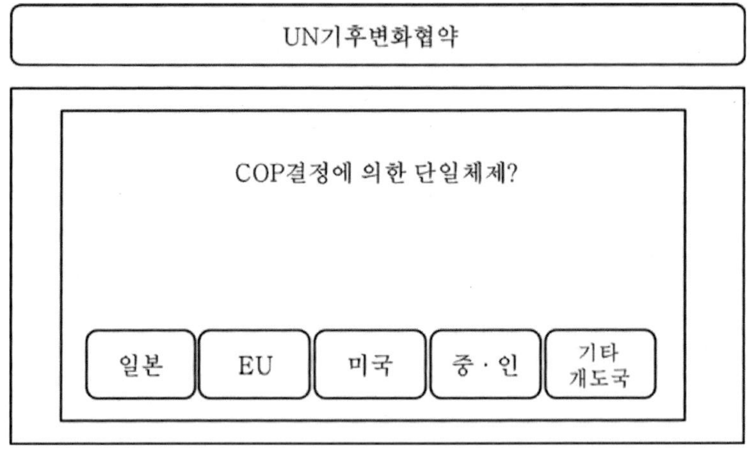

옵션 A, D의 경우 일본은 어느 쪽이든 받아들일 수 있지만 옵션 B, C의 경우는 어느 것도 받아들일 수 없다. 교토의정서와 COP결정이 병립하는 옵션 C는 두 개의 법형식이 조화를 이루고 있다고 말하

기 어렵다. 또한 교토의정서와 신의정서를 병립시키는 옵션 B는, 같은 수준의 법형식이라면 두 체제로 할 필요가 없으므로 옵션 A와 마찬가지로 일체화할 수 있을 것이다. 반대로, 일체화할 수 없는 내용이라면 같은 수준의 법형식이라고는 할 수 없을 것이다. 애초부터 기후변화협약상 같은 선진국인 일본・유럽과 미국을 다른 법적체제하에서 규율하는 것이 합리적이라고는 말할 수 없을 것이다.

더욱이 COP17에서 교토의정서 '연장'이 결정되고 COP18에서 그것이 확정된 지금에 와서는 더 이상 옵션 A, D가 될 가능성이 없다. 2013년 이후에 얼마 동안은 도표 6-7과 비슷한 옵션 E, 즉 EU 기타 일부 국가가 교토의정서 '연장'을 받아들이고 이와 병행하여 새로운 법적체제 구축을 향한 검토가 이루어질 것으로 생각된다.

도표 6-7. 옵션 E

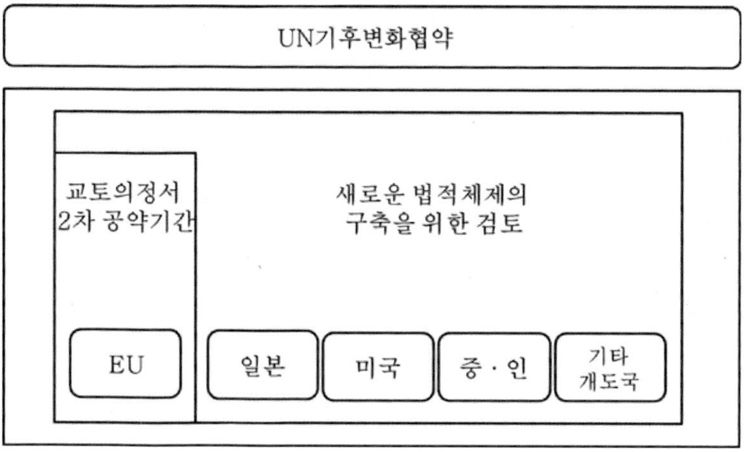

UN기후변화협약

교토의정서 2차 공약기간	새로운 법적체제의 구축을 위한 검토			
EU	일본	미국	중・인	기타 개도국

출처: 옵션 A~D는 다카무라 유카리 '기후변화체제를 둘러싼 이론들' 72~73쪽 '기후변화와 국제협조' 가메야마 야스코(亀山康子)・다카무라 유카리 편에서 인용. 옵션 E는 필자가 작성.

② 일본의 '과제'는 있다.

그렇다면 국제체제 구축을 위해서 일본이 국력에 알맞은 대응을 충분히 하고 있는가 하는 문제에 대해서는 과제가 없는 것은 아니다.

최대의 과제는 일본의 국익과 지구의 이익이 조화를 이루는 국제체제의 구축을 위해서 능동적으로 대외 발언을 하기 위한 국내의 지적 기반을 구축하는 것이다.

일본 국내에 환경・에너지 분야의 우수한 지식이 있다는 것은 의심할 나위가 없다. 민관을 불문하고 많은 뛰어난 전문가의 노력 없이는 현재와 같은 에너지절약대국으로서의 일본은 존재할 수 없었을 것이며 3/11, 후쿠시마 원전사고를 겪은 지금 일본의 새로운 에너지 믹스, 지구온난화대책 수립을 위해 각계각층에서 진솔한 논의가 이루어지고 있는 것이 사실이다. 여기에서 말하는 과제란 그러한 일본의 뛰어난 지식을 일본 국내의 제도설계에만 활용하는 것이 아니라 바람직한 국제체제 구축을 위한 국제무대에서의 논의에 반영할 수 있는 방법을 찾아내는 것이다. 이는 환경・에너지 전문가뿐만 아니라 외교 당국에도 커다란 과제가 될 것이다.

일본 국내에서의 국제체제에 관한 논의는 교토의정서 '연장'문제로 대표되는 바와 같이 현행의 '리우・교토체제'에 대한 찬반론이 주를 이루고 있다. '환경파'와 '경제파' 사이에서 수평선을 달릴 수밖에 없는 논의가 반복된 결과, 환경・기후변화를 둘러싼 논의는 대다수 사람들의 피부에 와 닿지 않는 이야기가 되었고, 이는 곧바로 기후변화문제 전반에 대한 관심 저하로 이어지고 있다. 여기서 말하는 '환경파', '경제파'란 현행의 '리우・교토체제'에 대한 수많은 관점을 편의적으로 양분하여 단순화한 것일 뿐, 특정 조직의 개별 구체적인 주장을 말하는 것은 아니다. 실제로 같은 조직 내에서 극단의 사고를 가진 이들이 존재하는 사례도 간혹 보인다.

'환경파'는 현행의 '리우·교토체제'가 마땅히 유지되어야 한다는 생각이다. 이들의 주장은 국제환경 NGO의 말을 그대로 옮기는 경우가 많다. '~에서는 ~한다'는 식으로 해외 사례의 일부분만을 떼어내는 이른바 '사대주의'[4]가 되는 경우가 많은데, 환경파 언론에서는 Japan bashing 또는 Japan passing이라는 말로 충분한 이해가 뒷받침되지 않는 상태에서 그들의 주장을 소개하는 경우가 있는 것 같다. 국내 각계각층의 폭넓은 공감을 얻고 있다고 보기는 어렵다. 한 예로 교토의정서 '연장'이 초점이 되었던 COP16이나 COP17 때에도 주요 언론에서 일본이 교토의정서 '연장'에 참가하도록 요구하는 사설을 게재한 것은 (필자가 아는 한) 전무했다. 그러한 의견이 국민 일반에 받아들여지지 않을 것임은 언론들 자신이 더 잘 알고 있었기 때문이라고 생각된다.

한편 '경제파'에서는 '리우·교토체제'가 강요된 것이므로 거부해야 한다는 의견이 많다. 어쩌면 COP3의 교토의정서 성립 과정에 일종의 트라우마를 느끼고 있는지도 모르겠다. 그 때문인지 '경제파'는 '일본의 독자적인 모델'을 구축해야 한다는 의견이 많아서 경제파 언론에서는 이를 장려하려는 움직임도 있다. 그러나 아무리 뛰어난 기술, 모델일지라도 국제적으로 보급시킬 수 있는 전망·전략 없이는 '갈라파고스'가 될 수 밖에 없다. '리우·교토체제'는 일본을 포함한

4) 원문에서는 '出羽の守'라는 표현을 사용했다. 이는 원래 '出羽(데와)'라는 나라를 다스렸던 장관을 뜻하는 것이지만, 이 '데와'라는 이름이 일본어의 '~에서는'을 뜻하는 'でわ'와 발음이 같다는 점에서 현재는 '유럽에서는', '공산권에서는' 등으로 다른 나라의 성공적인 유사 예를 들면서 우리 것을 상대 절하하는 인물을 가리키게 되었다(역자 주). 본문에서는 비슷한 의미로 '사대주의'라 번역하였다.

국제사회가 만들어 낸 것이며 새로운 국체체제가 만들어진다 해도 전혀 새로운 것이 아닌 지금까지의 흐름을 잇는 것이 될 것이다. 이러한 국제적 흐름을 고려하여 일본에서 신기후체제의 설계도를 제안하고 그 내용에 대해서도 각국의 반응을 반영하여 폭넓은 합의를 얻을 수 있는 방향으로 수시로 수정해 나갈 수 있는 유연함이 요구된다. '경제파'에는 이러한 자세가 부족한 것처럼 보인다.

'환경파', '경제파'에 공통되는 것은 국제체제가 일본의 손이 닿지 않는 곳에서 외생적으로 결정되어 버린다는 발상, 일본에 주어진 선택이 '수용'과 '거부'의 양자택일밖에 없다는 발상이다. 국제체제를 구축함에 있어 일본은 수동적(reactive)이라는 동일한 전제를 가지고 있는 것이다.

여기에서 조금 더 나아가 모든 주요국이 참가하는 공평하고 실효적인 국제체제 구축을 위해서 우리의 지혜와 경험을 살려 능동적(proactive)으로 관여하는 것, 그것이 일본의 '과제'일 것이다. 높은 에너지 효율, 기술력, 자본력을 겸비한 일본에는 충분히 그러한 능력이 있다. 3/11, 후쿠시마 원전사고의 영향마저도 단지 위기라고 받아들일 것이 아니라 도리어 기회라고 생각해야 할 것이다. 왜냐하면 에너지 믹스는 일본만의 과제가 아니라 이후 수십 년에 걸쳐 세계 전체가 직면하게 될 과제이기 때문이다.

물론 능동적으로 관여한다는 것이 결코 쉽지는 않을 것이다. 국제무대에서 '리우・교토체제'의 문제점이나 '미국 문제', '중국・인도 문제', '유럽 문제'의 본질을 똑바로 직시하고 새로운 국제체제를 향한 일본의 제안이 충분한 보편성과 폭넓은 수용 가능성을 가진 것이라는 논리적인 근거를 가지고 주장해 나갈 필요가 있다. 이는 웬만한 각오로는 불가능하다. 지적 에너지를 투자할 수 있는 능력이 요구되는 것이다. 국내라는 작은 토양에서 환경이냐 경제냐 하는 논쟁을 반복하는 것보다 훨씬 어려운 국제적 지적 논쟁에 도전할 각오가 필요할 것이다.

3. 기후변화문제에 대처하기 위한 글로벌 거버넌스: 세 가지 관점

그럼 '리우·교토체제'의 경험과 교훈을 되새겨 볼 때, 바람직한 글로벌 거버넌스, 국제체제란 어떤 것일까?

우선은 환경·기후변화문제를 규율하는 국제체제를 구축하기 위해 필요하다고 생각되는 3가지 관점에 대해서 살펴보도록 하겠다.

(1) 장기적인(long term) 관점

첫 번째로 장기적인 관점이 중요하다.

2012년은 리우 지구정상회의, UN기후변화협약이 채택된 지 20년이 되는 해인데 지구환경문제를 생각할 때 10년, 20년이란 시간은 결코 긴 시간이라고는 볼 수 없다. 이는 어찌 보면 당연하다. 2050년까지 세계 전체의 CO_2 배출을 반으로 줄이겠다는 것이나 2100년까지 대기 중 이산화탄소 농도를 안정화시킨다는 등의 시간개념으로 진행되는 이상, 장래의 국제체제를 설계함에 있어 미래의 국제사회의 양상을 염두에 두는 장기적인 관점을 빼놓을 수 없다.

그러나 이는 쉽지 않은 일이다. 상상력을 최대한으로 발휘한다고 해도 국제사회의 현실은 우리들의 상상보다 훨씬 빨리 변하기 때문이다.

가령 지금부터 40년 뒤인 2050년에 세계가 어떻게 변해 있을지를 생각해 보기 위해서는 지금부터 40년 전인 1970년대 전반의 세계가 어떠했는지, 당시에 오늘날의 세계의 양상을 예상할 수 있었는지를 생각해 보면 될 것이다. 1972년은 로마클럽의 '성장의 한계' 보고서가 제출된 해이며 스웨덴의 스톡홀름에서 UN인간환경회의가 개최된 해이기도 하다. 인구가 기하급수적으로 증가한다거나 환경·에너지 문제 등 오늘날 겪고 있는 문제가 지적되었던 바로 그해이다. 그때의 세계는 어떠했을까.

당시는 냉전이 한창이었고 유럽은 동서로 분단되어 있었다. 현재의 EU 27개국(*역자 주: 2013.7.1. 크로아티아 가입으로 현재 28개 회원국) 중의 절반이 동구의 공산주의였고 남유럽 군사정권하의 비민주적 체제였다. 러시아는 프라하의 봄을 지나 아프가니스탄 침공 직전이었고 여전히 건재한 구소련체제하에 있었다. 중국은 1972년의 닉슨 방중, 일본·중국 국교정상화 등으로 대외정책의 변화를 보이는 한편 국내적으로는 문화대혁명이 한창이었고 개혁개방노선은 아직도 수년 뒤의 일이다. 중동에서는 1973년에 제4차 중동전쟁이 있었고 이집트, 리비아, 시리아 3개국이 아랍연합을 형성하고 있었다(신기하게도 2011년 '아랍의 봄'으로 혁명을 겪은 나라들이다). 이란은 혁명 전의 친미왕정시대였다. 미국은 닉슨 정권, 일본은 다나카(田中) 내각, 영국은 보수당과 히스(Heath) 내각, 프랑스는 퐁피두(Pompidou) 정권, 서독은 브란트(Brandt) 정권 아래 있었다. 국제사회가 오늘날과 같은 모양이 될 것이라고 당시의 누가 상상이나 할 수 있었을까.

이렇게 보면 일본, 미국, 서유럽 등 일부 민주주의국가를 제외하고 국제사회의 많은 국가들이 최근 40년간 정치·경제·사회적인 면에서 격변이라고도 할 수 있는 변화를 겪었던 것을 알 수 있다.

한편, 당시에도 예상할 수 있었고 실제로 그대로 이루어진 것도 있다. 인구증가가 그러한데, 40년 전의 세계 인구는 약 40억 명이었지만 현재의 세계 인구는 약 70억 명으로 증가하여 당시의 예상에 거의 부합하고 있다. 40년 뒤인 2050년에는 약 90억 명이 될 전망이다.

인구 70억 명이 90억 명으로 증가하면 세계는 어떤 모습이 될 것인가. 각국의 정치・경제・사회는 어떤 변화를 겪게 될 것인가. 이후 40년간의 변화가 과거 40년간의 변화에 필적하는 규모가 될 것인지는 아직 알 수 없다. 과거의 경험에 비추어 볼 때 상당한 변화가 있을 수 있다는 점을 염두에 두면서 환경・기후변화문제에 대해서도 그에 상응하는 국제체제를 생각해 나가야 할 것이다. 일본・미국・유럽의 3국이 중심이었던 20세기형 국제사회의 잔상에서 빠져나오지 못한 과거지향적인 발상이 아니라 장래의 국제사회의 형태를 두루 생각하는 미래지향적인 발상이 필요하다.

(2) 글로벌한(global) 관점

두 번째로는 글로벌한 관점을 들 수 있다.

'글로벌한 과제에는 글로벌한 대응이 필요(global agenda need global actions)'하다고 많이들 이야기한다. 하지만 이는 입으로 말하는 것만큼 간단하지 않다.

전 세계의 사정을 두루 살펴 전 세계의 각종 이해관계를 반영하여 최적의 정책결정을 하는 세계정부 같은 시스템은 존재하지 않는다. 환경・기후변화 분야만 그런 것은 아니며 각국 정부는 모두 자국의 사정, 자국의 이해관계자의 목소리를 듣고 정책결정을 한다. 세계 전체로 보면 그러한 의사결정구조는 어디까지나 분권적인 것이며 중앙집권적인 것이 아니다. 이런 상황에서는 국제교섭을 통해서 각국의 정책결정절차에 글로벌한 관점을 반영하여 분권적인 구조이면서도 마치 세계정부가 있는 것처럼 조정된 정책이 각국 정부에서 이행되는 것이 사실 바람직하다. 그러나 실제로는 국제교섭이 각국의 정책결정에 영향을 미치기보다는 각국의 정책이 국제교섭을 휘두르는 일이 더 많다. 전술한 '미국 문제', '중국・인도 문제', '유럽 문제'는 어느 것이나 미국, 중국, 인도, 유럽이라는 주요 참가자들의 국내사정에 기초한 정책이 글로벌한 국제교섭절차와 마찰을 일으키고 있는 것이라 할 수 있다. 사실 일본도 글로벌한 시점을 충분히 고려하여 국내정책결정을 하고 있다고 보기는 어렵다.

그렇다면 글로벌한 관점을 고려한 온난화대책이란 어떤 것일까. 이른바 '카야 항등식(Kaya Identity)'에 기초하여 생각해 보고자 한다.

카야 항등식이란 카야 요이치(茅陽一) 씨가 제시한 것으로 CO_2 배출과 '인구', 'GDP', '에너지소비'라는 요인들 간에 다음과 같은 관계가 성립한다는 것을 말한다.

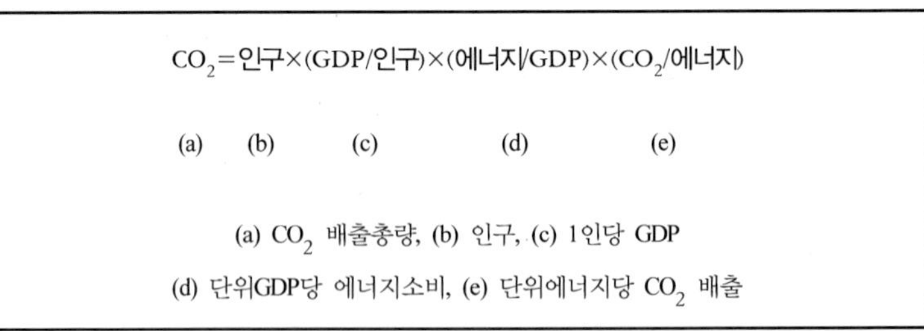

CO_2＝인구×(GDP/인구)×(에너지/GDP)×(CO_2/에너지)

(a) (b) (c) (d) (e)

(a) CO_2 배출총량, (b) 인구, (c) 1인당 GDP

(d) 단위GDP당 에너지소비, (e) 단위에너지당 CO_2 배출

이러한 관계는 일국의 온난화대책을 논의할 때에나 세계 전체를 논의할 때에도 적용할 수 있는 것이지만 그 척도는 크게 달라진다.

현재 일본에서는 온난화대책 목표와 에너지믹스가 표리일체로 논의되고 있다. 이때 (b)인구는 감소경향 (c)1인당 GDP는 약간 증가할 것으로 보고 있으며 여기에 (d)에너지절약 (e)청정에너지(재생가능에너지보급 외에 원자력도 포함될 수 있다)를 어느 선까지 진행할 수 있을 것인가에 따라 (a)CO_2 감축이 좌우된다는 식으로 논의가 이루어지고 있다.

한편, 전 세계적으로 보면 논의 양상이 전혀 다르다.

일본과 대조적인 사례로서 방글라데시를 예로 들도록 하겠다. 이 나라는 2012년 6월에 필자가 양자 간 오프셋 크레디트제도를 협의하기 위해 방문했던 나라이다.

방글라데시의 인구는 2010년 현재 약 1억 5,000~6,000만 명. 인구증가는 연평균 1.6%이므로 2050년에는 약 2억 명이 될 것으로 예상되고 있다. 1인당 GNI는 약 700달러로 일본(약 42,000달러)의 약 60분의 1이며 1인당 CO_2 배출량은 약 0.3톤으로 일본(10톤 남짓)의 약 30분의 1이다. 전력공급능력은 수요의 60% 정도로 상당히 모자란 상황이어서 지방의 경우 전기가 공급되는 것은 하루 중 수 시간 정도에 불과하다고 한다. 전력의 대부분은 국내산 천연가스에 의한 화력발전이며 일본 등의 지원으로 고효율 복합발전방식을 사용하는 가스화력발전소도 건설되었지만 에너지원을 다양화하기 위해서 석탄화력, 나아가 원자력발전의 가능성도 모색하고 있다.

방글라데시와 같은 나라의 에너지믹스는 어떻게 생각하면 좋을까. 과거의 흐름으로 보면 인구증가는 통계대로 이루어질 것이라고 보는 것이 좋을 것이다. 또한 경제성장은 방글라데시 국민이라고 해서 일본인과 미국인, 유럽인과 동등한 정도의 생활수준을 향유하는 것을 부정할 이유가 없다. 일인당 GDP가 지금의 수십 배가 될 수 있다는 것이다. 에너지수요는 당연히 늘어날 것이다. 방글라데시인도 일본인과 마찬가지로 전기가 하루 24시간 동안 공급되기를 기대할 것이다. 에너지절약이나 재생가능에너지 보급이 최대한 진행되어야 하겠지만 일본과 동일한 정도까지는 어려울 것이다. 천연가스 이용이 지금 이상으로 늘어나고 석탄화력이 활용되는 것도 가능한 시나리오이다.

이를 카야 항등식에 넣어 보면 (b)인구가 늘어나고 (c)1인당 GDP도 늘어난다. (d)단위GDP당 에너지소비나 (e)단위에너지당 CO_2 배출은 이후의 에너지절약, 재생가능에너지, 화석연료 이용을 얼마나 효율적으로 해 나갈 것이냐에 좌우되는 것이므로 매우 불투명하다. 항등식의 오른쪽에 극적인 CO_2 감축요인은 없을 것으로 생각된다.

일본과 방글라데시의 사정을 비교해 보면 다음과 같이 된다. 각 요소의 방향성을, ++(상당히 증가), +(증가), +-(변화 없음), -(감소), --(상당히 감소)로 표현하였다.

	CO_2=	인구×	(GDP/인구)×	(에너지/GDP)×	(CO_2/에너지)
일본	(--?)	(-)	(+-)	(--?)	(--?)
방글라데시	(?)	(++)	(++)	(-?)	(-?)

세계적으로 볼 때 방글라데시는 그리 특이한 나라가 아니다. 일본이 특이한 것이다. 2010년 시점으로 인구 대국 상위 10개국은 중국, 인도, 미국, 인도네시아, 브라질, 파키스탄, 방글라데시, 나이지리아, 러시아, 일본이며, 일본·미국·러시아 이외는 개도국이다. 2050년에는 일본, 러시아 장관 필리핀과 콩고민주공화국이 포함될 것이라고

예상하며 선진국으로는 미국만 남게 된다. 어느 나라나 경제성장이나 에너지믹스에 관한 한, 일본보다는 방글라데시의 사정에 가깝다.

2050년까지의 기온상승을 2℃ 이내로 억제하기 위해서는 세계 전체의 CO_2 배출을 현재의 약 절반으로 줄여야 한다고 한다. 한편 세계 인구는 2050년까지 현재의 약 70억에서 90억 이상이 될 것으로 예상된다. 세부적으로는 아시아에서 약 10억 명, 아프리카에서 약 10억 명이 증가될 것이라고 한다. 개도국 사람들도 선진국 사람들과 마찬가지로 음식, 물, 약 등의 기초생활물자뿐만 아니라 가전제품, 차 등의 생활을 쾌적하게 하는 여러 가지 재화·서비스를 요구할 것이다. 선진국에서 향유하는 것과 같은 생활수준을 개도국 사람들이 누리는 것을 선진국 사람들이 막을 수는 없을 것이다.

전 세계 온난화대책의 각 요소의 방향성을 카야 항등식으로 표현하면 다음과 같이 된다.

$$CO_2 = 인구 \times (GDP/인구) \times (에너지/GDP) \times (CO_2/에너지)$$

(--)　(++)　(++)　(--?)　(--?)

'전 세계의 CO_2 배출량 50% 감축'과 '세계 인구증가' 및 '모두가 풍요로워지는 세계'를 어떻게 양립시킬 수 있을 것인가. 위에서 말한 일본이나 방글라데시에 더하여 중국, 미국, 인도, 인도네시아 각국의 항등식을 합산해 보면 이러한 전 세계적인 항등식이 만들어질 것인가. 이것이 근본적인 문제이다.

에너지절약, 청정에너지를 목표로 한다는 방향성 자체는 세계 전체와 일본 국내가 다르지 않다. 그러나 '인구감소·저성장' 사회에 들어선 일본과 '인구 20억 증가·고성장'을 향해 나아가는 세계 전체는 그 척도를 달리해야 한다. 전력에 대한 접근이 기존의 서비스인지 이제부터 확보해야 할 기초서비스인지에 따라 출발점도 달라진다. 포스트 3/11에서 일본의 과제는 '절전'이지만 방글라데시의 예와 같이 개도국의 과제는 '전력공급의 확대'이다. 또한 일본 국내에서는 탈원전에 대한 논의가 진행 중이지만, 화력발전이 증가되어서는 안 된다는 점에서는 대략의 합의가 이루어져 있다. '인구감소·저성장' 사회인 일본에서조차 화력발전의 증가를 막을 수 없다면 '인구 20억 증가·고성장' 중인 전 세계는 어떻게 될 것인가. 중국, 인도는 늘어나는 에너지수요를 따라잡기 위해서 원전을 추진해야 하는 것일까. 아니면 탈원전 쪽으로 방향을 전환하여 지금 이상으로 화석연료의 이용이 확대되는 것을 용인해야 할 것인가. 또한 이것이 세계에너지가격, 환경, 경제에 어떠한 영향을 줄 것인가.

에너지믹스는 일본뿐만 아니라 전 세계가 직면한 과제이다. 특히 아시아, 아프리카 등 이후의 인구증가를 고려하여 지속가능한 경제성장을 이뤄내야만 하는 나라들에는 더욱 절실하다. 이에 대한 인식 없이는 어떤 국제체제도 충분한 설득력을 가질 수 없다.

(3) 실제적인(pragmatic) 관점

(가) 다중적인 국제체제 구축의 중요성

안전보장 분야에서 평화를 주장하는 것만으로 평화가 실현되지 않는 것처럼 환경 분야에서 환경보호를 주장하는 것만으로 환경보전이 실현되는 것이 아니다. 이념을 위해서 목소리를 높이고 현실의 세계의 흐름을 반영하면서 이념이 현실화될 수 있도록 유한한 시간·자원과 각국의 정책 · 기술 · 자금 · 시장을 효과적으로 활용할 수 있는 구체적인 제도를 구축할 필요가 있다.

안전보장 분야에서는 안전보장이사회를 중심으로 UN하에서의 분쟁해결이라는 이념을 유지하는 한편, UN안보리의 한계를 감안하여 NATO나 미 · 일 안보체제 등 이해를 공유하는 나라들이 현실적인 안전보장위협에 공동대처할 수 있도록 군사동맹을 맺기도 한다. 이들 체제가 UN안보리와의 관계성을 유지하면서 그 자체로 국제공공재(材)로 인지되기에 이르렀다.

국제무역에서도 마찬가지이다. GATT/WTO는 오랫동안 국제적인 체제로서의 역할을 감당하고 있으며 그 유용성은 이후로도 변함이 없을 것이다. 하지만 10여 년에 이르는 교섭에도 불과하고 도하라운드가 도무지 타결될 기미가 보이지 않자 세계 각지에서 EPA · FTA 등의 지역적 또는 양자체제의 비중을 높여 왔다. 일본도 예외가 아니어서 그동안 아시아, 중남미 국가들과 EPA를 체결하였고, 당면한 최대의 과제는 TPP 대응이다.

환경 · 기후변화 분야의 국제체제는 안전보장, 국제무역의 분야와 비교하면 역사가 짧다. UN협약으로 마련된 세계적인 차원의 이념이 지나치게 강조되면 지역적 또는 양자 간의 체제는 글로벌한 체제와 양립되지 않을 것이라는 경계심을 품게 될 것이다. 하지만 실제 UN 교섭이 글로벌한 이념을 충분히 발현하고 있다고 보기는 어렵다. 현실적으로 기능하는 제도를 구축하기 위해서는 각국 정부 · 국민 차원의 합의로 수용되는 과정이 반드시 필요하기 때문이다.

그러므로 UN의 '리우 · 교토체제'의 이념을 존중하는 한편 이를 '절대불변의 법칙'[5]으로 남겨 둘 것이 아니라 여러 가지 차원(글로벌 · 지역적 · 양자적)에서 실제적인 협력을 중첩적 · 유기적으로 연대시킬 수 있는 제도를 구축해 나가는 지혜가 필요하다.

(나) 기후변화대책에서의 완화와 적응의 조화

실제적 관점은 기후변화문제 대응을 위한 완화(배출감축)와 적응의 조화를 위해서도 중요하다.

최근의 기후변화교섭에서는 기후변화대책에서 완화와 적응의 조화, 특히 취약국에 대한 적응지원의 중요성이 강조되고 있다. 지금까지의 기후변화교섭에서는 완화방법에 보다 많은 무게를 두었던 것이 사실이다. 온난화가 진행되는 것을 전제로 하는 적응대책을 운운하는 것은 배출량감축에 대한 노력을 포기하는 것과 같으므로 바람직하지 않다는 생각이 작용했던 탓이다. UN기후변화협약의 목적이 인위적 배출에 의한 온실가스 농도를 안정화하는 것에 있는 이상 완화방법에 중점을 두는 것은 당연하다. 필자 자신도 처음에는 같은 생각을 가지고 있었다. 방재・음식・수자원・보건 등의 개별 분야의 적응지원은 기존의 개발원조의 틀 안에서 다루어져야 하며 기후변화교섭에서 적응을 생각하는 것은 논의의 확대로 이어질 것이므로 바람직하지 않으며 선진국・신흥개도국을 포함한 전 세계의 배출량감축을 촉진하는 것이야말로 기후변화교섭의 존재의의이므로 기후변화대책에서의 개도국지원이 완화에 초점을 두고 그 비율을 키워 나가는 것이 당연하다고 생각했다.

그러나 기후변화교섭 현장을 벗어나 여러 의견을 접하면서 다음의 두 가지 이유에서 그러한 생각을 수정하게 되었다.

하나는 국제교섭의 역학상의 이유이다. UN교섭에 나오는 개도국

---

5) 不磨の大典 절대로 닳아 없어지지 않는 규정이라는 의미로, 좋은 의미로 존재하되 현실적으로 적용되기에는 너무 먼 것을 가리킴.

의 압도적 다수는 취약국이고 그들은 자신들이 직접 이익을 향유할 수 있는 적응지원을 바라고 있다. 취약국의 동향이 교섭을 좌우하는 이상 적응대책의 비중이 높아지는 것은 교섭 역학상 자연스러운 흐름이며 이를 고려해야 한다.

또 하나는 기후변화대책에 필요한 자금의 적정배분이라는 관점이다. 가령 전 세계적으로 기후변화대책에 활용할 수 있는 자금이(가령 100억 달러) 존재하는 경우, 어떻게 활용해야 가장 효율적일까. 협약의 목적에 비추어 전액을 완화(배출감축)대책에 올인하는 것도 하나의 방법일 수 있다(선진국 국내에서 감축할 것인지 아니면 감축비용이 적은 개도국에서 감축할 것인지. 개도국에서 하는 경우에는 발전수준에 따라 어떤 형태의 자금협력을 해야 하는지 등의 파생적인 논점도 있지만 여기서는 다루지 않는다). 그 배출량감축대책으로 어느 정도의 CO_2 농도증가는 억제될 것이고 기후변화의 악영향도 완화될 것이다. 완화효과는 지구 전체로 골고루 퍼질 것이기에 인간에게는 직접적인 관계가 없는 기후변화의 악영향(아프리카 사막의 가뭄이나 태평양 무인도의 해수면 상승 등)도 완화될 것이다. 그러한 완화대책과 그 100억 달러의 어느 정도를 살아 있는 인간 생활에 직접 초점을 둔 대책, 가령 아프리카의 식량 확보를 위한 가뭄대책이나 태평양의 소도서국의 방재대책으로 돌리는 것, 어느 것이 바람직할 것일까. 일반적인 상식에 비추어 보면 후자에 주력해야 한다고 보는 것이 도리어 자연스러울 것이다.

그렇지만 완화와 적응의 균형점을 찾는 것이 어렵다. 적응지원을 중시하게 되면 특정한 개발 분야에 이해를 갖는 개도국, 국제기구, NGO 등의 이해관계자가 당해 분야와 기후변화의 영향을 연관 지어 적응지원(에 의한 해당 분야에 대한 원조증가)을 요구하기 십상이다.

이것이 지나치면 기존의 개발지원 영역과 기후변화교섭이 중복되고 나아가 완화대책이 소홀해질 수밖에 없다. 양자의 조화를 생각하면서 유한한 국제지원자원을 적절하게 배분하는 체제를 어떻게 만들어 나갈 것인지는 일반상식에 기초한 판단이 필요한 문제이다.

4. 기후변화대책 분야의 여러 가지 접근

'리우·교토체제'의 한계가 드러나면서 기후변화대책에 대한 여러 가지 접근이 시도되고 있다.

하나는 여러 가지 개발과제를 안고 있는 개도국이 인구증가·에너지수요 증가에 직면했을 때 개도국의 저탄소성장전략 설계를 지원하고 저탄소 관련 인프라에 대한 투자를 촉진하여 경제성장을 저해하지 않으면서도 CO_2 등의 배출억제·감축을 실현하려는 접근이다. 다음 장에서 소개하는, 일본이 제창하는 '세계저탄소성장비전'의 근저에 있는 것은 바로 이러한 접근방법이다. 이는 상대적으로 경제에 무게를 둔 '당근'적인 발상이다.

그러나 CO_2 등의 배출감축량을 늘리기 위해서 이와는 다른 접근을 하는 이들도 있다. 먼저 배출억제·감축을 의무화하고, 이를 지키지 않으면 시장이나 자금에 대한 접근을 제한한다는 방식이다. 환경에 무게를 둔 '채찍'적인 발상이라고 할 수 있다.

그 예가 국제해사기구(IMO)를 중심으로 한 국제해운 분야에서의 배출량감축이다. 2011년 IMO에서는 국제해운 분야에서 선박의 연비향상(기술적 조치)을 세계 공통의 의무로 하는 협약 개정이 있었다. 일본·미국·유럽 등의 선진국은 물론 많은 개도국이 중국·브라질 등 일부의 신흥개도국의 반대를 물리치고 결정한 것이다. 이에 따라 일정한 연비기준을 충족하지 못하는 선박은 국제해운에 종사할 수 없게 되었다. 이른바 국제해운시장에 대한 접근을 미끼로 고효율 선박에 대한 설비투자를 전 세계적으로 촉진해 나가기 위한 '채찍'이었다. 이는 CO_2 배출량감축이라는 환경적인 면뿐만 아니라 연료절약이라는 경제적인 면의 이익도 있다. 무엇보다 오랫동안 이어져 온 UN 기후변화교섭에서와 같이 선진국과 개도국으로 양분하는 발상에서 탈피한 규제가 도입된 것은 획기적이었다.

이와 같은 규제가 실현될 수 있었던 요인으로서는 1) 기후변화교섭에서의 COP와는 달리 IMO의 의사결정방식은 콘센서스가 아니라 표결로 명확하게 결정된다는 것, 2) 연비향상이라는 기술적 조치의 필요성에 대해서 선진국의 입장이 일치되어 있었고 많은 중소 개도국들이 이에 동조했다는 것, 3) 교섭담당이 해사관계자 중심이어서 이데올로기가 아니라 실리적인 관점에서 경쟁조건에 맞추어 연비향상을 위한 설비갱신을 추진해야 한다는 공통의 이니셔티브가 있었다는 것 등을 들 수 있다. 하지만 이러한 해운 분야에서도 이후의 CO_2 배출량감축을 위한 경제적 조치방법(배출권거래 또는 과금방식)이나 개도국지원의 방식에 대해서는 각국이 상이한 입장에 있으므로 이후의 IMO의 교섭의 행방은 예측할 수 없다.

또 하나의 예는 위에서 말한 것처럼 국제항공에 대한 EU배출권거래제도(EU-ETS)의 적용이다. 글로벌한 체제인 IMO와는 달리 EU라는 특정지역의 제도(역외에까지 영향을 끼치는 일방적 조치라서 비EU국가들로부터 비판을 듣고는 있지만)이기는 하지만 EU항공시장에 대한 접근을 미끼로 CO_2 배출량감축을 강제적으로 진전시키려는 점에서는 유사점이 있다.

해운이나 항공이라는 서비스 분야뿐만 아니라 실물경제 분야에서도 적용될 수 있다. 위와 같이 국제해운에서의 '선박'을 '제철공장', '해운(서비스)'을 '철강(물건)'으로 바꾸어 생각해 보면 될 것이다. CO_2 배출량감축이라는 관점에서는 세계의 어디에서 생산이 되든 간에 더욱 효율이 좋은(CO_2 배출이 적은) 기술로 생산된 철강이 세계의 수요를 채우는 것이 바람직하다. 국제무역에서의 공평한 경쟁조건이라는 관점에서도 마찬가지이다. 기술력 차이에 따른 가격 차이 때문에 국제시장에서 '고효율(CO_2 배출이 적은) 철강 1톤'에 더하여 '저효율(CO_2 배출이 많은) 철강 1톤'이 추가되는 것은 바람직하다고는 할 수 없을 것이다(기술 이외의 가격요인은 별론으로 한다).

보다 효율이 높은 기술이 활용될 수 있도록 IMO처럼 각국의 에너지절약기준을 통합하는 것을 생각해 볼 수 있으며 현재 IEA가 주도하는 국제협력 체제인 IPEEC(국제에너지효율협력체)가 그 역할을 맡을 수 있을 것이다.

또 하나의 가능한 접근은 각국이 상계관세 등의 국경조치로 상술한 가격 격차를 메우는 방법이다. 국제무역 분야에서 말하는 '무역과 환경' 논의에서는 무역(국내산업보호)이라는 목적을 위해서 환경(기준설정)이라는 수단을 사용하는 것 때문에 마찰이 생기게 된다. 반면, 환경(CO_2 배출감축)을 목적으로 무역(국경조치)이라는 수단을 사용하게 되면, 과거 미국이 남발했던 반덤핑관세와 흡사해지므로 기후변화교섭이 지금보다 더욱 대립적으로(confrontational) 흘러갈 가능성이 있다. 중국, 인도 등이 국제해운 분야의 IMO 관련 조약 개정에 반대하고 국제항공 분야에서는 EU의 일방적인 조치에 강하게 반발하는 것이 당해 분야에 그치는 것이 아니라 다른 분야로도 파급될 가능성이 있기 때문이라고 생각된다. 그리고 EU와 미국의 동향으로 보아

그들의 우려가 단순한 기우라고 치부할 수는 없는 상황이다. 이 부분에 대해서는 현재 불확실한 요소가 많으므로 이 자리에서는 일반적인 지적에 그치도록 하겠지만 아무튼 이후의 기후변화교섭에서는 무역조치가 주요 논점의 하나가 될 것이라 생각되므로 향후 주의를 기울일 필요가 있을 것이다.

시장접근성뿐만 아니라 자금접근성에도 '채찍'을 적용할 수 있다. 국제금융기관의 융자조건이나 CDM설정기준이 엄격해지면서 석탄화력이 사업대상에서 제외된 것이 그 한 가지 예라고 할 수 있다. 에너지안전보장이나 개도국의 에너지수요증대에 대한 대처, 비용이라는 면에서 볼 때 기술의 종류를 불문하고 석탄화력을 애초부터 배제하는 것이 적절한가에 대한 의문이 없는 것은 아니다. 특히 효율이 낮은 기술에 쉽사리 금융지원이 되지 않도록 하는 것이 효율이 높은 기술의 보급을 재정 면에서 지원하는 것과 같은 효과가 있다고 하지만 제도설계를 어떻게 하는 것이 좋을지에 대한 연구는 필요하다고 생각된다.

이러한 '채찍' 접근에 대해서 일본은 어떻게 대응해야 할 것인가. 상술한 IMO관련조약 개정과 같이 적절한 제도설계가 이루어진다면 반대할 필요는 없을 것이다. 하지만 국제항공 분야에서의 EU-ETS 적용문제와 같이 국제마찰이 심화되는 형태로 당초의 예상을 넘는 부작용이 발생할 가능성도 있다. 각 분야의 지혜를 가진 각국 정부・국제기관・민간 부문 등과 정책협의를 계속하면서 여러 가지 선택지들을 마련해 나갈 필요가 있다.

5. 정리

지난 20년간 세계의 기후변화교섭은 UN기후변화협약과 교토의정서에 기반을 둔 '리우 · 교토체제'를 중심으로 진행되어 왔다. 이 체제에서 1년의 하이라이트는 매년 11월 말에서 12월 초에 개최되며 전 세계의 환경관계자가 한곳에 모여 각각의 주장을 펼치는 COP이다. 이는 앞으로 언제까지 지속될 것인가.

전술한 바와 같이 COP17 및 COP18에서는 2015년까지의 새로운 체제를 구축하고 2020년부터 이행할 것, 또한 일본과 러시아, 뉴질랜드는 포함되지 않지만 2020년까지 EU 등의 일부 선진국이 의무를 지는 형태로 교토의정서 '연장'이 결정되었다. 적어도 외견상으로는 2020년까지 '리우 · 교토체제'는 현재의 모습대로 유지될 것이다. 일단 만들어진 국제적 체제는 가령 그것이 국제사회의 변화를 충분히 반영하지 못한다고 해도 의외로 오래 지속되는 것이다. 시간의 흐름과 함께 기존 체제의 이해관계자(stakeholder)가 늘어나므로 체제 존속에 대한 관성이 강하게 작용하기 때문이다. UN기관처럼 조약에 기초한 조직은 특히 그러한 경향이 강하다.

하지만 이후 '리우 · 교토체제'는 커다란 질적 변화를 맞이할 것이 예상된다.

우선 교토의정서는 2020년까지 원형에서 크게 변화될 것이 거의 확실하다. 캐나다의 탈퇴에 이어 일본, 러시아, 뉴질랜드가 2차 공약기간에 참가하지 않기에 2013년 이후 법적 의무를 부담하는 국가의 범위가 줄었다는 것이 가장 큰 이유이고, EU가 2020년까지의 2차 공약기간이 마지막이며 제3공약기간의 설정은 없다고 명언하고 있다는 것이 결정적이다. EU가 현재의 방침을 바꾸지 않는 한 '리우・교토체제' 내의 '교토' 부분은 2020년으로 사라지게 된다. 다만 CDM이나 각종 보고제도 등 교토의정서에 규정된 공약기간설정 이외의 요소가 새로운 체제에 흡수되는 것은 가능하다. 또한 절차적으로는 교토의정서 개정절차에 따라 새로운 체제가 만들어질 가능성도 이론상으로는 가능하다. 그러나 이는 이미 1997년 이래 우리가 익숙해진 국가별 수치목표의 엄격한 의무부과로 상징되는 '교토'체제와 동일하다고는 말할 수 없게 될 것이다.

'리우・교토체제'의 '리우' 부분인 UN기후변화협약은 그보다 오래갈 것이다. 그러나 동 협약에 규정된 기본원칙인 '형평성(equity)'이나 '공동의 그러나 차별화된 책임'원칙에 과거 20년간의 국제사회의 변화나 장래를 어떻게 반영할 것이며 재정의해 나갈 것인가에 대해서는 많은 논의가 필요할 것이다. 그와 관련하여 '선진국'과 '개도국'을 양분하고 있는 동 협약의 부속서방식이 논의의 도마에 오르게 될 수도 있다. WTO에서와 마찬가지로 온난화대책과 무역・지적재산권의 관계에 대해서도 선진국과 신흥개도국 간에 논쟁이 있을 것이다. 특히 전술한 '채찍' 접근에 대해서 구체적인 사례를 두고 대립적인 논의가 이루어질 가능성도 배제할 수 없다. 이들 논점에 대한 논의는 이후에 본격화될 새로운 체제에 반영되어 갈 것이다.

일련의 교섭・논의를 거친 뒤에도 2020년 이후의 국제체제가 어떤 형태로 구축될 것인가에 대해서는 단언할 수 없다. UN기후변화협약하에 교토의정서를 대체하는 새로운 의정서가 나올지도 모르고(리우・~체제), 협약개정이 이루어질 수도 있다('리우체제 ver2'). 글로벌한 체제를 보완하는 지역협력이나 양자협력의 비중이 높아질 가능성도 있고(리우체제+α), 요소들을 조합할 수도 있을 것이다. 2020

년에 이르기까지 지금부터 십수 년간의 UN교섭에서의 논의와 양자협력, 지역협력 등 여러 가지 차원의 국제적인 연대경험들이 쌓여 국제체제의 형태에 영향을 미칠 것이다.

일본은 지금까지 이 국제제체의 형성절차에 참여하는 주요 플레이어였고 이제부터도 그럴 것이다. 자국의 이익과 지구의 이익을 조화를 이루는 새로운 국제체제의 구축을 향하여 적극적으로 의견을 내놓아야 할 것이다.

<칼럼 6> 동아시아 저탄소성장 파트너십

2011년에 일본이 제안하여 이듬해인 2012년 4월에 각료급대화를 개최했던 동아시아 저탄소성장 파트너십은 기후변화 분야의 새로운 지역협력을 위한 시도이다. 동 파트너십에 대해서는 제7장에서 상세히 살펴보도록 하겠지만, 여기서도 간단히 소개해두고자 한다. 일본이 관련된 기후변화교섭체제로 세계적인 규모인 것으로는 UN의 COP가 있다. 또한 양자협력으로는 양자간 오프셋 크레디트제도를 제안하여 실증연구를 시작하고 관심국가와의 사이에서 제도이행을 위한 협의를 하고 있으며 일부 국가들과는 양자문서에 서명하기에 이르렀다. 하지만 이러한 양자관계를 잇는 지역협력체제가 필요하지 않을까. 이러한 문제의식에서 본 구상을 제안하게 되었다.

동아시아는 다양하다. 정확하게 경계선을 긋는 것조차 쉽지 않다. 동아시아 정상회의(EAS)에 참가하는 18개국만 보아도 선진국과 개도국, 미국, 중국, 러시아, 일본 등의 대국들과 싱가포르, 캄보디아, 브루나이 등의 약소국들까지 다양한 국가들이 혼재한다. 너무 다양해서 UN에서는 각기 다른 교섭그룹에 속하여 일체감도 별로 없다. 그러나 이 18개국만으로도 세계 전체 CO_2 배출의 63%를 차지하고 있으며 이는 EU 27개국(12%) 배출량의 5배 이상에 해당한다. 또한 인구증가와 경제발전에 수반하는 에너지수요증대나 도시화 등 공통의 문제점을 안고 있다. 무역투자나 사람의 이동을 통한 상호의존도도 높다.

즉, 동아시아 국가들은 다양한 가운데서도 공통의 문제를 가지고 있으며 세계경제에서의 존재감도 증가하고 있다. 그럼에도 불구하고 동아시아 국가들 간에 환경과 경제의 조화를 위한 룰메이킹을 논의할 수 있는 자리가 많지 않아 UN에서 동아시아의 목소리를 반영할 수 있는 통로가 없으므로, UN에서의 논의가 동아시아의 많은 나라에 있어서는 현실감을 잃어 가고 있다. 2013년 이후 교토의정서 2차 공약기간에 배출감축의무를 지는 나라가 EAS 참가국 내에서 호주밖에 없다는 것은 시사하는 바가 크다.

동아시아 경제실태를 반영한 룰메이킹에 힘쓰고 UN에서의 세계적인 룰메이킹에도 공헌한다. 이것이 무게를 더해 가는 동아시아 국가들의 책임이며 일본이 그 목소리를 대변해야 함은 자연스러운 것이라 생각한 것이다.

'동아시아 저탄소성장 파트너십 각료급대화'는 2012년 4월 15일에 도쿄 오다이바에서 개최되었다.

노다 요시히코 총리의 모두인사 후에, 회의는 겐바 코이치로 외무장관과 인도네시아의 위트랄 대통령 기후변화특사가 공동의장이 되어 이끌었다. 코펜하겐 마지막 날같이 'ㅁ'자 형태로 배치된 자리에 중국의 셰전화 국가발전개혁위원회 부주임이나 러시아의 베드리키 대통령부고문, 싱가포르의 바라크리슈난 환경장관 등 COP에서 각국 대표단장을 맡았던 익숙한 얼굴들이 모여 앉는다. 인도네시아의 위트랄 특사도 발리 COP13에서 의장을 지낸 환경외교의 베테랑이다. 미국은 루스 주일대사, 한국은 양수길 녹색성장위원회위원장이 참가했다. 세계은행이나 UNDP, OECD, ADB, JICA, JBIC 등도 참관기관으로 출석한다. 또한 오찬모임에서는 키타큐슈(北九州)시 등의 갖가지 환경기술을 갖는 일본 기업이 지방자치제나 민간기업의 참여를 소개하기도 하였다.

동아시아저탄소성장파트너십 각료급대화의 모두세션(외무성 홈페이지)

일본 기업 관계자들의 설명을 듣고 있는 겐바 외무장관과 위트랄 대통령 기후변화특사 (외무성 홈페이지)

이후 이 동아시아 저탄소성장 파트너십 체제가 어떻게 흘러갈 것이며 구체적인 공헌을 할 수 있을지는 미지수이다. UN교섭을 보완하는 대화의 장, 또는 일본이 추진하는 양자 간 오프셋 크레디트제도에 관심을 갖는 국가를 확대해 나가는 자리로 활용할 수 있을 것이다. 또한 역내 각국의 지자체나 민간기업, 연구기관 등을 포함한 폭넓은 민관연대체제로 키워 나갈 수도 있을 것이다.

제7장

포스트 '리우 · 교토체제'와 일본

들어가며

2012년 말에 교토의정서 1차 공약기간이 끝났다. '-6%'는 근래 일본의 온난화대책을 좌우하는 키워드였지만 2013년부터는 새로운 국면에 접어들게 되었다.

본 장에서는 포스트 '리우·교토체제'를 향하여 일본이 지향해야 할 새로운 국제체제의 모습에 대하여 고찰해 보도록 하겠다. 또한 현재 일본이 진행하고 있는 몇몇 시도에 대해서도 소개하고자 한다. 현재 진행 중인 부분에 대해서는 이후 내용이 바뀔 수 있다는 것을 유의해 주었으면 한다.

새로운 국제체제의 모습에 대한 고찰로 현재 이루어지고 있는 신기후체제에 관한 논의의 주요 논점을 다룬다. 이들 논점은 현행 '리우·교토체제'의 문제점과 그 교훈에 기초한 것이다.

그중에서도 최대의 논점은 새로운 국제체제가 '모든 당사국에 적용되는(applicable to all Parties)' 것이어야 한다는 점이다. 90년대 초반의 국제사회를 기준으로 선진국과 개도국으로 엄격하게 나누는 이분론(dichotomy)이 '리우·교토체제'의 최대 문제점이며 이를 어떻게 극복할 것인지가 코펜하겐에서 칸쿤, 더반에 이르는 기후변화교섭의 최대의 과제였다고 할 수 있다. 도하 이후 그 논쟁은 지금까지도 이어지고 있다.

또 하나의 중요 논점은 국제체제가 가지게 될 '법적 구속력'문제이다. COP16, COP17에서 각각 초점이 되었던 교토의정서 '연장'문제와 신기후체제의 법적 성격을 둘러싼 문제가 이에 해당한다. 현행 '리우·교토체제'에서는 선진국에만 수치목표에 의한 배출감축의무를 부여하는 교토의정서가 하나의 이념처럼 자리 잡았는데 실효성 확보라는 차원에서 재검토가 필요할 것이라 생각된다.

제6장에서 말한 세 가지 관점(long term, global, pragmatic)을 장래의 국제체제에 어떻게 반영해 나갈 것인가. 이 문제에 대하여 일본이 제시한 해법이 '세계저탄소성장비전(Japan's Vision and Actions toward Low Carbon Growth and Climate Resilient World)' 이다. 정책, 기술, 시장, 자금을 총동원하고 선진국과 개도국이 연대하여 전 세계 규모로 저탄소성장과 기후변화에도 버틸 수 있는 사회를 구축해 나가자는 제안이다. 이는 사실 새로운 것은 아니다. 오랫동안 국제사회의 과제였던 '환경과 경제의 양립', '지속 가능한 발전'을 다시 한번 정면으로 부딪혀 보자는 것이다. 이는 지극히 실현 가능성이 낮은 과제이며 '무기 없는 전쟁'인 기후변화교섭을 첨예하게 만드는 근본원인(root cause)이라는 것을 고려한 제안인 것이다.

동아시아 저탄소성장 파트너십(East Asia Low Carbon Growth Partnership)은 동아시아 정상회의(EAS) 참가국 간에 저탄소성장과 기후변화에 버틸 수 있는 사회를 만들기 위한 협력을 해 나가자는 제안이다. 전 세계 CO_2 5대 배출국(중국, 미국, 인도, 러시아, 일본)은 모두 EAS의 참가국이다. EAS 참가국 전체로 보면 세계 CO_2 배출의 60% 이상을 차지한다. 이 지역에서 저탄소성장을 실현해 내지 않고서는 전 세계의 실효적인 배출감축은 불가능하다.

아프리카의 '저탄소성장 및 기후변화를 버틸 수 있는 개발전략' 만들기 제안도 동일한 발상에 기초한 것이다. 금세기 중반에 아프리카 대륙의 인구는 현재의 10억 명에서 20억 명으로 증가할 예정이다.

향후 일어날 수 있는 '아프리카의 기적'을 '아시아의 기적'보다도 친환경적인 형태로 실현하기 위해서는 어떻게 해야 할 것인가. 일본이 어떻게 도움을 줄 수 있을 것인가. 이것이 2013년 6월에 요코하마에서 개최된 TICADV(제5회 아프리카개발회의)의 의제이기도 했다.

양자간 오프셋 크레디트제도(Joint Crediting Mechanism)는 청정개발체제(Clean Development Mechanism) 등 UN의 시스템을 보완하는 새로운 시장경제체제의 바람직한 형태로서 일본이 제안하였고 지금까지 관심국가들과 협의를 해 왔다. 2013년 1월에는 제1호로서 몽골과 양자문서에 서명이 이루어졌다. 필자가 직접 정부간 협의의 일본단장으로서 2011년부터 2012년에 걸쳐 베트남, 캄보디아, 인도네시아(3회), 인도, 타이, 라오스, 방글라데시, 미얀마, 몽골 등의 국가를 방문했다. 어느 국가나 경제발전이 활발하게 이루어지고 있지만 국내의 사정은 각기 달랐다. UN교섭장에서는 실감할 수 없었던 점이다. 실제로 상대 국가를 방문하여 심도 있는 정책협의를 하고 환경과 경제가 양립할 수 있는 저탄소성장을 실현하기 위하여 일본은 어떤 도움을 줄 수 있을 것인지, 민관이 하나 되어 일본의 성장과도 연계할 수 있는 발상을 해내야 할 것이다.

일본이 제안하는 이러한 이니셔티브에 국제적인 설득력을 부여하기 위해서는 일본이 스스로 대처해 나가야 한다. 교토의정서하에서의 '-6%' 목표는 2012년 말로 끝났다. '3/11'의 영향 아래에서도 부단히 배출감축노력을 해 나가기 위해서는 2013년 이후에 어떤 목표를 지향할 것인지가 매우 중요하다.

개도국지원도 마찬가지이다. 지금까지의 일본의 개도국지원은 상대 국가의 개발과제에 따라 진행되어 왔으며, 기후변화교섭에서 일본의 입장을 지지하는 힘이 되어 주었다. 일본기업의 해외활동을 측면에서 지원하려는 의도도 있었다. 어느 한 부분 소홀히 하지 않고 지원을 계속하여 아시아나 아프리카 기타 지역에서의 선순환을 유지·확대해 나갈 필요가 있다. 향후 신기후체제 구축을 위한 UN교섭을 뒷받침 하려는 의미가 있는 것은 말할 것도 없다.

기후변화교섭은 '무기 없는 전쟁'이자 '21세기형 총력전'이다. 교섭은 이후로도 계속될 것이다. 하지만 앞으로 어떤 '전후질서'를 구축해야 할 것인지 시행착오를 반복하는 가운데 구체적인 처방전을 세계에 제시해 나가는 것이 '과제선진국'인 일본의 역할인 것이다. 일본에는 그런 힘이 충분히 있다.

1. 포스트 '리우·교토체제'의 이미지

현시점에서 예상해 볼 수 있는 포스트 '리우·교토체제'의 모습을 도시한 것이 도표 7-1이다. 또한 현행의 '리우·교토체제'의 양상은 도표 7-2에 나타나 있다.

이 포스트 '리우·교토체제'를 생각함에 있어 주의해야 할 몇몇 포인트는 다음과 같다.

(1) 모든 국가에 적용될(applicable to all Parties) 것

가장 중요한 점이라고 보아도 무방하다. 현행 '리우·교토체제'의 최대 문제점은 1990년대 초반의 국제사회를 기준으로 배출감축의무를 지는 국가와 그렇지 않은 국가를 엄격하게 나누는 양분론(dichotomy)의 구조이다. 더반 COP17에서는 새로운 체제가 '모든 당사국에 적용되는(applicable to all Parties)' 것이어야 한다고 분명히 밝혔지만 '공동의 그러나 차별화된 책임' 원칙에 대해서는 언급이 없다. 물론 이 신기후체제의 수립절차도 현행의 UN기후변화협약하에서(under the Convention) 이루어지는 이상 동 원칙이 부정되는 것은 아니다. 코펜하겐합의에서도 각국이 제출한 온난화대책목표는 선진국이 절대목표인 것에 반해, 개도국은 효율성 목표로 하는 등으로 내용이나 형태는 여전히 차별화되고 있다.

하지만 코펜하겐에서 칸쿤을 거쳐 더반, 도하에 이르는 국제교섭의 흐름이 선진국과 개도국(특히 신흥국)의 온난화대책을 가능한 한 같은 차원으로 가져가려는 추세에 있다는 것은 명백하다. 이후의 교섭에서는 이러한 흐름에 힘을 보태야 할 것이다. '공동의 그러나 차별화된 책임' 원칙도 시대의 흐름에 따라 재정의해 나갈 필요가 있다. 이러한 흐름은 신흥국의 존재감 증대에 따른 다른 분야에서의 국제체제 재편성의 방향(G20정상회의 창설이나 브레튼우즈 기구에서의 출자비율의 재고 등)과도 일치하는 것이다. 글로벌 거버넌스 구축에서도 발언력과 그를 위한 책임은 밀접한 관련이 있다는 것을 모든 국가가 인식할 필요가 있을 것이다.

도표 7-1. 포스트 '리우・교토체제'의 이미지

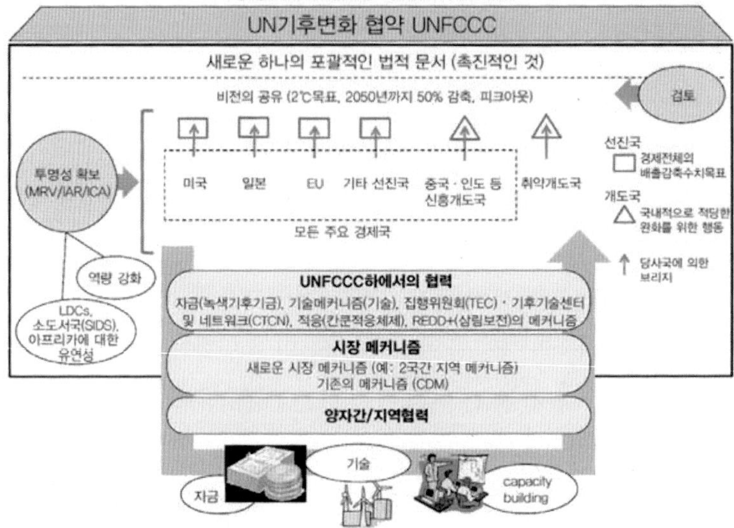

출처: 외무성 자료 등을 기초로 필자가 작성.

도표 7-2. 현행 '리우・교토체제'의 이미지

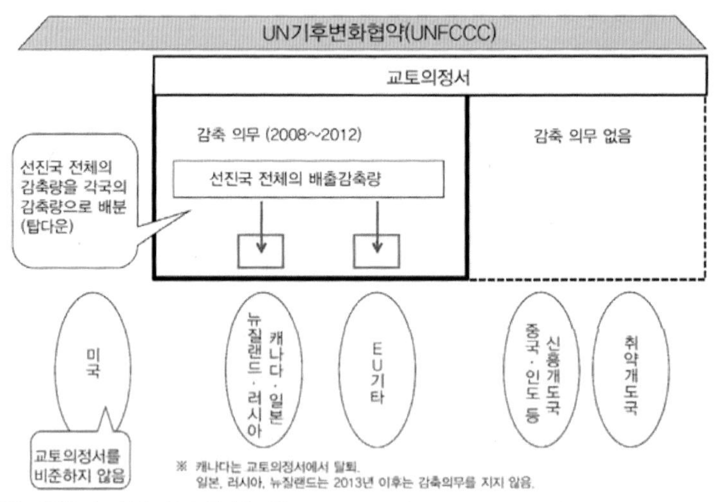

출처: 외무성 자료 등을 기초로 필자가 작성.

(2) 법적 구속력(legally binding)

국제교섭에서 가장 주목을 받았고 또한 많은 논쟁이 있었던 부분이 바로 기후변화문제를 규율하는 국제체제가 법적 구속력을 가져야(legally binding) 하는가에 대한 것이었다. 현행 '리우·교토체제' 특히 교토의정서의 근간은 선진국에 의무적 배출감축 수치목표를 부여한 것에 있다. 이후로 이것이 '법적 구속력 있는 체제'의 이념처럼 받아들여졌고 어떻게 이 정신을 이어 나갈 것인가(legal gap을 없앨 것인가)가 최근 수년간의 국제교섭에서 일대 쟁점이 되었다. COP17에서도 신기후체제에 법적 구속력을 부여할 것인지가 마지막까지 중요한 쟁점이었다. 앞으로도 중요한 논점이 될 것임에는 틀림이 없다. 하지만 이즈음해서 조금 냉정하게 생각할 필요가 있다고 생각된다. 도표 7-1에서 '새로운 하나의 포괄적인 법적 문서'라고만 기재한 것은 신기후체제의 법적 성격은 국제교섭에서의 각국의 동향을 살피면서 가능한 한 개방적으로 검토되어야 한다는 문제의식에서 비롯된 것이다.

애초에 무엇을 위한 법적 구속력인지를 냉정하게 생각할 필요가 있을 것이다. 법적 구속력은 국제체제의 실효성 확보를 위한 중요한 요소의 하나일 수는 있어도 유일하고 절대적인 것은 아니다. 법적 구속력이 없어도 상당한 정도의 실효성이 확보되는 국제체제가 존재한다. 국제업무에 종사하는 각국 은행의 자기자본비율을 규제하는 바젤합의나 수출신용이나 개발원조 등의 분야에서 회원국들의 행동을 규율하는 OECD의 가이드라인이 그 예이다. 이들 체제에서는 법적 구속력보다 은행의 건전성에 관한 시장의 평가나 당사국 간의 동료 집단으로부터 받는 사회적 압력(peer pressure)이 이들 국제체제의 실효성을 담보하고 있다고 볼 수 있다. 역으로 법적 구속력이 규정되어 있어도 이렇다 할 실효성이 확보되지 않는 예도 있다. 교토의정서에 서명했지만 비준을 하지 않았던 미국이나 비준했지만 결국 탈퇴한 캐나다가 그 좋은 예이다.

기후변화문제를 규율하는 국제체제에서 법적 구속력을 지향하는 견해는 이것이 각국의 온난화대책에 대한 예견 가능성을 높이고 탄소시장에 대한 신뢰성을 준다고 한다. 각국의 금융정책뿐만 아니라 재정정책, 은행감독제도를 통합하여 단일통화의 신뢰성을 확보하려 하는 유로에 대한 논의와 비슷한 면이 있다. 하지만 유로를 유지하기 위한 각종 정책들과 마찬가지로 각국의 온난화정책의 예견 가능성은 결국 그들 정책의 타당성, 국민 일반의 수용도 등에 좌우되는 것일 뿐 국제적으로 법적 구속력을 가졌는가, 아닌가의 영향은 한정적인 것이라 생각된다.

지금까지의 국제교섭에서의 법적 구속력을 둘러싼 논쟁은 실효성 확보의 수단으로서 법적 구속력의 유효성을 냉정하게 논한다기보다는 법적 구속력 그 자체가 자기 목적화되고 있는 경향이 있다. 어디까지나 장래의 국제체제의 구성요소의 하나로서 그 역할을 과대평가하지도, 과소평가하지도 말고 다른 요소와의 균형을 생각하면서 검토해 가야 할 것이다. 이때 법적 구속의 대상은 무엇인가(교토의정서와 같은 절대적 수치목표의 달성인지, 정책·조치의 이행인지 보고인지), 법적 효과는 어떠해야 하는가(준수하지 않으면 어떻게 되어야 할 것인가), 어떠한 법형식으로 규정해야 할 것인가(조약 내지는 의정서에 의할 것인지 국제적으로는 COP결정에 머무르고 각국 국내법에 맡기는 형태로 할 것인지) 등의 개별 논점을 실효성 확보의 관점에서 검토해야 할 것이다.

(3) 투명성 (transparency)

적절한 현황 파악 없이 대책이 있을 수 없다는 것은 온난화대책에서도 마찬가지이다. 선진국, 개도국을 불문하고 각국의 온난화대책의 투명성을 높이기 위한 '측정・보고・검증(MRV)' 체제나 이를 국제적인 협의의 대상으로 하는 체제(ICA/IAR)는 코펜하겐합의 이래 서서히 정리되어 왔다. 법적 구속력의 문제에 비해 주목을 받지 못하고 있지만 중요한 인프라임에는 틀림이 없다. 현황파악이 되고 나서야 비로소 대책을 위한 국제적 지원, 자금, 기술의 동원도 가능해지는 것이기 때문이다. 선진국은 투명성 향상을 위한 개도국의 역량강화를 지원해야 하며 개도국은 자국의 온난화대책의 투명성을 높이는 것이야말로 국제지원을 부르는 열쇠가 된다는 것을 인식해야 한다.

(4) 장기목표와의 정합성의 확보

기후변화문제가 장기적인 과제인 이상, 장기적 관점은 불가결하며 이는 보다 먼 장래의 여러 가지 불확실성을 고려해야 한다는 것을 의미한다. 현재 2050년의 세계가 지향해야 할 것으로 UN에서는 '2°C 목표'를, G8 등 선진국들은 '전세계 50% 감축, 선진국 80% 감축'에 대략적으로 공감하고 있으며 그러한 장기목표를 염두에 두고 당면한 정책을 진행하고 장기목표에 대해서는 최신의 과학적 지식을 반영하여 재검토해 나가는 것이 중요하다. 하지만 구체적으로 어떠한 메커니즘이 현실적인가에 대해서는 지금부터 검토를 계속해 나가는 것이 필요할 것이다.

(5) 중첩적 구조 (multi-layered structure)

앞에서도 언급했던 것처럼 국제체제는 글로벌, 지역적·양자적인 구조가 서로 간에 상호 보완성을 가진다. 여러 차원에서 각국의 기후변화대책을 촉진하는 것이 바람직하다. 마찬가지로 국내적으로도 국가차원뿐만 아니라 지방자치단체나 민간 부문의 참여를 얻어 내는 것도 중요하다.

(6) 자금, 기술, 시장을 총동원하는 실제적 협력의 추진

종래의 UN교섭에서는 자금이든 기술이든 선진국이 개도국에 제공해야 한다는 맥락에서 다루어지는 경우가 많았다. 이는 산업혁명 이후의 배출책임 등에 따른 선진국의 '의무'이행이라는 생각에서 비롯된 것이며 시장이나 민간 부문의 역할은 보조적·한정적인 것으로 받아들여져 왔다. UN기후변화협약, 교토의정서의 관련 규정에도 그러한 발상이 짙게 깔려 있다.

하지만 종래의 발상을 그대로 유지하는 한 증대일로에 있는 기후변화대책을 위한 충분한 자금, 기술이 동원될 수 있으리라고 생각지 않는다. 코펜하겐합의에서는 개도국지원에 관하여 공적자금에 의한 '단기자금(2010~12년까지 3년간 300억 달러)'과 민간자금을 포함한 여러 가지 자금원에서의 '장기자금(2020년까지 매년 1,000억 달러)'이라는 서로 다른 성격을 가진 두 개의 목표를 설정했다. 이는 시장이나 민간 부문의 역할을 중시하는 새로운 장래 지향적인 발상에 의한 것인데 '1,000억 달러'라는 숫자만이 홀로 남겨져 공적자금 중심의 종래의 발상 그대로 그 실현 가능성을 운운하는 바람에 논의의 혼란을 초래하고 있을 뿐이다.

공적자금은 여전히 중요하다. 하지만 선진국의 '의무'이행이라는 발상에만 머무는 것이 아니라 민간 부문에 의한 저탄소 관련 인프라 투자를 세계적인 규모로 촉진해 나가는 것이 중요하다. 국제체제도 그러한 관점에서 제도설계가 이루어져야 할 것이다. 선진국에서 개도국으로 보내는 자금, 기술, 역량강화를 늘려 갈 필요가 있으며 적절히 설계된 시장경제체제가 그 중요한 통로가 될 수 있다.

다음에 소개할 일본이 제창하고 있는 '세계저탄소성장비전'은 바로 그러한 발상에 기초한 것이다.

2. 일본의 제안: '세계저탄소성장비전'

신기후체제 구축을 향한 UN교섭에 참여하면서 일본이 제안하고 여러 가지 형태로 구체화해 나가고 있는 것이 '세계저탄소성장 비전'이다(도표 7-3 참조).

이는 UN교섭에서의 새로운 법적 체제의 구축과 병행하는 보다 실질적인 지구온난화대책으로서 기술, 시장, 자금을 총동원하여 전 세계가 CO_2 배출을 증가시키지 않는 형태로 경제성장, 즉 '저탄소성장'으로 이끌어 가자는 것이다. 다음과 같이 세 개의 기둥으로 크게 나누어 정책의 방향성을 구체적으로 나타내고 있다.

- 선진국 간의 연대에 의한 저탄소기술혁신
- 저탄소기술보급촉진을 위한 시장경제체제의 구축
- 취약국에 대한 배려

이 비전은 앞 장에서 말한 3가지 관점(장기적, 글로벌, 실제적)을 바탕으로 한 것이다. 풀어서 말하자면 다음과 같이 된다.

- 이후 40년간 아시아・아프리카를 중심으로 인구가 추가적으로 20억 명 증가하게 되므로 모든 사람의 수요를 충족하기 위해서는 지속가능한 경제성장을 이루어야 하며, CO_2 배출을 억제하는 방향으로 이를 실현하기 위해서는 에너지절약, 청정에너지 등 여러 가지 저탄소 관련 인프라에 대한 세계적인 규모의 투자가 불가결하다.
- 저탄소 관련 투자에서는 기존기술의 신속한 보급과 장기적 관점에서의 난관돌파를 촉진하기 위한 기술혁신이 모두 중요하다. 이를 위해서 국제연대를 촉진하는 제도 구축을 목표로 해야 한다.
- 저탄소 관련 투자(완화)와 함께 취약국에서 '기후변화에 버틸 수 있는 사회'를 구축하기 위한 투자(적응)를 중요한 축으로 삼아야 한다(이 점은 '세계저탄소비전'의 영어 명칭('Japan's Vision and Actions toward Low Carbon Growth and Climate Resilient World')에도 명확히 나타나 있다).

이 '비전' 아래 진행되는 몇몇 구체적 시도에 대해서는 다음 항에서 소개하도록 하겠다.

도표 7-3. 세계저탄소성장비전 - 2011년 11월 29일 발표 (개요)

세계저탄소성장비전 – 일본의 제언
Japan's Vision and Actions toward Low Carbon Growth and Climate Resilient World

실효적인 기후변화대책을 위해서는 선진국, 개도국이 합력하여 기술, 시장, 자금을 총동원하여 민관이 하나 되어 세계저탄소성장을 실현해야 한다.

이를 위한 구체적인 체제로서 일본은 다음의 세 가지 접근 방향에서 솔선하여 추진함과 동시에 국제사회가 이에 동참할 수 있도록 적극적으로 촉구한다.

1. 선진국 간의 협력: 보다 많은 배출감축을 위한 기술혁신

◆ 저탄소사회로 가기 위해서는 기존의 저탄소기술의 이용을 촉진함과 동시에 장기적인 관점에서 기술혁신을 이루어 나가는 것이 불가결

▶ 태양전지의 가격을 낮추고 효율을 개선하는 등 혁신적인 기술개발을 향한 협력
▶ 국제에너지기구(IEA), 국제에너지협력파트너십(IPEEC) 및 국제재생가능에너지기구(IRENA) 등 기존의 국제체제를 활용한 국제협력
▶ '이부키' 등의 지구환경관측위성에 의한 관측태세의 구축

2. 개도국과의 연대: 저탄소기술의 보급・촉진, 새로운 시장메커니즘의 구축

◆ 민관이 하나 되어 선진국의 저탄소기술・제품을 신속하게 보급시킬 수 있는 체제를 구축하고 이후 경제발전과 함께 온실가스 배출증가가 예상되는 개도국이 배출감축과 경제성장을 양립할 수 있는 저탄소성장을 실현하도록 하는 것이 중요
◆ 그 일환으로 CDM을 보다 개선하고 새로운 시장메커니즘의 구체화를 향한 양자 간 협력(양자간 오프셋 크레디트제도)이나 지역협력을 추진

▶ 저탄소성장모델구축을 향한 일본의 기술・경험을 공유하는 정책대화・협력
 - 중국・한국・일본 정상회의
 - 그린메콩 등의 지역 간 협력
 - 인도네시아를 필두로 하는 양자 간 협력
 - 글로벌 녹색성장기구(GGGI)와의 협력
 - 동아시아정상회의(EAS)하의 지역간 협력(동아시아저탄소성장파트너십 구상), 내년 4월에 국제회의를 도쿄에서 개최
▶ 동아시아에서의 연구기관 간 네트워크 구축 등 과학적 측면의 협력
▶ 청정개발체제(CDM)의 개선과 새로운 시장메커니즘(양자 간 오프셋 크레디트제도)의 구체화를 향한 협력
 - 28개국 간에 실현 가능성 조사를 이행
 - 아시아 국가를 시작으로 하는 개도국과 정부 간 협의
 - 2013년부터의 운용개시를 목표로 모델사업을 이행. 역량강화 및 공동연구의 추진

3. 개도국지원: 취약국에 대한 배려

(1) 일본의 약속
▶ 2012년까지의 단기재원의 착실한 이행
- 2011년 10월 말 시점에서 125억 달러 규모의 지원을 이행하였고, 이후로도 착실하게 이행해 나감
- 세계은행과 연대하여 태평양 도서국가의 자연재해위험보험의 개설을 검토. 소도서국에 대한 저탄소형 사회로 이행하기 위한 지원을 하는 등 취약국 지원을 중시
▶ 2013년 이후로도 취약국을 중시하고 국제사회와 함께 다방면의 지원을 이행하는 것이 중요
- 녹색기후기금의 제도설계 절차에 공헌
- 세계은행을 통한 아프리카의 제도·능력강화를 지원(적응지원)

(2) 지원의 중점사항
▶ 적응 분야에 대한 충분한 배려
- 개도국이 중시하는 방재, 수자원 및 음료안전보장 분야 등의 적응지원을 계속
- 아시아태평양 기후변화 적응 네트워크(APAN)를 통한 적응 관련 정보·지식의 공유
▶ 민관협동강화: 민간자금을 부르기 위한 효율적인 체제구축
- JICA, JBIC, NEXI, NEDO 등의 자원을 활용한 민간과의 협조융자·협력을 추진
- BOP비즈니스사업화를 향한 노력
- 경제전도사의 파견 등 민간 차원의 대화를 지원
▶ 저탄소성장을 위한 지원 및 취약국과의 정책대화를 강화
- 아프리카개발회의(TICAD)를 통한 아프리카 저탄소성장 전략의 책정
(내년 10월의 세계은행·IMF총회에서 최종 보고서를 공표예정)
- 3L[Lighting(전산화지원), Lifting(산업기반정비), Liking(통신망정비)] 프로젝트의 이행
- 아프리카 국가를 필두로 하는 취약국과의 정책대화를 이행
▶ 인재육성 중시
- 인재의 능력개발지원 이행 (2010년에는 약 3,000명 이행)

출처: 일본 정부 자료.

3. 일본의 노력(1): 동아시아 저탄소성장 파트너십

이는 동아시아 정상회의(East Asia Summit) 체제를 활용하여 온난화대책을 위한 실제적인 지역적 협력을 해 나가기 위해서 일본이 제안한 것이다.

그 이유로는 세계적으로나 일본에게 이 지역이 중요하다는 것을

들 수 있다. EAS 참가국 18개국은 세계의 성장센터임과 동시에 최대의 온실효과가스 배출지역이기도 하다. 2009년에 이미 18개국 전체의 CO_2 배출은 세계 전체 배출량의 약 63%를 차지했으며, 이는 1990년 대비 약 56%에서 7% 증가한 것이다(도표 7-4). 여러 장래예측에 따르면 2050년에는 세계의 GDP 상위 10개국 중 6개국이 EAS 참가국(중국, 미국, 인도, 일본, 러시아, 인도네시아)이 될 것이며, CO_2 배출에서의 비중도 마찬가지가 될 것이라고 생각된다. 이후에도 GDP와 CO_2 배출 양면에서 EAS 참가국의 존재감은 높아질 것이다. 일본에 있어서도 정치경제 면에서 연관이 많은 이 지역의 중요성은 말할 필요도 없다.

도표 7-4. EAS 참가국의 CO_2 배출량 비율의 추이 (1990~2009년)

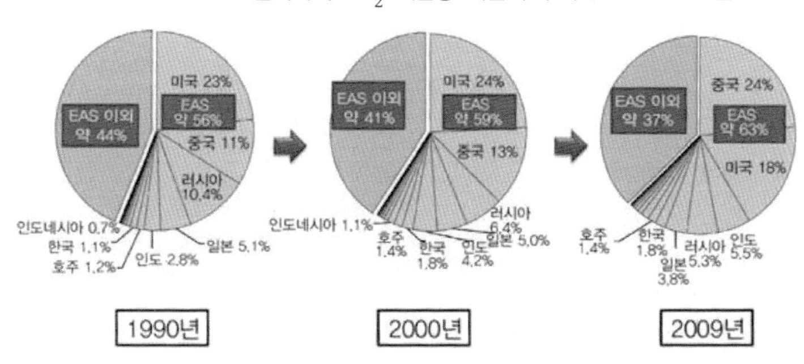

동아시아정상회의(EAS) 참가국(18개국): 브루나이, 인도네시아, 캄보디아, 라오스, 미얀마, 말레이시아, 필리핀, 싱가포르, 타이, 베트남, 호주, 중국, 인도, 일본, 한국, 뉴질랜드, 러시아, 미국

출처: 외무성 자료.

현행의 '리우・교토체제'에서는 이들 국가는 원래 배출감축의무가 없었지만(중국, 미국, 인도, 인도네시아, 한국 등), 2013년 이후에는 교토의정서하에서 배출감축의무를 지지 않게 된 나라들(일본, 러시

아, 뉴질랜드)이 대부분이다. 이들 주요배출국이 들어가지 않는 신기후체제는 아무리 정밀한 것이라고 해도 세계 규모의 대책으로 이어지지 않는다. 신기후체제는 이 지역에서의 실질적인 온난화대책, 저탄소성장을 지지하는 것이 되어야 한다.

이와 같은 문제의식 아래, 2011년 동아시아정상회의에서의 일본의 제안으로 2012년 4월에 도쿄에서 각료급 회담이 개최되었다.

일본의 겐바 코이치로(玄葉光一郎) 외무장관과 인도네시아의 라흐마트 위트랄 대통령특사 겸 국가기후변화평의회 집행의장이 공동의장을 맡고 EAS 참가 18개국의 각료급과 기타 9기관의 대표가 참관인으로 참가하여 활발한 논의가 이루어졌다. 논의의 결과를 정리한 공동의장 요약문의 요지는 다음과 같다(도표 7-5).

도표 7-5. 동아시아 저탄소성장 파트너십의 상상도

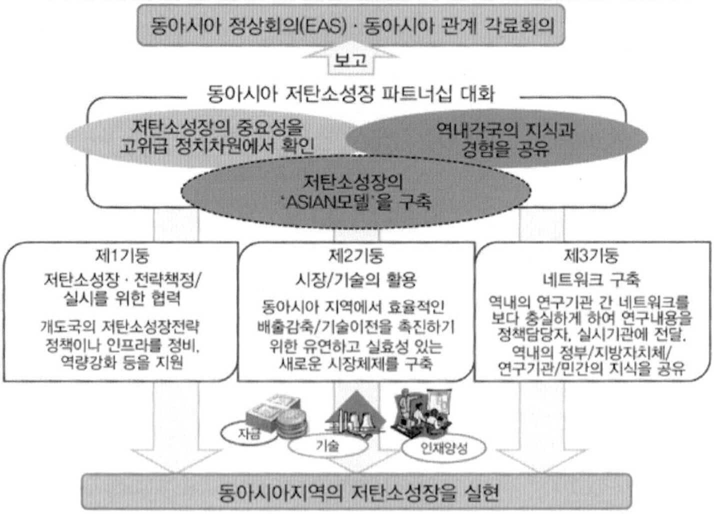

동아시아 정상회의(EAS) · 동아시아 관계 각료회의
보고
동아시아 저탄소성장 파트너십 대화
저탄소성장의 중요성을 고위급 정치차원에서 확인
역내각국의 지식과 경험을 공유
저탄소성장의 'ASIAN모델'을 구축
제1기둥 저탄소성장 · 전략책정/실시를 위한 협력
개도국의 저탄소성장전략 정책이나 인프라를 정비, 역량강화 등을 지원
제2기둥 시장/기술의 활용
동아시아 지역에서 효율적인 배출감축/기술이전을 촉진하기 위한 유연하고 실효성 있는 새로운 시장체제를 구축
제3기둥 네트워크 구축
역내의 연구기관 간 네트워크를 보다 충실하게 하여 연구내용을 정책담당자, 실시기관에 전달. 역내의 정부/지방자치체/연구기관/민간의 지식을 공유
자금
기술
인재양성
동아시아지역의 저탄소성장을 실현

출처: 외무성 자료.

- 각국이 각각의 저탄소성장전략을 수립, 이행하는 것이 중요하며 특히 개도국의 저탄소성장 노력을 지원하기 위해서는 지역 내에서 자금 인적·지적 자원을 동원해야 한다.
- 저탄소성장을 실현하기 위해서는 기술의 역할이 중요하다. 선진국은 기술혁신을 주도하면서 개도국에서의 저탄소기술 발전을 촉진해 나갈 필요가 있다. 또한 뛰어난 저탄소기술과 제품의 보급에는 시장의 활용도 효과적인 방법의 하나이다.
- 정부, 지자체, 국제기관, 대학, 연구기관, 민간기업, NGO 등의 여러 이해관계자가 협동하는 것이 중요하다. 저탄소성장과 적응에 관련된 지식, 경험을 공유하고 정책형성과정에 반영한다. 개방적이고 다층적인 유연한 네트워크로서 '동아시아 저탄소성장 지식플랫폼'을 구축한다(도표 7-6).

도표 7-6. 동아시아 저탄소성장 지식플랫폼의 상상도

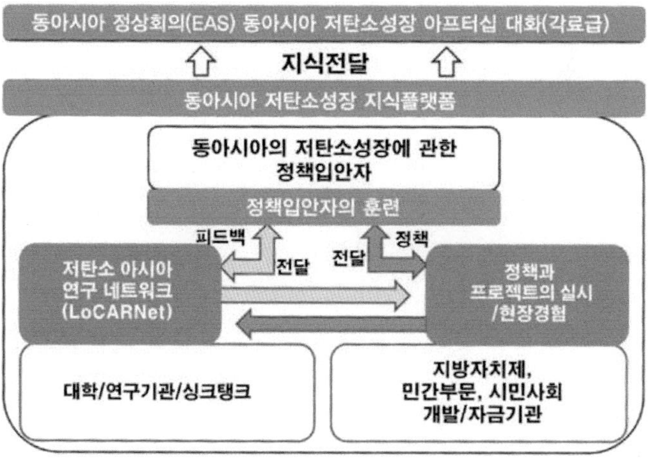

동아시아 정상회의(EAS) 동아시아 저탄소성장 아프터십 대화(각료급)
지식전달
동아시아 저탄소성장 지식플랫폼
동아시아의 저탄소성장에 관한 정책입안자
정책입안자의 훈련
피드백
전달
전달
정책
저탄소 아시아 연구 네트워크 (LoCARNet)
정책과 프로젝트의 실시 /현장경험
대학/연구기관/싱크탱크
지방자치제, 민간부문, 시민사회 개발/자금기관

출처: 외무성 자료.

동 회의에서 동아시아 저탄소성장 파트너십을 지속적인 체제로 발전시키는 것에 많은 나라들이 관심을 갖기 시작했다. 그리고 다음 회의는 2013년 일본과 캄보디아의 공동주최로 개최하도록 하였다. 신기후체제를 구축하는 UN교섭을 고려하는 한편 이 파트너십이 UN교섭에 적극적으로 의견을 개진해 나갈 것이 기대된다.

일본은 예전부터 이 지역에 많은 지원을 해 오고 있었는데(도표 7-7) 앞으로 특히 주목해야 할 것이 도시화(urbanizat ㅅion)에 대한 대응이다. 아시아 각국의 도시화 경향은 현저하다. 베이징, 자카르타, 방콕, 하노이, 프놈펜, 울란바토르 등 과거 십수 년간 필자가 수차례에 걸쳐 방문했던 도시들의 변화상을 보더라도 이를 실감할 수 있다.

도표 7-7. 동아시아에서의 일본의 지원실적

(실적) 일본의 노력 – 동아시아지역의 저탄소성장의 실현을 향하여

기후변화대책에 관한 2012년까지의 개도국지원(단기지원)으로, 동아시아지역에 102억달러 이상의 지원을 하였다(2012년 10월말기준). 이후로도 동아시아지역의 저탄소성장을 실현하기 위하여 유상/무상/기술협력/OOF나 민간자금 등의 다양한 제도를 활용.

재해대책

○ 기후변화의 영향에 따른 홍수나 가뭄, 태풍 등의 자연재해에 대처하기 위한 능력을 강화.

· **자연재해대처능력향상계획**
캄보디아, 라오스, 필리핀, 베트남, 인도네시아에서 실시. 메콩강 유역국가들의 홍수대책에 지대한 공헌.

· **태풍 이후의 인프라 복구계획**
필리핀에서 태풍 온도이 펜펜의 피해가 심각한 곳에서 홍수제어시설이나 도로/교각 등의 인프라 수복과 보강을 실시.
· 이외에도 베트남에서 위성정보를 활용한 기후변화대책의 추진이나 캄보디아에서 홍수피해억제를 위한 배수관 설치 등을 실시.

(사진제공 JICA)

재생가능에너지

○ 태양광/지열/수력 등의 재생가능에너지의 도입을 촉진한다.

· **대양광발전도입**
캄보디아, 라오스, 필리핀에서 실시

· **수력발전**
베트남의 수력발전을 건설하는 프로젝트에 무역보험을 활용하여 민관협동으로 실시.
· 이외에도 인도네시아의 지열발전이나 인도의 재생가능에너지개발 공사(IREDA)와의 협력 등을 실시.

REDD +(산림대책)

○ 지속가능한 산림이용 및 보전을 위해서 산림자원의 파악, 산림관리계획의 책정, 식림 등을 지원.

· **산림보전계획**
캄보디아, 라오스, 베트남, 타이, 인도네시아에서 실시.
· 이외에도 필리핀에서 주민 참가형 산림관리계획이나 베트남, 인도, 중국 등에서 식림계획 등을 실시.

에너지절약

○ 에너지절약시설의 도입을 추진함과 동시에 소프트웨어적으로도 기술협력 등을 실시. 또한 도시화가 진행되고 있는 나라에서는 저탄소형도시를 위한 협력도 실시.

· **에너지절약기술협력**
베트남, 인도네시아, 인도, 중국, 싱가포르 등지에서 에너지절약법과 기주의 도입 등 내부적인 협력을 실시.

· **초고효율 화력발전소의 도입**
인도네시아에서 청정석탄기술을 활용한 석탄화력발전시설의 건설사업에 지원을 실시.

· **도시대책**
태국이나 인도에서 지하철 도입을 위한 지원을 실시. 태국에서는 민생빌딩의 에너지절약, 베트남에서는 스마트그리드, 중국에서는 도시교통대책 등 각 지역에서 도시대책에 관한 협력이 이루어지고 있다.
· 기타 JBI의 Green(지구환경보전업무)등의 체제를 활용하여 에너지절약, 환형협력을 실시.

출처: 외무성 자료.

1955~65년대에 일본이 경험했던 일들이 각지에서 동시다발적으로 일어나고 있는 것과 마찬가지이다. 전력, 교통, 건물, 수자원, 폐기물 처리, 재활용, 방재 등 도시기능을 지탱하는 외연적・내면적 양면의 인프라를 어떻게 효율화하여 스마트시티를 구축해 나갈 것인지가 이 지역에서의 저탄소성장 실현의 열쇠가 될 것이다. 일본의 민관이 협력하여 이를 일본의 사업기회로 바꾸어 가는 것, 이것이 동아시아 저탄소성장 파트너십의 중요한 역할이 될 것이라고 생각된다.

4. 일본의 노력(2): 아프리카에서의 저탄소성장・기후 변화에 버틸 수 있는 개발전략

지구온난화대책에서 아시아와 어깨를 나란히 할 수 있는 중요 지역이 아프리카이다.

많은 나라를 포함하고 있는 아프리카가 국제정치에서 갖는 중요성은 두말할 나위가 없다. 아프리카대륙에는 54개국이 있는데 이는 EU(27개국)의 2배, EAS(18개국)의 약 3배의 국가들이 포진하고 있는 셈이기에 UN교섭에서의 발언력이 세다. 하지만 여기에서는 환경과 관련된 부분에만 집중하도록 하겠다.

우선 이후 40년간 예상되는 세계 인구 증가의 약 20억 명 중 절반이 아프리카에서 일어날 것이라는 점이다. 아프리카의 인구는 현재의 약 10억 명에서 약 20억 명으로 증가할 것이라고 예상된다. 현재의 세계 인구는 약 70억 명에서 약 90억 명이 될 예정이니 '세계 인구의 7명 중의 1명이 아프리카인'에서 '5명 중의 1명 이상이 아프리카인'이 되는 것이다.

다음으로 이 지역의 개발수요가 지극히 높다는 점을 들 수 있다. 아시아에 비해 경제발전단계가 낮은 나라가 많다는 점에서 '성장 가능성'이 높다. 보건, 수자원, 방재, 식료, 인프라정비 등 여러 가지 분야에서의 개발수요가 높다. 과거 수십 년 동안 아시아에서 일어난 기적이 지금부터 수십 년간 아프리카에서 일어날 가능성이 있는 것이다. 이는 기본적으로는 바람직한, 지지해 주어야 할 흐름이다.

문제는 인구가 증가하고 개발수요가 충족되어 발전할 아프리카에서는 에너지이용이 증대되고 CO_2 배출증가가 수반될 것이라는 점이다. 개발이란 면에서는 바람직한 움직임이 환경보전·기후변화대책상으로도 바람직하리라는 보장은 없다. 또한 경제규모, CO_2 배출규모에서의 아프리카의 비중이 아직 작다는 것이 앞으로도 그러하리라는 보장이 없다는 것은 중국, 인도를 포함하는 아시아 각국의 과거 수십 년의 궤적을 보면 명백하다. 경제발전과 환경보전을 어떻게 조화시켜 나갈 것인지, 지금은 취약국이 다수를 차지하는 아프리카에 있어서도 더 이상 무관한 문제가 아닌 것이다.

이러한 문제의식에서 일본은 2011년의 제3회 TICAD각료급회의에서 저탄소성장·기후변화에 버틸 수 있는 개발전략을 아프리카개발회의(TICAD)에서 마련해 나가자는 제안을 했다. 인간에 대한 안전보장이념에 기초하여 인프라정비 등에 의한 경제발전 분야의 밀레니엄 개발목표(MDG) 달성 등 아프리카 국가들에 대한 폭넓은 지원을 해 온 일본이기에 할 수 있었던 제안이다. 아프리카 국가들이나 세계은행, UN개발계획(UNDP) 등과도 협의를 거듭하여 COP17에서 전략 골자를 발표하였고 2012년 5월 제4회 TICAD 각료급회의에서 중간 보고를 하였다. 그 주요한 포인트는 다음과 같다.

✓ 아프리카 국가들은 국제사회의 지원을 활용하여 '기후변화에 버틸 수 있는(climate resilient)' 경제성장을 목표로 함과 동시에 재생가능에너지 분야를 포함한 녹색성장방향으로 발전을 가속하는 것이 중요하다.

✓ 아프리카에서 녹색성장을 추진하기 위해서는 적응과 완화의 결합, 주인의식의 강화, 민관연대, 개발파트너 간의 조정이 중요하다.

✓ 에너지, 농업, 산림, 수자원, 방재, 운송 등 개별 부문에서의 접근 (모범사례소개 등)

✓ 분야를 넘나드는 과제 (역량강화, 자금조달, 시장메커니즘의 활용, 홍보강화 등)

2012년 10월 도쿄에서의 세계은행 IMF연차총회나 COP18에서는 이러한 녹색성장전략 관련 부대행사가 개최되었다. 2013년 6월의 제5회 아프리카개발회의(TICADV)를 향하여 이 전략을 다듬어 나가게 된다. COP18에서 서울에 사무국을 두는 것으로 결정된 녹색기후기금 등 국제지원의 자원이 아프리카로 흘러가는 중요한 지침이 될 것으로 기대되고 있다. 이 전략구축을 주도하는 일본으로서도 환경과 개발을 양립하는 형태로 아프리카 지원책을 명확하게 제시해 나갈 필요가 있다.

5. 일본의 노력(3): 양자간 오프셋 크레디트제도

전세계의 저탄소성장을 실현하기 위해서는 에너지절약, 재생가능에너지 등 저탄소기술을 활용한 인프라에 대한 투자를 세계적으로 촉진해 나갈 필요가 있다. 에너지효율 수준은 낮지만 에너지수요 증대가 예상되는 개도국에서 특히 그 필요성이 높으며, 이들 국가에 대한 저탄소 관련 인프라의 투자가 충분하고 신속하게 이루어졌는지가 이후 수십 년의 경제성장과 CO_2 배출의 방향성을 좌우하는 결정적으로 중요한 요소라고 말해도 좋을 것이다. 한정된 자원을 세계적으로 효율적・효과적으로 활용해 나가기 위해서도 개도국의 저탄소 관련 인프라에 대한 투자가 중요하다. 선진국에서 배출되어도 개도국에서 배출되어도 1톤의 CO_2가 갖는 온실효과는 과학적으로 동일하지만, 같은 1톤의 배출감축에 드는 비용은 에너지효율이 낮은 개도국 쪽이 선진국보다 저렴하다. 다시 말하면 같은 규모의 투자를 한 경우에는 선진국보다 개도국에서 하는 쪽이 보다 대량의 CO_2 배출을 감축할 수 있는 것이다. 선진국의 기술・자금을 개도국에서 저탄소 관련 인프라의 투자로 이어 가기 위한 제도구축이 불가결한 이유이다.

교토의정서에 규정된 '청정개발체제(CDM)'는 원래 이를 목적으로 하고 있었다. 선진국이 개도국에서 이행한 프로젝트를 일정한 방식으로 평가하고 당해 프로젝트의 이행에 의한 CO_2 배출감축을 인정하여 이를 선진국의 배출감축의무의 달성수단으로 인정하여 선진국에 개도국에 대한 투자인센티브를 주고자 했던 것이다.

하지만 지금까지는 CDM이 충분한 성과를 거두었다고 보기는 어렵다. 대상이 되는 저탄소기술이 한정되어 있는 점, 프로젝트가 인정되기 위한 절차가 너무 엄격하다는 점, 특정의 대량배출국에 프로젝트가 집중되어 개도국 전반이 그 혜택을 누리지 못하고 있다는 점 등으로 기술적 이유는 여러 가지로 들 수 있다. 하지만 최대의 문제점은 'CO_2 배출감축은 선진국이 자국 내에서 해야 한다'는 발상에 사로잡혀 시장경제인 CDM에 보조적인 역할만을 부여하고 세계적인 저탄소 투자촉진이라는 CDM이 가진 가능성을 충분히 발휘할 수 없도록 한 것에 있다고 생각된다.

세계적인 체제인 CDM을 보다 사용하기 편하게 개선할 필요가 있다.

도표 7-8. 기후변화에 대처하는 새로운 수단으로서의 양자간 오프셋 크레디트제도

2008~2012	2013~
◆ 현재 일본은 교토체제의 크레딧취득과 함께 국내의 체제(온실가스감축 및 탄소흡수)를 통해서 교토의정서 제1공약기간의 목표달성을 위해서 최대한의 노력을 하고 있다.	◆ 2013년 이후도 일본은 계속하여 배출감축을 해 나갈 것이다. 구체적인 목표는 현재 국내적으로 검토되고 있다. ◆ 양자간 오프셋 크레딧제도는 교토체제를 보완하고 2013년 이후의 일본의 목표를 달성하기 위한 효과적인 수단이 된다. 일본은 교토의정서 제2공약기간에는 참가하지 않지만 교토의정서의 당사국임에는 변함이 없으므로 2013년 이후의 목표를 달성하기 위해서 교토체제를 계속해서 활용한다.
배출감축 흡수원 교토체제	배출감축 흡수원 교토체제 양자간 오프셋 크레딧제도

출처: 외무부 자료.

한편 선진국·개도국 모두 저탄소 투자수요는 여러 가지이므로, 대상조건의 인정을 UN의 CDM이사회에 맡기는 중앙집권적인 체제만으로는 세계적으로 이루어지는 저탄소투자에 충분히 대응할 수 없다. 이에 CDM과의 관계성을 가지면서 지역이나 개별국가의 실정에 맞는 저탄소투자를 실현할 수 있는 보완적인 체제를 중첩적으로 구축해 나가는 것은 충분한 합리성을 가진다. 일본도 2013년 이후로도

계속적인 배출감축 노력을 보다 강화해 나갈 수 있게 된다(도표 7-8 참조). 이것이 일본이 제창하는 '양자간 오프셋 크레디트제도'의 기본적인 사고방식이다.

이 '양자간 오프셋 크레디트제도'에 대해서는 제2장, 3장에서 말한 대로 대상후보국 분야에서 실증사업을 이행하는 한편 아시아를 중심으로 하는 몇몇 국가들과의 사이에서 정부간 협의를 해 왔다. 지금까지 인도네시아, 메콩 국가(베트남, 캄보디아, 타이, 라오스, 미얀마), 인도, 방글라데시, 몽골 등의 국가들과의 협의를 하고 있으며 기타 관심 국가에도 수시로 정보제공을 하고 있다. 2012년부터는 종래의 실증사업에 더하여 동 제도의 운용 시에 사용되는 방법론을 확정하기 위한 'MRV실증사업'을 이행하면서 2013년도부터의 운용개시를 목표로 정부간 협의에 박차를 가하고 있다.

도표 7-9. 양자간 오프셋 크레디트제도의 체제도

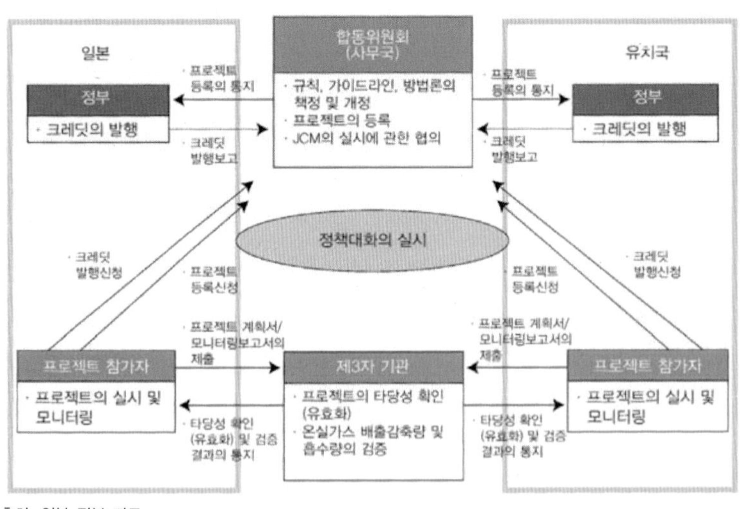

출처: 일본 정부 자료.

도표 7-10. 청정개발체제도

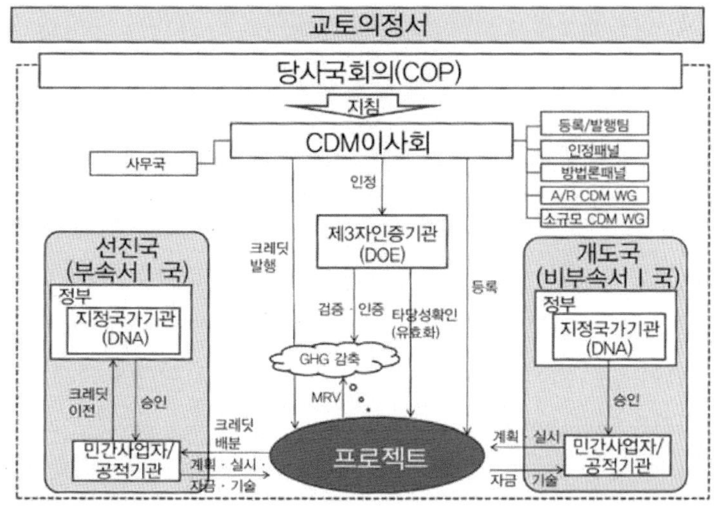

출처: 일본 정부 자료.

일본이 제안하는 양자간 오프셋 크레디트제도의 기본적인 구조는 도표 7-9와 같다. 현행 UN CDM의 구조(도표 7-10)와 비교하면 다음과 같은 특징들이 있다(도표 7-11).

- ✓ UN CDM이사회가 아니라 당사국 정부대표로 이루어진 합동위원회를 중심으로 하는 간소한 의사결정체제로 하고 각국 정부의 책임에 따라 신속한 이행을 가능하게 한 구조이다.
- ✓ 폭넓은 저탄소기술 분야를 대상으로 하고 있다.
- ✓ 대상프로젝트 이행으로 예상되는 CO_2 배출감축량을 측정할 때에 운용하는 방법론을 보다 간편한 것으로 했다.

모두 저탄소성장을 위한 막대한 투자수요가 있는 개도국에 투자가 촉진될 수 있도록 하는 실제적인 고려가 기초에 깔려 있다. 물론 CDM 등의 유사제도 간에 이중계상(더블카운팅) 방지나 독립된 제3자 기관의 활용, 이행상황의 보고 등 투명성, 환경보전에도 만전을 기하도록 배려한 제도설계를 하였다. 또한 본 제도가 기능하기 위한 개도국 측의 역량강화를 중시하고 있다.

무엇보다 주목해야 할 점은 일본과 상대국과의 정책대화에 중점을 두고 있는 것이다. 어떠한 저탄소 관련 투자, 역량강화가 필요한지는 나라마다 다르다. 이는 '개도국'이라고 한마디로 통칭해 버리는 UN 교섭장에서는 결코 볼 수 없는 것이다. 실제로 그 나라에 가서 현지의 사정을 접하면서 상대국 관계자와 충분한 협의를 하면서 그 나라에 맞는 협력의 방향성도 찾게 되는 것이다. 도표 7-12에 있는 대로 에너지절약, 재생가능에너지, 산림보전, 공공교통시스템, 수자원, 폐기물처리 등의 여러 분야에 일본이 공헌할 수 있다. 일본의 민관이 해낼 수 있는 역할은 크다.

현행 CDM의 개선이나 이 양자간 오프셋 크레디트제도의 제안을 포함하여 저탄소성장을 위한 투자촉진 제도구축의 역사는 아직 짧다. 무엇보다 지구온난화대책에는 저탄소기술의 보급을 가져다줄 민간투자의 역할이 중요하며 투자촉진에 입각한 실제적인 형태로 시장메커니즘을 구축해 나간다는 발상 자체에 대하여 환경원리주의적인 생각을 가진 이들로부터의 저항도 끈질기다. 구체적 성과를 내면서 폭넓은 콘센서스를 만들어 나가는 것이 중요하다.

도표 7-11. 양자간 오프셋 크레디트제도와 CDM의 비교

	양자간 오프셋 크레디트제도	CDM
거버넌스	분권적 (각국 정부, 합동위원회에 보다 큰 책임)	중앙집권적 (CDM이사회에 큰 책임)
대상 부문 /프로젝트의 범위	보다 광범위한 대상범위	특정 부문은 실시하기가 곤란 (예: 거대한 임계석탄화력발전)
대상프로젝트의 적격성 판단기준	간소한 방법론 제시 - 포지티브 리스트 - 벤치마킹 등	'추가성' 접근 (대상프로젝트의 실시에 CDM이 불가결하다는 것을 엄격하게 증명해야 함)

출처: 일본 정부 자료.

도표 7-12. 양자간 오프셋 크레디트제도하에서의 바람직한 협력 분야

에너지절약	고효율석탄화력발전, 천연가스복합화력발전, 송전선망의 고효율화, 철강/시멘트 생산과정의 에너지절약, 공장/빌딩/주택의 에너지절약, 에너지절약가전의 보급 등
재생가능에너지	지열발전, 소수력발전, 풍력발전, 태양광발전, 바이오매스발전 (바이오디젤, 메탄회수 등) 등
산림보전	늪지대대책, 바이오매스 (자투리 목재활용), 정부기관의 역량강화, 생태계보전, 주민생활개선과 연대한 배출감축 등
공공교통시스템	대량고속운송수단 (MRT), 연비가 낮은 버스의 모터교체, 에코드라이브지원관리 시스템도입지원 등
물	해양심층수이용, 절수형샤워기 보급 등
폐기물처리	일반폐기물의 미생물분해 등

출처: 경제산업성 자료, 환경성 자료를 기초로 필자 작성.

6. 일본의 노력(4): 끊임없는 배출감축과 개도국지원

전술한 세계저탄소성장비전 하에서의 여러 가지 노력을 구체화하는 것만큼이나 일본 스스로의 태도가 중요한 것은 말할 필요도 없다. 특히 2013년 이후로도 일본이 끊임없이 배출감축노력과 개도국지원을 하는 것은 새로운 체제에 대한 일본의 생각에 설득력을 더할 것이

고 이것이 국제사회에 전달될 것이기에 매우 중요하다.

(1) 배출감축목표

배출감축에 대해서는 우선 2012년 말까지 교토의정서 1차공약기간동안 '-6%'의 목표달성을 향한 노력을 지속하는 것이 중요하다. 이후 2012년의 실적을 2014년 전반까지 확정하고 2015년에는 교토의정서하의 준수절차가 진행될 예정이다.

현재로는 2008년부터 2011년까지 4년간의 실적은 국내배출감축, 산림흡수원, 해외크레디트 취득을 포함하여 연평균 약 '-9.2%'이므로 아직 '저축'이 있는 상황이다(도표 7-13 참조). 하지만 이는 2008년의 리먼쇼크 때문에 경기가 후퇴하여 에너지수요, CO_2 배출이 줄어든

도표 7-13. 일본의 온실가스배출량

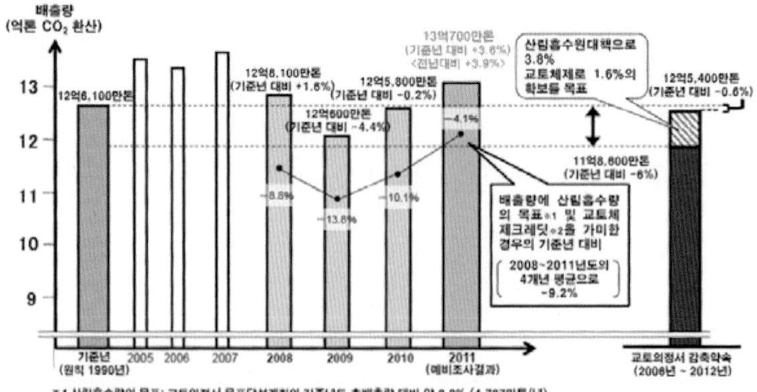

출처: 환경성 자료.

것에 기인한 바가 크다. 반대로 동일본대지진 후의 원전가동중지로 전력공급을 화력발전으로 대체했기 때문에 2011년의 CO_2 배출은 1990년 대비 3.6% 증가하였다.

도표 7-14. 혁신적 에너지 환경전략(개요)

혁신적 에너지 환경전략 (개요) (2012년 9월 14일 에너지 환경회의결정)
1. 원자력발전에 의존하지 않는 사회를 하루라도 빨리 실현
2. 청정에너지 혁명의 실현
▶ 3원칙 (40년 가동제한제도, 규제위원회의 안전확인 후 재가동, 원자력발전소 증설금지)
3. 에너지의 안정적인 공급확보
▶ '녹색정책대강' 책정 (2012년 말 예정), 절전, 에너지절약, 재생에너지
4. 전력시스템 개혁의 단행
▶ 화력발전 등을 효율적으로 이용, 기술개발, 안정적이고 저렴한 화석연료의 확보와 공급
5. 지구온난화대책의 착실한 이행
▶ '전력시스템개혁전략(가칭)'의 수립 (2012년 말 예정) ▶ 2050년 온실가스배출량의 80% 감축을 목표로 함. ▶ 에너지절약, 재생에너지 대책 및 이산화탄소 이외의 온실가스 대책을 통해 2030년까지 국내의 온실가스 배출량을 20% 감축(1990년 대비)을 목표로 함. ▶ 산림흡수원에 대해서는 2013~2020년 평균 3.5% 정도 분량(2020년 시점에는 3% 정도)의 흡수량 확보를 목표로 함. ▶ 일본의 기술로 전 세계 규모의 감축을 추진 ▶ 2013년 이후의 '지구온난화대책계획'의 수립 (2012년 말 예정)

출처: 에너지 환경회의 자료 발췌.

최종적으로 '-6%' 목표가 달성될지에 대해서는 2012년의 경제상황과 에너지수요, 원자력발전의 화력대체, 에너지절약, 재생가능에너지의 증가 등이 수치에 얼마나 반영될지에 좌우되기 때문에 예단할 수 없다. 하지만 최대한의 노력을 하는 것이 기후변화대책에 임하는 자세에 변함이 없다는 일본의 주장에 설득력을 더하기 위해 매우 중요할 것이다.

2013년 이후의 배출감축목표의 설정도 중요한 과제이다. COP18까지의 국제교섭의 흐름을 볼 때 2009년의 COP15에서 일본이 선언한 '전제조건부 -25% 목표'는 그 전제조건인 '모든 주요국이 참가하는 공평하고 실효적인 국제체제의 구축과 의욕적인 목표의 합의'가 2012년 말까지 충족되었다고 보기는 어렵다.

따라서 2013년에 들어선 단계에서 일본의 배출감축목표는 이른바 '공중에 뜬' 상태가 되어 있다. 전제조건이 충족되지 않았다 하여도 끊임없는 배출감축노력을 위해서라도 일본이 지향할 목표를 신속하게 확정해야 한다.

국내적으로는 2011년의 3/11사태 이후, 원자력발전을 대폭 늘리는 것을 예정하고 있었던 에너지기본계획은 백지로 돌아가게 되었다. 새로운 에너지믹스와 배출감축목표를 일관성있게 검토하기 위해서 설치된 에너지·환경회의는 1년여에 걸친 검토와 국민적 논의를 거쳐 2012년 9월에 혁신적 에너지 환경전략을 수립하였다(도표 7-14 참조).

그러나 2012년 말의 총선거로 새로이 발족한 제2차 아베 신조 내각에서 이 에너지환경전략은 전면 수정되었다. 전제조건부 -25% 목표도 2013년 11월의 COP19까지 백지로 되돌림과 동시에 일본이 기술로 세계에 공헌해 나갈 수 있는 공격형 지구온난화 외교전략을 다시 세우라는 지시가 아베 총리로부터 내려졌다. 새로운 지시에 따라 이후 새로운 전략, 배출감축목표가 설정될 것이다.

2007년에 제1차 아베내각이 'Cool Earth 50' 이니셔티브를 제안했고, 이후 교토의정서 1차 공약기간의 개시와 G8이나 COP에서의 기후변화교섭과 함께 일본 국내에서도 지구온난화 문제에 대한 논의가 많아졌다. 최근 수년간 2번의 정권교체와 동일본 대지진 및 원전사고의 영향으로 일본의 환경·에너지정책은 몇 번이나 변화를 겪었다. 또한 일본이 기후변화교섭에 임할 때의 배출감축목표도 상당히 변해왔다.

하지만 에너지믹스나 배출감축이 일본뿐만 아니라 세계 전체의 공통과제라는 것에 변함은 없다. 그리고 에너지절약 대국인 일본이 전 세계에 모델을 제시하고 공헌해 나가는 것이 중요하다는 점에도 변함이 없다.

국내체제의 정비도 중요하다. 2010년에 제출된 '지구온난화대책기본법안'은 제반의 사정으로 2012년 가을의 임시국회에서 결국 폐지되었다. 한편 동 법안에 명기되어 있었던 재생가능에너지 고정가격 매입제도는 2012년 7월에, 지구온난화대책세는 2012년 10월에 각각 도입되었다. 하지만 이러한 개별시책의 이행상황을 검토하면서 지구온난화대책을 종합적·전략적으로 진행하기 위한 체제구축이 필요하다는 것에 변함은 없을 것이다.

또한 기본법안에 들어가 있는 국내배출권거래제도에 대해서는 도쿄도 등 일부 지자체 차원에서는 도입되어 있으나, 여러 가지 사정으로 국가 차원에서는 검토가 진행되지 않고 있다. 하지만 역내 배출권거래제도를 운용하고 있는 EU뿐만 아니라 중국, 한국에서도 국내배출권거래제도를 도입하려는 움직임이 있다. 해외의 동향을 참고하면서 연구는 계속해 둘 필요가 있다고 생각된다.[6]

6) 2015년 현재, 한국은 국내배출권거래제도가 시행되고 있으며, 중국은 파일럿제도가 운용 중에 있다(역자 주).

마지막으로 이러한 배출감축노력에 있어서는 정부뿐만 아니라 민간 기업이나 가정에서도 장기에 걸친 일본의 경제비즈니스모델, 라이프스타일의 전환이 요구된다는 것에 대해서는 말할 필요가 없을 것이다. 이는 결코 전력, 철강이라는 산업계에만 해당되는 것이 아니다. 가령 언론도 예외가 아니다. 일본은 전국에서 매일 약 5,000만 부 이상의 신문이 발행되는 세계 유수의 신문대국인데 여기에 사용되는 산림자원은 연간 약 2,000만 그루 이상이 된다고 한다. 원재료의 손질에서 제지, 인쇄, 배달에 이르는 일련의 절차에서도 상당한 CO_2 배출을 동반한다. 일본이 저탄소사회로 이행하는 과정에서 이러한 전통적인 비즈니스 모델을 어떻게 바꾸어 갈 필요가 있는 것인지, 일본의 환경저널리즘에도 스스로의 장래상에 대한 비전제시가 요구된다.

(2) 개도국지원

개도국지원은 일본이 오랫동안 리더십을 발휘해 온 분야이다. 환경과 개발의 양립이라는 과제에 직면한 개도국을 여러 가지 형태로 지원하는 것은 개도국을 포함하면서 기후변화교섭을 진행해 나가기 위해 매우 중요하다.

1997년의 '교토 이니셔티브'나 2008년의 'Cool Earth Partnership', 정권교체 후인 2009년에 이를 재편하여 업그레이드시킨 단기재원책인 '하토야마 이니셔티브'는 모두 교토의정서의 채택이나 신기후체제 구축이라는 기후변화교섭의 절호의 타이밍에서 교섭을 진전시키기 위해서 전략적으로 제시한 것이다. 이러한 이니셔티브는 일본의 우수한 환경기술의 사업기회가 될 것이고 결국 일본 경제에도 도움이 될 것이라는 노림수가 있었다.

일본의 단기재원약속은 민관의 자원을 활용하여 2010년부터 2012년까지 3년간 총 150억 달러에 이르는 지원을 이행한다는 것이다. 지금까지 아시아 신흥개도국부터 아프리카나 남태평양의 소도서국에 이르기까지 여러 개도국에 재생가능에너지나 에너지절약, 방재, 수자원, 산림대책, 역량강화 등 다양한 분야에서 매우 섬세한 지원을 해왔다(도표 7-15 참조). 이 실적은 2012년 10월 말 현재 174억 달러에 이르며 150억 달러라는 지원약속을 상회하는 실적을 달성했다.

이러한 실적이 누적되어 교섭장에서 입으로만 외치는 수사학에 흔들리지 않는 일본의 국제적 영향력을 지탱하고 있다. 제2장에서 소개한 바와 같이 COP16이 교토의정서 '연장'문제 때문에 교섭상황이 일본에 불리했고 유럽계 언론·NGO의 논리에 따른 '일본독립론'이 있었음에도 불구하고 대다수의 개도국과의 관계에서는 필자는 아무 걱정도 없었다. 일본의 이러한 수수하지만 착실한 지원 실적이 근저에 있었기 때문이다.

COP18의 결과에 이어 신기후체제 구축을 향한 UN교섭은 이후로도 이어질 것이다. 동아시아 저탄소성장 파트너십이나 양자간 오프셋 크레디트제도의 추진, TICAD하에서 아프리카의 저탄소성장·기후변화에 버틸 수 있는 개발전략의 책정·이행 등 일본이 제창하는 '세계저탄소성장비전'의 구체화도 진행해 나가야 한다. 이러한 시도는 세계 전체의 온난화대책에 공헌함과 동시에 우수한 환경기술·노하우를 갖는 일본의 기업이나 지자체에 커다란 기회를 제공하는 것이기도 하다.

2012년 8월에 리우데자네이루에서 개최된 '리우+20'에 일본 정부대표로 참석한 겐바 외무장관이 새로운 개도국지원책으로서 '녹색미래' 이니셔티브를 제언했다. 이 지원책은 1) 친환경적이며, 재해에 강하고, 사람에게도 좋은 '환경미래도시'의 구축을 세계 각지에서 진행할 것, 2) 녹색경제로의 이행을 지원하기 위해서 재생가능에너지 분야를 중심으로 3년간 30억 달러의 자금협력, 3) 기후변화에도 버틸 수 있는 사회구축을 위해 방재 분야에 3년간 30억 달러의 자금협력을 핵심으로 하고 있다(도표 7-16). 동일본대지진 후의 위기를 기회로 바꾸어 일본의 경험과 기술을 세계 속에서 살려 나가기 위한 중요한 첫발이다. 이에 더하여 이후 에너지절약 등 보다 폭넓은 분야에서 ODA(공적개발원조) 이외에도 여러 가지 공적자금의 활용으로 2013년 이후의 개도국지원의 전체상을 제시해 나가는 것이 중요할 것이다.

2013년 이후로도 끊임없이 개도국지원을 유지하고 이를 전략적·기동적으로 활용하는 것은 환경외교에서 일본이 계속해서 리더십을 발휘해 나가기 위해 불가결하다고 할 수 있다.

도표 7-15. 일본의 단기재원실적

- 배출삭감 등의 기후변화대책에 착수하는 도상국 및 기후변화의 영향에 대해 취약한 개도국을 지원
- 공적자금으로 대략 110억 달러(민관 합쳐서 대략 150억 달러)의 지원을 이행할 것을 표명

이미 약 174억 달러의 지원을 이행(2012년 10월 말 시점, 1달러=115엔으로 환산).
단 2010년 1월 이후의 공적자금에 의한 안건만의 실적으로서는 약 133억 달러의 지원을 이행(상동)

지금도 국제교섭의 추진상황 및 국내의 부흥상황 등에 입각해 이행

1. 폭넓고 다양한 지원

110개국에 대해 986개 프로젝트를 실시. 기부금과 돈, 기술협력 등, 현지의 상황 · 안건내용에 맞춘 지원을 실시

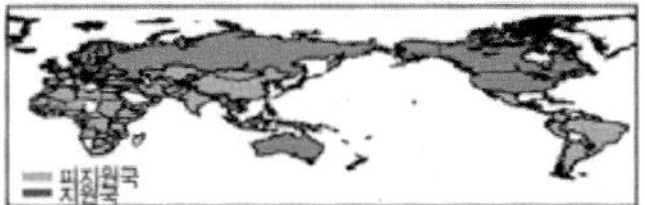

2. 적응을 중시한 무상자금 협력

취약국의 적응 필요에 입각하여 지원을 실시.
무상자금협력은 완화 약 25%, 적응 약 31%, 완화 · 적응 44%

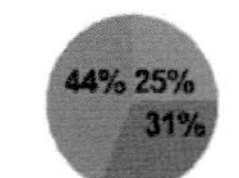

3. 취약국에 대해 중점적인 지원

취약국에 대한 지원은
- 아프리카 15.5억 달러
- LDC 9억 달러
- SIDS 2.3억 달러

아프리카 · LDC에 대한 무상자금협력에 대해서 적응분야가 점하는 비율은 약 50%

각 지역별 무상자금의 비율 (Million US$)

	Africa	LDCs	SIDs
Mitigation/Adaptation	106	13	3
Adaptation	357	337	50
Mitigation	254	210	24

일본의 단기지원 good practice

적응: 약 12.9억 달러 (무상: 약 8억 달러, 엔 차관: 약 4.9억 달러)

방재대책
- 능력개발 · 기재공여 등을 통해 기후변화에 수반하는 자연재해로의 대처능력을 강화
  - 자연재해대처능력향상계획 25개국에서 실시
  - 기후변화예측 남아프리카에서 실시
  - 연안의 재해대책향상 사모아에서 실시

수대책
- 기후변화에 수반하는 가뭄 · 사막화에 대응하기 위해 안전한 물의 접근을 개선
  - 지방급수계획 에티오피아, 케냐, 파키스탄, 수단 등에서 실시
  - 담수화대책 튀니지 등에서 지하수의 담수화를 실시
  - 복수의 국가에서 수대책에 관한 조사, 기술협력을 실시

완화: 약 137억 달러 (무상: 약 6.3억 달러, 엔 차관: 약 68.4억 달러, OOF: 약 62.3억 달러)

송전설비의 정비계획
- 에너지 접근 향상 및 에너지 안정공급의 확보를 위해 송전 효율을 개선하고 지방전력화를 추진해 송전시설을 정비한다. 재생가능 에너지의 이용촉진 등과 아울러 완화대책을 진행한다. 케냐, 탄자니아 등에서 실시

재생가능 에너지의 도입
- 태양광과 풍력 등 재생가능 에너지의 도입을 촉진하고 온실효과가스의 배출삭감에 공헌한다.
  - 태양광도입 24개국에서 실시
  - 풍력발전계획 이집트에서 실시
  - 지열발전 케냐 등에서 실시

REDD+: 약 7.2억 달러
(무상: 약 2.1억 달러, 엔 차관: 약 5억 달러)

삼림보전계획
- 온실효과가스의 배출삭감 등에 공헌하기 위해 삼림분포도의 작성, 과도한 벌채의 방지대책, 삼림화재대책, 땔감의 대체에너지 확보 등에 대해 위성사진 해석 등의 기술협력, 계측, 도움이 되는 기재의 조달 등을 위한 자금협력을 행했다. 21개국에서 실시

완화 · 적응: 약 24.1억 달러
(무상: 약 11.1억 달러, 엔 차관: 약 13억 달러)

GEF로의 각출
- 도상국에 의한 자국환경의 보전 · 개선에의 대책을 지원하는 GEF에 대해 제5차 증자에 자금(3천 4백만 달러)을 각출

Capacity building
- 완화 · 적응대책의 정책입안 및 실시능력 향상을 목적으로 한다.
  - 취약국을 위한 기후변화정책대화를 개최. 또한 UNFCCC의 적응 워크숍의 개최를 지원.
  - 전문가 파견, 연수생 인수도 즉시 실시

출처: 외무성 자료.

도표 7-16. 리우+20의 '녹색미래' 이니셔티브

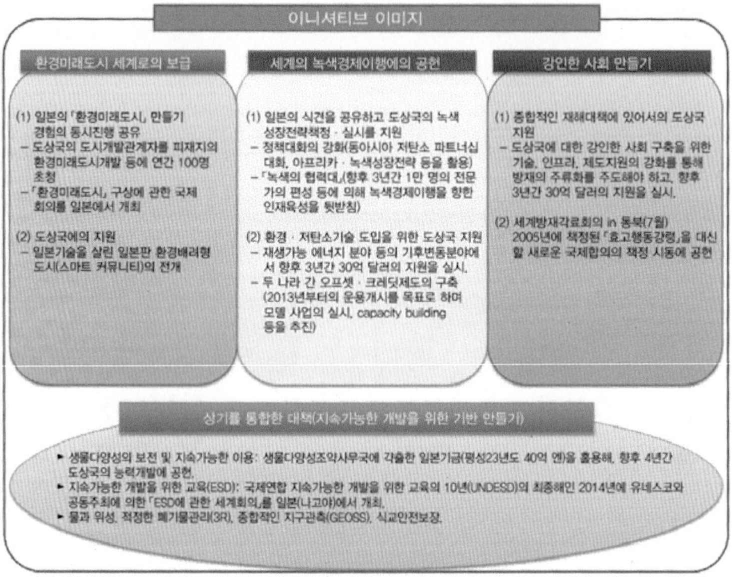

이니셔티브 이미지

환경미래도시 세계로의 보급

(1) 일본의 「환경미래도시」 만들기 경험의 동시진행 공유
- 도상국의 도시개발관계자를 피재지의 환경미래도시개발 등에 연간 100명 초청
- 「환경미래도시」 구상에 관한 국제회의를 일본에서 개최

(2) 도상국에의 지원
- 일본기술을 살린 일본판 환경배려형 도시(스마트 커뮤니티)의 전개

세계의 녹색경제이행에의 공헌

(1) 일본의 식견을 공유하고 도상국의 녹색성장전략책정 · 실시를 지원
- 정책대화의 강화(동아시아 저탄소 파트너십 대화, 아프리카 · 녹색성장전략 등을 활용)
- 「녹색의 협력대」(향후 3년간 1만 명의 전문가의 편성 등에 의해 녹색경제이행을 향한 인재육성을 뒷받침)

(2) 환경 · 저탄소기술 도입을 위한 도상국 지원
- 재생가능 에너지 분야 등의 기후변동분야에서 향후 3년간 30억 달러의 지원을 실시.
- 두 나라 간 오프셋 · 크레딧제도의 구축 (2013년부터의 운용개시를 목표로 하며 모델 사업의 실시, capacity building 등을 추진)

강인한 사회 만들기

(1) 종합적인 재해대책에 있어서의 도상국 지원
- 도상국에 대한 강인한 사회 구축을 위한 기술, 인프라, 제도지원의 강화를 통해 방재의 주류화를 주도해야 하고, 향후 3년간 30억 달러의 지원을 실시.

(2) 세계방재각료회의 in 동북(7월) 2005년에 책정된 「효고행동강령」을 대신할 새로운 국제합의의 책정 시동에 공헌

상기를 통합한 대책(지속가능한 개발을 위한 기반 만들기)

- 생물다양성의 보전 및 지속가능한 이용: 생물다양성조약사무국에 갹출한 일본기금(평성23년도 40억 엔)을 활용해, 향후 4년간 도상국의 능력개발에 공헌.
- 지속가능한 개발을 위한 교육(ESD): 국제연합 지속가능한 개발을 위한 교육의 10년(UNDESD)의 최종해인 2014년에 유네스코와 공동주최에 의한 「ESD에 관한 세계회의」를 일본(나고야)에서 개최.
- 물과 위성, 적정한 폐기물관리(3R), 종합적인 지구관측(GEOSS), 식교안전보장.

출처: 일본 정부 자료.

<칼럼 7> 양자간 오프셋 크레디트제도는 몽골에서 스타트

이번 장에서 소개한 양자간 오프셋 크레디트제도(Joint Crediting Mechanism, 이하 JCM)와 관련하여 일본 정부는 2013년 1월 8일에 몽골 정부와 동 제도의 설치에 관한 양자간 문서(몽골・일본 저탄소발전파트너십)(별첨)에 서명하였다.

이 양자 간 문서는 JCM의 기본체제를 만드는 것이므로 약간의 해설을 더하고자 한다. 우선 일본과 몽골이 UN기후변화협약의 궁극적인 목적(인위적인 온실가스배출의 안정화) 및 지속가능한 발전을 달성하기 위해서 2013년 이후로도 협력하여 기후변화대책을 해 나간다(문단 1).

이를 위해 UN하의 체제와 양자간 체제가 긴밀하게 정책협의를 할 것(문단 2)을 선언하고 있다. 이 체제는 배타적인 것이 아니며 UN하에서의 전 지구적인 협력과 동아시아 등의 지역적 협력과 상호 보완하면서 추진해 나갈 것을 나타내는 것이다. 또한 개별국가의 사정에 따른 협력을 위해서 정책협의의 역할을 강조하고 있다.

다음으로 몽골의 저탄소발전을 실현하기 위한 투자 및 저탄소기술, 제품, 시스템, 서비스 및 인프라의 보급을 촉진하기 위해서 JCM을 창설하고 각각에 관련된 유효한 국내 법령을 따라 이행할 것(문단 3), JCM의 운영을 위해서 양국대표로 구성된 합동위원회

(Joint Committee)를 설치하도록 하고 있다(문단 4). 이 합동위원회가 매 분기에 배출감축·흡수량의 정량화를 위한 방법론이나 제3의 기관의 인정요건 등 JCM 이행을 위한 상세한 규칙을 만들게 된다. 이른바 교토의정서상의 청정개발체제(CDM) 이사회의 역할을 담당하는 것이므로 중요한 역할을 담당하고 있다. 지금까지 여러 국가, 분야에서 진행해 왔던 실증연구를 반영하면서 각 분야의 민관의 전문가의 식견을 살려 규칙을 만들어 나갈 필요가 있다.

문단 5에서는 JCM의 완화사업에서 인정된 배출감축 또는 흡수량을 일본과 몽골이 국제적으로 참여하고 있는 각각의 온실가스완화노력의 일부로서 사용할 수 있음을 상호 인정하도록 하고 있다. JCM을 국제적으로 인지되는 제도로 만들기 위해 핵심이 되는 문단이라고 볼 수 있다. 또한 JCM을 운영해 나가기 위해서는 당해 국가, 즉 일본이 자국의 배출감축목표를 명확히 하는 것이 열쇠라는 것을 나타내고 있다. 배출감축목표를 명확히 하지 않는 한, 그 달성수단인 JCM 크레디트에 대한 수요도 발생되지 않는다.

문단 6, 7에서는 JCM 운영에 있어 기본적인 원칙(엄격한 방법론, 투명성, 환경보전성, 편의성, 중복이용방지)을 선언하고 있다. UN CDM처럼 환경보전성을 과도하게 강조하는 나머지 실용성이 떨어지게 되면 제도 자체가 무색해질 것이므로 JCM의 신뢰성 확보를 위한 노력을 아껴서는 안 된다. 합동위원회에 의한 상세한 규칙을 만드는 단계에서 이들 기본원칙이 요구하는 여러 요소를 조화롭게 고려해 나갈 필요가 있을 것이다.

문단 8은 JCM을 이행하기 위해서 필요한 자금, 기술, 역량강화 지원을 원활하게 하기 위하여 쌍방이 노력하기로 하였다. 새로운 제도의 운영에 있어 개도국의 체제구축은 불가결한 것이며 JCM을 운영해 나가기 위하여 일본의 ODA(공적개발원조) 기타 지원의 역할이 클 것이다.

일본의 ODA(공적개발원조)로 건설된 태양광발전패널 (필자 촬영)

문단 9는 JCM을, 처음에는 거래가 되지 않는(non-tradable) 크레디트제도로 시작하고 이행상황을 봐 가면서 거래가능한(tradable) 크레디트제도로 이행할 것을 협의하고 가능한 한 빠른 단계에서 결과를 얻을 수 있도록 하고 있다. 시장기능을 활용한다는 관점에서는 거래 가능한 크레디트제도가 본래 바람직하다고 볼 수 있겠지만 제도의 운용이 보다 복잡다단해질 것은 UN CDM이나 유럽의 사례에서 볼 수 있다. 저탄소기술의 보급, 관련 투자촉진을 위한 시장이 시장을 위한 시장이어서는 안 되기 때문이다. 이상의 이유로 'learning by doing', 단계적 접근을 하는 것이 보다 현실적일 것이다.

문단 10은 거래가능한 크레디트제도 이행 후의 JCM을 통한 적응지원의 가능성을 언급하고 있다. UN CDM에서는 크레디트의 일정 비율이 적응기금으로 갹출되는 구조이다. JCM에서도 완화뿐만 아니라 적응대책을 배려한 체제를 마련하는 것은 본 제도에 대한 개도국의 흥미를 높이기 위해서도 검토해야 할 과제라고 할 수 있다.

문단 11에서는 본 제도가 적용될 기간을 새로운 국제적 체제가 효력을 발생시킬 수 있는 시점까지로 상정하였다. 한편 UN에서의 교섭진전을 고려한 연장 가능성에 대해서도 적고 있다. 본 제도의 이행이 신기후체제에 대한 현재의 UN교섭의 결과를 예단하지 않도록 하기 위한 배려이다. 본 제도가 성과를 내면 신기후체제에 대한 UN에서의 논의에도 영향을 줄 수 있다는 것을 배제하는 것은 아니다. 도리어 룰메이킹에 대한 일본의 공헌으로서 적극적으로 알릴 필요가 있을 것이다.

제4화력발전소 (필자 촬영)

몽골은 JCM하에서 앞으로 어떠한 협력을 얻을 수 있을 것인가. 이후의 구체적 방향성을 예단하는 것은 아니지만 지금까지의 협력실적을 토대로 생각해 보고자 한다.

일본이 몽골에서 이행한 완화 분야에서의 협력조건에 ODA에 의한 태양광발전패널이 있다. 사진 1은 2012년 7월에 필자가 울란바토르를 방문했을 때 현장에 들렀을 때의 일이다. 몽골은 한랭지이지만 연간 일조시간이 길어서 발전효율이 좋은 듯하다. 발생한 전력으로 울란바토르 공항의 전력수요의 일부를 충당하고 있다.

태양광의 효과가 이후 얼마나 갈지는 확실하지 않다. ODA는 재원을 엄격하게 제약한다. 무상 이외의 자금(차관, JBIC, 민간자금)을 동원하는 것은 고정가격매입제도와 같은 인센티브가 없는 한 어려울 것으로 생각되며 여러 과제에 대해서 검토가 필요할 것이다. 오히려 규모 면에서 중요한 역할을 차지하고 있는 것은 울란바토르의 에너지 공급의 대부분을 차지하는 석탄화력이나 보일러 효율화일 것이다.

사진 2는 울란바토르의 전력공급의 중심적 역할을 담당해 온 제4화력발전소이다. 동 발전소의 건설, 재가동에는 일본의 ODA(차관)가 투자되었다. 필자가 차관을 담당하고 있었던 2000년 당시에 이 발전소를 방문하여 재활차관에 관여했었다.

당시와 비교해 보아도 울란바토르의 인구 증가, 도시화는 현저하게 진행되어 몽골 전 인구의 약 절반이 수도에 집중되어 있다. 이와 함께 전력수요도 늘어나고 있으며 화력발전소의 기존설비의 재활이나 신·증설 수요도 많다. 또한 학교와 병원의 석탄보일러는 구식인 것이 많다. 석탄화력발전소나 보일러의 효율화를 추진하는 것은 CO_2 배출감축뿐만 아니라 대기오염 완화로 인한 건강대책으로도 이어진다. 이러한 움직임에 일본의 민관이 관여할 수 있도록 지원하는 것이 JCM에 기대하는 이유이다.

어떠한 분야가 JCM의 대상이 될 수 있는지는 나라에 따라 다르다.

3월 19일에는 제2호로서 방글라데시 정부와 양자 간 문서에 서명이 이루어졌다. 방글라데시의 에너지 공급의 대부분은 천연가스이며 이용 효율화가 당면한 과제이다. 일본의 차관이나 JBIC 융자조건에서도 고효율의 가스터빈발전소 조건이 있다. 에너지수요 증대에 부응하기 위한 고효율 석탄화력에도 관심이 있는 듯하다. 몽골과는 대조적으로 방글라데시는 인구가 많으며 국토면적이 좁기 때문에 도시화에 의한 공공교통시스템이나 폐기물처리안전의 수요도 높다고 볼 수 있다.

이 외에도 캄보디아는 열대우림보전, 인도네시아는 지열발전 등 각국의 사정에 따라 상정할 수 있는 협력 분야가 달라진다. 어느 쪽이든 간에 대상 분야, 안전은 쌍방의 정책협의를 통해서 구체화된다. 다양한 분야에서 JCM이 원조기관이나 JBIC, 민간 부문, NGO 등과 연대하면서 저탄소성장의 흐름을 지원하여야 할 것이다.

일본·몽골 저탄소발전파트너십 (가역)

1. 일본 및 몽골(이하 쌍방이라 한다)은 UN기후변화협약(이하 '협약'이라 한다) 제2조에 언급된 협약의 궁극적인 목적 및 지속가능한 개발의 달성을 추구하고 또한 2013년 이후에도 협력하여 계속된 기후변화에 대응하기 위해서 다음과 같이 저탄소발전 파트너십을 추진한다.
2. 쌍방은 저탄소발전을 향한 UN의 또는 양자간 체제로 협력하기 위하여 여러 차원에서 긴밀한 정책협의를 한다.
3. 쌍방은 몽골에서의 저탄소발전을 실현하기 위한 투자 및 저탄소기술, 제품, 시스

템, 서비스 및 인프라의 보급을 촉진하기 위해서 양자간 오프셋 크레디트제도(이하 'JCM'이라 한다)를 창설하고 각각의 관련된 유효한 국내법령을 따라 이행한다.

4. 쌍방은 JCM을 운영하기 위하여 합동위원회(Joint Committee)를 설치한다.
   (1) 합동위원회는 쌍방의 대표자로 구성된다.
   (2) 합동위원회 위원의 구성을 포함한 합동위원회운영규칙은 쌍방의 협의를 거쳐서 결정한다.
   (3) 합동위원회는 JCM에 관한 규칙 및 가이드라인, 배출감축 또는 흡수량의 정량화를 위한 방법론, 제3자 기관의 인정에 관한 요건 및 필요에 따른 기타 JCM의 이행 및 관리에 관한 사항을 책정한다.
   (4) 합동위원회는 정기적으로 회의를 소집하고 JCM의 이행상황을 평가한다.
5. 쌍방은 JCM하에서의 완화사업에서 인정된 배출감축 또는 흡수량을 국제적으로 참여하는 각각의 온실가스완화노력의 일부로서 사용할 수 있음을 상호 인정한다.
6. 쌍방은 세계적인 온실가스 배출감축 또는 흡수를 위한 구체적인 행동을 촉진하기 위해서 JCM의 엄격한 방법론, 투명성 및 환경보전성을 확보함과 동시에 JCM을 간편하고 실용적인 것으로 한다.
7. 온실가스 배출감축 또는 흡수량의 중복이용을 피하기 위해서 양쪽 모두 JCM하에서 등록된 완화사업을 다른 국제적인 완화메커니즘에는 사용하지 않는다.
8. 쌍방은 JCM을 이행하기 위해서 필요한 자금, 기술 및 역량강화 지원을 원활하게 하기 위해서 긴밀하게 협조한다.
9. JCM은 거래를 하지 않는 크레디트제도로서 그 운용을 개시한다. 쌍방은 JCM의 이행상황을 봐 가면서 거래가능한 크레디트제도로 이행하기 위한 협의를 계속하며 가능한 한 빠른 단계에서 결론을 내린다.
10. 쌍방은 JCM이 거래가능한 크레디트제도로 이행한 뒤, JCM을 통해서 개도국에 의한 적응노력을 지원할 수 있도록 구체적인 공헌을 목표로 한다.
11. 이 파트너십은 협약하에서의 새로운 국제적인 체제가 효력을 발생하는 시점까지를 기간으로 한다. 쌍방은 UN하에서의 기후변화에 관한 교섭의 발전을 고려하면서 가능한 한 이 파트너십의 연장에 대해서 검토하고 이 파트너십의 기한까지 결론을 내린다.
12. 이 파트너십의 각 내용은 쌍방의 상호 서면에 의한 동의에 의해서만 수정된다. (끝)

에필로그
- 2013년 초여름, 도쿄 -

2013년 5월 18일 오후, 필자는 도심의 조조사(増上寺), 시바공원(芝公園)을 산책하고 있었다. 달력상으로는 이미 여름, 햇살은 상당히 뜨거워지고 있었지만 나무 그늘은 아직 시원하다. 울창한 나무들 저편으로는 도쿄타워와 푸른 하늘이 보인다.

이날 가까이의 회의장에서는 '제2회 동아시아 저탄소성장 파트너십 대화'가 한창 진행되고 있었다. 작년 4월에 있었던 오다이바에서의 회의를 잇는 두 번째의 모임이고 이번의 공동의장은 일본의 기시다 후미오(岸田文雄) 외무장관과 캄보디아의 목마렛 상급장관 겸 환경장관, 작년과 마찬가지로 동아시아정상회담(EAS) 참가 18개국의 정부관계자(각료급)와 세계은행, UN개발계획 등의 국제기구 관계자가 참가하고 있다.

느긋하게 주말의 한때를 지내면서 1년 전의 제1회 회의에 참석했던 때의 일을 떠올린다.

동아시아의 많은 나라들은 이후로도 세계적으로 그 무게를 더해갈 것이다. 한편 도시화, 인구, 빈곤, 음료, 수자원, 방재 등의 여러가지 문제를 안고 있다. 과제해결을 위해서는 경제성장을 계속할 필요가 있으며 더 많은 에너지소비, CO_2 배출이 예상되지만 이를 방치하면 온난화라는 형태로 성장의 걸림돌이 된다. 나아가 분쟁의 씨앗이 될지도 모른다. 40년 전의 로마클럽이 지적한 '성장의 한계'라는 딜레마를 어떻게 극복할 것인가. 동아시아의 나라들만큼은 이 문제를 가장 절실하게 느끼고 있을 것이다.

금세기 중반까지 인구가 배로 늘어날 예정인 아프리카도 마찬가지이다. 2주 후인 다음 달 초반에는 도쿄에서 멀지 않은 요코하마에 아프리카의 정상들이 모이고 제5회 아프리카개발회의(TICADV)가 열린다. 경제와 환경의 양립도 중요한 과제가 될 것이다.

아시아와 아프리카에서의 접근이 지금까지의 지구환경의 글로벌 룰을 좌우할 것이라고 해도 과언이 아니다. 세계의 중심의 이동과 함께 룰메이킹의 존재양식도 변하는 것은 역사적인 필연이라고도 할 수 있다.

그 안에서 일본이 감당해야 할 역할은 무엇일까. '가라앉는 나라'로서 왜곡된 우월감과 패배주의가 섞인 형태로 감상에 젖어서는 안 될 것이다. 또한 기존의 룰에 그냥 순응하거나 반발해서도 안 된다. 일본이 해야 할 것은 가지고 있는 기술력, 자금력, 외교력을 살려 시행착오를 거듭하면서도 새로운 과제에 직면한 룰이나 처방전을 제안하고 세계에 제시하는 것이리라. '과제선진국'으로서의 일본의 책임이며 일본의 활로를 찾는 것으로 이어지는 것이 아닐까.

저녁 무렵이 되어 시원한 바람이 불기 시작한 즈음, 시바공원의 나무 사이를 걸으면서 이런 생각을 하고 있었다.

또한 후일 알게 된 바로 이번 회의에서는 특히 저탄소성장에 투자하는 환경기술보급에 중점이 있었던 모양이다.

기시다 외무장관은 모두발언에서 우수한 기술을 가진 민간 부문과의 연대, 효과적인 민간자금 동원의 중요성을 강조했다. 민간 부문을 대표하여 사카네 마사히로(坂根正弘) 경제단체연합회 부회장이 초청연사 연설을 하였고, 회의장에서는 일본 기업에 의한 여러 가지 분야에서의 저탄소기술 전시가 있었다. 내년에는 일본의 제안으로 민간 부문에서 보다 주체적인 참여를 하는 형태로 고위급 포럼이 개최될 예정이다.

또한 이시하라 노부테루(石原伸晃) 환경장관은 아시아의 도시와 지역 전체를 저탄소화하는 시도와 이를 지지하는 새로운 자금원에 대한 생각을 제시하였다. 전날에는 저탄소성장을 위한 정책형성을 지원하는 지식플랫폼의 일환으로서 지구환경전략연구기관, 국립환경연구소, JICA의 공동주최로 관련 심포지엄이 열렸다.

연말의 COP19를 향한 공격형 지구온난화 외교전략의 일환으로서 민관 및 학계가 연대하여 일본 전체의 노력을 충분히 어필할 수 있었다고 할 수 있다.

지금부터가 일본의 환경외교의 솜씨를 발휘할 때이다.

[자료] 코펜하겐합의 (전문)

FCCC/CP/2009/11/Add.1
Page 4

Decision 2/CP.15

Copenhagen Accord

The Conference of the Parties,

Takes note of the Copenhagen Accord of 18 December 2009.

Copenhagen Accord

The Heads of State, Heads of Government, Ministers, and other heads of the following delegations present at the United Nations Climate Change Conference 2009 in Copenhagen:[1] Albania, Algeria, Armenia, Australia, Austria, Bahamas, Bangladesh, Belarus, Belgium, Benin, Bhutan, Bosnia and Herzegovina, Botswana, Brazil, Bulgaria, Burkina Faso, Cambodia, Canada, Central African Republic, Chile, China, Colombia, Congo, Costa Rica, Côte d'Ivoire, Croatia, Cyprus, Czech Republic, Democratic Republic of the Congo, Denmark, Djibouti, Eritrea, Estonia, Ethiopia, European Union, Fiji, Finland, France, Gabon, Georgia, Germany, Ghana, Greece, Guatemala, Guinea, Guyana, Hungary, Iceland, India, Indonesia, Ireland, Israel, Italy, Japan, Jordan, Kazakhstan, Kiribati, Lao People's Democratic Republic, Latvia, Lesotho, Liechtenstein, Lithuania, Luxembourg, Madagascar, Malawi, Maldives, Mali, Malta, Marshall Islands, Mauritania, Mexico, Monaco, Mongolia, Montenegro, Morocco, Namibia, Nepal, Netherlands, New Zealand, Norway, Palau, Panama, Papua New Guinea, Peru, Poland, Portugal, Republic of Korea, Republic of Moldova, Romania, Russian Federation, Rwanda, Samoa, San Marino, Senegal, Serbia, Sierra Leone, Singapore, Slovakia, Slovenia, South Africa, Spain, Swaziland, Sweden, Switzerland, the former Yugoslav Republic of Macedonia, Tonga, Trinidad and Tobago, Tunisia, United Arab Emirates, United Kingdom of Great Britain and Northern Ireland, United Republic of Tanzania, United States of America, Uruguay and Zambia,

In pursuit of the ultimate objective of the Convention as stated in its Article 2,

Being guided by the principles and provisions of the Convention,

Noting the results of work done by the two Ad hoc Working Groups,

Endorsing decision 1/CP.15 on the Ad hoc Working Group on Long-term Cooperative Action and decision 1/CMP.5 that requests the Ad hoc Working Group on Further Commitments of Annex I Parties under the Kyoto Protocol to continue its work,

Have agreed on this Copenhagen Accord which is operational immediately.

1. We underline that climate change is one of the greatest challenges of our time. We emphasise our strong political will to urgently combat climate change in accordance with the principle of common but differentiated responsibilities and respective capabilities. To achieve the ultimate objective of the Convention to stabilize greenhouse gas concentration in the atmosphere at a level that would prevent dangerous anthropogenic interference with the climate system, we shall, recognizing the scientific view that the increase in global temperature should be below 2 degrees Celsius, on the basis of equity and in the context of sustainable development, enhance our long-term cooperative action to combat climate change. We recognize the critical impacts of climate change and the potential impacts of response measures on countries particularly vulnerable to its adverse effects and stress the need to establish a comprehensive adaptation programme including international support.

2. We agree that deep cuts in global emissions are required according to science, and as documented by the IPCC Fourth Assessment Report with a view to reduce global emissions so as to hold the increase in global temperature below 2 degrees Celsius, and take action to meet this objective consistent with science and on the basis of equity. We should cooperate in achieving the peaking of global and national emissions as soon as possible, recognizing that the time frame for peaking will be longer in developing countries and bearing in mind that social and economic development and poverty

---

[1] Some Parties listed above stated in their communications to the secretariat specific understandings on the nature of the Accord and related matters, based on which they have agreed to be listed here. The full text of the letters received from Parties in relation to the Copenhagen Accord, including the specific understandings, can be found at <http://unfccc.int/meetings/items/5276.php>.

eradication are the first and overriding priorities of developing countries and that a low-emission development strategy is indispensable to sustainable development.

3. Adaptation to the adverse effects of climate change and the potential impacts of response measures is a challenge faced by all countries. Enhanced action and international cooperation on adaptation is urgently required to ensure the implementation of the Convention by enabling and supporting the implementation of adaptation actions aimed at reducing vulnerability and building resilience in developing countries, especially in those that are particularly vulnerable, especially least developed countries, small island developing States and Africa. We agree that developed countries shall provide adequate, predictable and sustainable financial resources, technology and capacity-building to support the implementation of adaptation action in developing countries.

4. Annex I Parties commit to implement individually or jointly the quantified economy-wide emissions targets for 2020, to be submitted in the format given in Appendix I by Annex I Parties to the secretariat by 31 January 2010 for compilation in an INF document. Annex I Parties that are Party to the Kyoto Protocol will thereby further strengthen the emissions reductions initiated by the Kyoto Protocol. Delivery of reductions and financing by developed countries will be measured, reported and verified in accordance with existing and any further guidelines adopted by the Conference of the Parties, and will ensure that accounting of such targets and finance is rigorous, robust and transparent.

5. Non-Annex I Parties to the Convention will implement mitigation actions, including those to be submitted to the secretariat by non-Annex I Parties in the format given in Appendix II by 31 January 2010, for compilation in an INF document, consistent with Article 4.1 and Article 4.7 and in the context of sustainable development. Least developed countries and small island developing States may undertake actions voluntarily and on the basis of support. Mitigation actions subsequently taken and envisaged by Non-Annex I Parties, including national inventory reports, shall be communicated through national communications consistent with Article 12.1(b) every two years on the basis of guidelines to be adopted by the Conference of the Parties. Those mitigation actions in national communications or otherwise communicated to the Secretariat will be added to the list in appendix II. Mitigation actions taken by Non-Annex I Parties will be subject to their domestic measurement, reporting and verification the result of which will be reported through their national communications every two years. Non-Annex I Parties will communicate information on the implementation of their actions through National Communications, with provisions for international consultations and analysis under clearly defined guidelines that will ensure that national sovereignty is respected. Nationally appropriate mitigation actions seeking international support will be recorded in a registry along with relevant technology, finance and capacity building support. Those actions supported will be added to the list in appendix II. These supported nationally appropriate mitigation actions will be subject to international measurement, reporting and verification in accordance with guidelines adopted by the Conference of the Parties.

6. We recognize the crucial role of reducing emission from deforestation and forest degradation and the need to enhance removals of greenhouse gas emission by forests and agree on the need to provide positive incentives to such actions through the immediate establishment of a mechanism including REDD-plus, to enable the mobilization of financial resources from developed countries.

7. We decide to pursue various approaches, including opportunities to use markets, to enhance the cost-effectiveness of, and to promote mitigation actions. Developing countries, especially those with low emitting economies should be provided incentives to continue to develop on a low emission pathway.

8. Scaled up, new and additional, predictable and adequate funding as well as improved access shall be provided to developing countries, in accordance with the relevant provisions of the Convention, to enable and support enhanced action on mitigation, including substantial finance to reduce emissions from deforestation and forest degradation (REDD-plus), adaptation, technology development

and transfer and capacity-building, for enhanced implementation of the Convention. The collective commitment by developed countries is to provide new and additional resources, including forestry and investments through international institutions, approaching USD 30 billion for the period 2010–2012 with balanced allocation between adaptation and mitigation. Funding for adaptation will be prioritized for the most vulnerable developing countries, such as the least developed countries, small island developing States and Africa. In the context of meaningful mitigation actions and transparency on implementation, developed countries commit to a goal of mobilizing jointly USD 100 billion dollars a year by 2020 to address the needs of developing countries. This funding will come from a wide variety of sources, public and private, bilateral and multilateral, including alternative sources of finance. New multilateral funding for adaptation will be delivered through effective and efficient fund arrangements, with a governance structure providing for equal representation of developed and developing countries. A significant portion of such funding should flow through the Copenhagen Green Climate Fund.

9. To this end, a High Level Panel will be established under the guidance of and accountable to the Conference of the Parties to study the contribution of the potential sources of revenue, including alternative sources of finance, towards meeting this goal.

10. We decide that the Copenhagen Green Climate Fund shall be established as an operating entity of the financial mechanism of the Convention to support projects, programme, policies and other activities in developing countries related to mitigation including REDD-plus, adaptation, capacity-building, technology development and transfer.

11. In order to enhance action on development and transfer of technology we decide to establish a Technology Mechanism to accelerate technology development and transfer in support of action on adaptation and mitigation that will be guided by a country-driven approach and be based on national circumstances and priorities.

12. We call for an assessment of the implementation of this Accord to be completed by 2015, including in light of the Convention's ultimate objective. This would include consideration of strengthening the long-term goal referencing various matters presented by the science, including in relation to temperature rises of 1.5 degrees Celsius.

FCCC/CP/2009/11/Add.1
Page 8

APPENDIX I

Quantified economy-wide emissions targets for 2020

Annex I Parties	***Quantified economy-wide emissions targets for 2020***	
	Emissions reduction in 2020	Base year

FCCC/CP/2009/11/Add.1
Page 9

APPENDIX II

Nationally appropriate mitigation actions of developing country Parties

Non-Annex I	***Actions***

9th plenary meeting
18–19 December 2009

결정 -/CP.15 (가역)

당사국총회는,

2009년 12월 18일의 코펜하겐합의에 유의한다.

코펜하겐합의 (가역)

코펜하겐에서의 2009년 UN 기후변화협약 당사국 총회에 출석한 다음의 정상들, 정부의 장 및 각료 기타 수석대표들은: [당사국의 목록]

협약 제2조에 규정된 협약의 궁극적인 목적을 달성하기 위해서
협약의 원칙 및 규정을 지침으로 삼으며
두 개의 특별작업반에 의한 작업의 결과에 유념하고

협약에 기초하여 장기적 협력을 위한 특별작업반(AWG-LCA)에 관한 결정 x/CP.15 및 교토의정서하의 부속서 I국의 약속을 연장하는 것에 관하여 특별작업반(AWG-KP)에 그 작업을 계속하도록 요청하는 결정 x/CMP.5를 승인하며

즉시 적용되는 본 코펜하겐합의문에 합의하였다.

1. 우리는 기후변화가 우리 시대의 최대 과제의 하나라는 것을 강조한다. 우리는 공동의 그러나 차별화된 책임 및 각국의 능력 원칙에 따라 기후변화에 긴급히 대응한다는 강력한 정치적 의지를 강조한다. 기후시스템에 인류의 활동에 의해 발생되는 위험하고 인위적인 영향이 미치지 않도록 대기 중 온실가스의 농도를 안정화시킨다는 협약의 궁극적인 목적을 달성하기 위하여 우리는 세계의 기온상승을 섭씨 2도 이하로 억제해야 한다는 과학적 견해를 인식하고, 형평성에 기초하고 지속 가능 발전의 맥락에서 기후변화 대응을 위한 장기협력행동을 강화한다. 우리는 기후변화의 악영향에 특히 취약한 국가에 미치는 기후변화의 부정적 영향 및 대응조치의 잠재적인 영향을 인식하고 국제적인 지원을 포함한 포괄적인 적응계획을 마련할 필요성을 강조한다.

2. 우리는 과학에 기초하여 세계 전체의 기온상승이 섭씨 2도 이하로 억제되도록 전 세계의 배출량을 감축할 것을 고려한 IPCC 제4차 평가보고서에 나타난 바와 같이 전 세계의 배출량의 상당한 감축이 필요하다는 것에 동의하며, 과학에 따라 그리고 형평의 원칙에 기초하여 이 목적을 달성하기 위한 행동을 한다. 우리는 개도국의 배출정점(peak out)을 위한 기간은 보다 길 수 있다는 것을 인식하며, 또한 사회・경제개발 및 빈곤퇴치가 개도국의 최우선 과제임과 동시에 저탄소배출개발전략이 지속 가능한 개발에 있어 불가결하다는 것에 유의하고 전 세계적으로 및 각국의 배출량의 정점을 가능한 한 조기에 실현할 수 있도록 협력해야 한다.

3. 기후변화의 악영향 및 대응조치의 잠재적인 영향에 적응하는 것은 모든 나라가 직면한 과제이다. 개도국, 특히 취약한 개도국(특히 후발개도국, 소도서개도국 및 아프리카)에서 취약성의 감소 및 회복력의 구축을 목적으로 한 적응을 위한 행동을 이행할 수 있도록 하며 동시에 이를 지원하여 협약의 이행을 확보하기 위해서 적응에 관한 강화된 행동 및 국제협력이 긴급히 필요하다. 우리는 선진국이 개도국에서의 적응을 위한 행동의 이행을 지원하기 위해서 충분하고 예측 가능하며 지속 가능한(adequate, predictable and sustainable) 자금, 기술 및 역량강화를 제공하는 것에 동의한다.

4. 부속서 I국가들은 개별적으로 또는 공동으로 2020년을 향한 경제 전반의 수치화된 배출목표를 이행할 것을 약속한다. 부속서 I국은 이 배출목표를 INF문서로 정리하기 위해서 2010년 1월 31일까지 부속서 I에서 정한 양식에 따라 사무국에 제출한다. 이에 따라 교토의정서의 당사국인 부속서 I국은 교토의정서에 의하여 개시되는 배출감축을 보다 강화한다. 선진국의 감축의 이행 및 재정지원 이행은 현존하는 및 당사국총회에서 채택되는 추가적인 가이드라인에 따라 측정, 보고, 검증될 것이며 이 같은(감축) 목표 및 재정지원의 회계는 확실하고 강건하며 투명하도록(rigorous, robust and transparent) 해야 한다.

5. 협약의 비부속서 I국은 협약 제4조1 및 제4조7의 규정에 따라, 그리고 지속 가능한 개발이라는 맥락에서 감축행동을 이행한다. 비부속서 I국이 2010년 1월 31일까지 부속서 Ⅱ에 규정된 양식에 따라 사무국에 제출하는 INF문서로 정리하기 위한 보고서를 제출하는 것도 이에 포함된다. 후발개도국 및 소도서개도국은 자발적으로 그리

고 지원을 받아 행동을 취할 수 있다.

비부속서 I국이 후에(subsequently) 시행하는 감축행동 및 이행할 것이 상정되어 있는(taken and envisaged) 감축행동(국가별 목록을 포함)은 당사국회의에서 채택된 가이드라인에 기초하여 협약 제12조 1(b)의 규정에 합치하는 국가별 보고서를 통해서 2년마다 통보된다(communicated). 국가별 보고서 기타 방법으로 사무국에 송부되는 이들 감축행동은 부속서 Ⅱ의 목록에 추가 기재된다.

비부속서 I국이 이행하는 감축행동은 각기 국내적인 측정, 보고, 검증의 대상이 되며 그 결과는 국가별 보고서를 통해서 2년마다 보고된다. 비부속서 I국은 각국의 주권이 존중되는 한도 내에서 명확히 규정된 가이드라인에 따라 국제적인 협의 및 분석(international consultations and analysis)을 받기 위해서 국가별 보고서를 통해서 자국의 감축행동의 이행에 관한 정보를 송부한다.

국내적으로 적당한 감축행동에 있어 국제적인 지원을 필요로 하는 부분은 관련된 기술, 자금 및 능력의 개발의 지원과 함께 등록부(registry)에 기록된다. 이들 지원을 받은 행동은 부속서 Ⅱ의 목록에 추가 기재된다. 이들 지원을 받은 국내적으로 합당한 감축행동은 당사국회의에서 채택되는 가이드라인에 따라 국제적인 측정, 보고 및 검증의 대상이 된다.

6. 우리는 산림의 감소 및 열화에 따른 배출을 감축하는 것이 중요한 역할을 하며 산림에 의한 온실가스 배출의 흡수를 강화할 필요성을 인식하며 선진국으로부터의 자금조달을 가능하게 하기 위한 REDD-plus를 포함한 제도를 즉시 창설하여 이러한 행동에 대하여 적극적인 장려조치(positive incentives)를 취할 필요가 있다는 것에 동의한다.

7. 우리는 감축행동의 비용 대비 효과를 높이고 또한 이를 촉진하기 위해서 시장을 활용할 기회를 포함한 여러 가지 방법(various approaches)을 추구할 것을 결정한다. 개도국, 특히 저탄소배출 경제인 개도국에 대해서는 저탄소배출 경로(low emission pathway)에서 발전을 지속하기 위한 장려조치가 취해져야 한다.

8. 협약의 이행을 강화하기 위해서 확충된 신규의 그리고 추가적이며 예측 가능하고 충분한(scaled up, new and additional, predictable and adequate) 자금에 대하여 개선된 접근(improved access)이 개도국의 완화[산림의 감소 및 열화에 기인한 배출을 감축하기(REDDp-plus) 위한 상당량(substantial)의 자금을 포함한다], 적응, 기술의 개발 및 이전 및 능력의 개발을 위한 강화된 행동을 가능하게 하고 및 지원하기 위해서 협약의 관련 규정에 따라 제공된다.

선진국은 2010년부터 2012년까지 미화 300억 달러에 가까운(approaching) 신규의 그리고 추가적인 자금(임업 및 국제기구를 통한 투자를 포함한다)을 제공할 것을 선진국 전체로서 약속(collective commitment)하며, 이 자금은 적응과 완화와의 사이에서 균형 잡힌 배분이 이루어질 것이고 적응을 위한 자금에 대해서는 후발개도국, 소도서개도국 및 아프리카 국가들과 같이 가장 취약한 개도국에 우선적으로 배분된다.

선진국은 의미 있는 감축행동 및 이행의 투명성이라는 맥락에서 개발도상국의 필요에 대응하기 위해서 2020년까지 연간 미화 1,000억 달러를 공동으로 조성한다는 목표에 약속한다. 이 자금은 대체의 자금원(alternative sources of finance)을 포함하여 공적 및 민간, 양자 및 다자의 폭넓은 자금원에서 조달된다. 적응을 위한 새로운 다자간

자금은 선진국 및 개도국을 형평하게 대표하는 관리체제를 갖는 효과적이고 효율적인 자금상의 조치를 통해서 제공된다. 이러한 자금의 상당한 부분은 '코펜하겐 녹색기후기금(Copenhagen Green Climate Fund)'을 통해서 제공되어야 한다.

9. 이를 위한 대체의 자금원을 포함하는 잠재적인 수입원에서의 거출(potential sources of revenue)에 대하여 검토하는 '고위급패널(High Level Panel)'이 당사국총회의 가이드라인에 따라 또한 당사국총회의 책임으로 설치된다.

10. 우리는 개도국에서의 완화(REDD-plus를 포함), 적응, 능력개발 및 기술의 개발 및 이전과 관련된 사업, 계획, 정책 기타 행동을 지원하기 위한 협약의 자금제공제도의 이행 기관으로써 '코펜하겐 녹색기후기금'을 설립할 것을 결정한다.

11. 우리는 기술의 개발 및 이전을 위한 행동을 강화하기 위해서 각국이 주도하는 방법을 가이드라인으로 하며 또한 자국의 사정 및 우선순위에 따라 취해지는 적응 및 감축행동을 지원하기 위한 기술의 개발 및 이전을 촉진하는 '기술메커니즘(Technology Mechanism)'을 설립할 것을 결정한다.

12. 우리는 협약의 궁극적인 목적의 관점을 포함하여 이 합의의 이행에 관한 평가를 2015년까지 완료시킬 것을 요청한다. 이 평가는 기온이 섭씨 1.5도 상승하는 것과의 관련성을 포함하여 과학에 기초하여 제시되는 여러 문제에 관한 장기적인 목표의 강화에 대해서 검토하는 것을 포함한다.

부속서 I

2020년의 경제전체의 수량화된 배출목표

부속서 I 국	2020년의 경제전체의 수량화된 배출목표	
	2020년의 배출감축량	기준년

부속서 II

개도국의 국내적으로 적합한 완화를 위한 행동

비부속서 I 국	행동

참고문헌

天野明弘.『排出取引—ム環境と発展を守る経済システムとは』(2009년, 中央公論新社)
石井彰.　『エネルギー論争の盲点—天然ガスと分散化が日本Xを救う』(2011년, NHK 出版新書)
井田徹治.『大気からの警告—迫り来る温暖化の脅威』(2000년, 創芸出版)
亀山康子=高村ゆかり編 『気候変動と国際協調 京都議定書と多国間交渉の行方』(2011년, 慈学社出版)
茅陽一編著・秋元圭吾・永田豊.『低炭素エコノミー 温暖化対策目標と国民負担』(2008년, 日本経済新聞出版社)
黒木亮.『排出権商人』(2009년, 講談社)
経団連21 世紀政策研究所.『グローバルJAPAN— 2050年シミュレーションと総合戦略—ユ』(2012년)
小宮山宏.『地球持続の技術』(1999년, 岩波新書)
小宮山宏.　『課題先進国日本—キャッチアップからフロントランナーへ』(2007년, 中央公論新社)
小西雅子.『地球温暖化の最前線』(2009년, 岩波ジュニア新書)
小宮山宏.『低炭素社会』(2010년, 幻冬社新書)
小宮山宏.『日本ノ再創造—プラチナ社会実現に向けて』(2011년, 東洋経済新報社)
佐々木経世.『世界で勝つビジネス戦略力: スマートシティで復活する日本ノ企業』(2011년, PHP 研究所)
澤昭裕.『エコ亡国論』(2010년, 新潮社)
澤昭裕・関総一郎編著.『地球温暖化問題の再検証—ポスト京都議定書の交渉にどう臨むか』(2004년, 東洋経済新報社)
杉山晋輔.『地球規模の諸課題と国際社会のパラダイムシフト—気候変動枠組交渉と日本の対応—ム』(2011년, 早稲田法学)
杉山大志.『環境史から学ぶ地球温暖化』(2012년, エネルギーフォーラム新書)

高村ゆかり＝亀山康子編. 『京都議定書の国際制度— 地球温暖化交渉の到達点』(2002년, 信山社)

高村ゆかり＝亀山康子編. 『地球温暖化交渉の行方—京都議定書第一約束期間後の国際制度設計を展望して』(2005 년, 大学図書)

竹内敬二. 『地球温暖化の政治学』(1998년, 朝日選書)

田邊敏明. 『地球温暖化と環境外交—京都会議の攻防とその後の展開』(1999년, 時事通信社)

地球環境戦略研究所編. 『地球温暖化対策と資金調達—地球環境税を中心に』(2009년, 中央法規出版)

手嶋龍一・池上彰. 『武器なき"環境"戦争』(2010년, 角川 SSC 新書)

東京大学サステイナビリティ学連携研究機構. 『クリーン&グリーンエネルギー革命—サステイナブルな低炭素社会の実現に向けて』(2010년, ダイヤモンド社)

ドネラ・H・メドウズ／大来佐武郎監訳. 『成長の限界—ローマ・クラブ『人類の危機』レポート』(1972년, ダイヤモンド社)

西岡秀三. 『低炭素社会のデザイン—ゼロ排出は可能1か—_』(2011年, 岩波新書)

浜中裕徳編. 『京都議定書をめぐる国際交渉』(2009年, 慶應義塾大学出版会)

藤井良広. 『CO2 削減とカーボン・ファイナンス— 「金融」で読み解く 「排出量取引」の要点』(2008年, 経済法令研究会)

藤倉良. 『エコ論争の真贋』(2011年, 新潮社)

細田衛士. 『環境と経済の文明史』(2010年, NTT 出版)

松本I龍. 『環境外交の舞台裏』(2011年, 日経BP 社)

村瀬信也. 『国際法論集』(2012年, 信山社)

山家公雄. 『オバマ$のグリーン・ニューディール』(2009年, [日本]経済新聞出版社)

Charles W. Freeman Ⅲ/Michael J. Green. "Asia's Response to Climate Change and Natural Disasters: Implications for an Evolving Regional Architecture" (2010 CSIS).

Roger Pielke Jr. "The Climate fix: What Scientists and Politicians Won't Tell You About Global Warming"(2011 Basic Books).

William Antholis & Strobe Talbott. "Fast Forward: Ethics and Politics in the Age of Global Warming"(2010 Brookings Institution).

카노우 다케히로(加納 雄大)

1968년 출생
1989년 3월 도쿄 대학교 법학부 중퇴
1993년 6월 케임브리지 대학교 경제학 석사
1989년 4월 외무성 입성(UN국, 大蔵省, 아시아국, 大臣官房, 북미국, 경제협력국, 재미일본대사관, 경제국, 총리대신관저, 국제협력국, 종합외교정책국을 거쳐 2010년 1월부터 국제협력국기후변화과장(2012년 9월까지)

현) 종합외교정책국안전보장 정책과장
도쿄 대학교 객원교수
아오야마가쿠인 대학교 비상근강사

박덕영

연세대학교 대학원 (법학박사)
영국 케임브리지대학교 (LL.M)
교육부 국비유학시험 합격
대한국제법학회 부회장
한국국제경제법학회 회장

현) 연세대학교 법학전문대학원 교수
한국환경법학회 부회장
산업통상자원부 통상교섭민간자문위원
연세대 SSK 기후변화와 국제법센터장

박지은

성균관대학교 (법학학사)
연세대학교 (법학석사)

전) 연세대학교 법학연구원 연구원
'녹색성장법제연구사업단' 보조연구원
'기후변화와 국제법연구사업단' 보조연구원

도서 번역
『유럽인 유럽사람 유럽놈』, 신인문사, 2015
『국제법 기본판례50』, 박영사, 2014

이현정

충남대학교 대학원 (법학박사)
일본 주오대 대학원 (법학박사)

현) 연세대학교 SSK 기후변화와 국제법센터 연구교수
日本 比較法研究所 嘱託研究員
日本 私法学会 会員
국회입법조사처 자문위원

일본의 환경외교

기후변화교섭과
글로벌 거버넌스

초판인쇄 2016년 4월 20일
초판발행 2016년 4월 30일

지은이 카노우 다케히로(加納雄大) 지음 박덕영 · 박지은 · 이현정 옮김
펴낸이 채종준
펴낸곳 한국학술정보㈜
주소 경기도 파주시 회동길 230(문발동)
전화 031) 908-3181(대표)
팩스 031) 908-3189
홈페이지 http://ebook.kstudy.com
전자우편 출판사업부 publish@kstudy.com
등록 제일산-115호(2000. 6. 19)

ISBN 978-89-268-7426-4 93340